高职高专“十二五”规划教材

应用文写作实务

主 编 赵 莹 马 成

U0808078

航空工业出版社

北 京

内 容 提 要

本书是一本实用性极强的应用文写作教材，针对学生在校期间、择业之时和就业之后的需求，以简洁的语言和贴近生活、贴近实际的例文，向读者介绍了公关文书、行政公文、事务文书、经济文书、法律文书、新闻写作、大学生实用文书和申论的作用、特点、写作模式和注意事项。

本书既可用作高职高专、成人教育、职业技能培训的教材，也可作为个人工作、学习的参考工具书。

图书在版编目（C I P）数据

应用文写作实务 / 赵莹，马成主编. -- 北京 : 航空工业出版社，2012.8

ISBN 978-7-5165-0044-6

Ⅰ. ①应… Ⅱ. ①赵… ②马… Ⅲ. ①汉语－应用文－写作 Ⅳ. ①H152.3

中国版本图书馆 CIP 数据核字(2012)第 165685 号

应用文写作实务
Yingyongwen Xiezuo Shiwu

航空工业出版社出版发行
（北京市安定门外小关东里 14 号 100029）
发行部电话：010-64815615 010-64978486

北京忠信印刷有限责任公司印刷 全国各地新华书店经售
2012 年 8 月第 1 版 2012 年 8 月第 1 次印刷
开本：787×1092 1/16 印张：15 字数：374 千字
印数：1－3000 定价：35.00 元

编者的话

《应用写作》是高等职业院校基础类课程规划教材之一。

应用写作是一门实用性很强的课程，是职场所应必备的技能之一。目前部分高职在校大学生写作能力差，直接影响到后续职场的生存和发展。因此在校大学生应用写作能力的培养至关重要。

高等职业学校定位专业人才培养目标是高端技能型人才，学生毕业后要求立即能够上岗，体现基层一线的需求。学生在校期间所学的内容与知识结构皆以实用为主旨和特征，这也是我们编写应用写作教材的基本原则。本教材共设计了九章的内容，从实际工作需要的角度出发选择了有代表性的各类文书，立足实用性，淡化专业性，以达到提高学生应用写作基本素养和基本能力的目标。在编写体例的设计上，本教材以基本理论知识为主线，简要介绍了应用写作的基本原理，把各文种的作用、特点及写作模式放在主体地位，同时努力突出实践训练，选取了大量的案例，深入浅出地起到示范作用，引导学生把握所学知识。

本教材由沈阳农业大学高等职业技术学院赵莹、黑龙江农垦职业学院马成担任主编，陈志国、赵弼、李立琴任副主编，荆中华参编，并共同承担编写任务。具体编写分工如下：全书共计九章，赵莹编写第一、二、三、四章，马成编写第五、六、七章，陈志国编写第八章，其余编者编写第九章。赵莹提出编写思路，制定编写大纲，设计编写体例，并负责全书统稿。

尽管在编著本教材时我们做了大量的调研，尽量做到推陈出新，适应社会对人才的需求。但本教材中难免存在错误和不妥之处，恳请使用本教材的广大师生和读者提出宝贵的意见和建议，并能及时反馈给我们，以便修订时完善。

编　者

2012年8月

目　录

第一章　应用文写作概述

【本章导读】

应用文的使用范围非常广泛，大到国家领导人发布的命令、指示，小到私人之间的借据、收条，都属于应用文的范畴。因此，认识和了解应用文的写作对于日常的工作、交流非常必要。本章将针对应用文的基础知识、基本要素，应用文的审查和修改，以及写作应用文应具备的能力等问题进行讲解。

【学习目标】

- 掌握应用文的含义、分类与特点
- 掌握应用文写作的基本要素
- 掌握应用文的审查和修改
- 了解应用文写作的必备能力

第一节　应用文基础知识

一、应用文的含义

应用文是指国家机关、企事业单位、社会团体及人民群众在日常工作、生活中办理公务和个人事务时经常使用的具有惯用格式的文书。它有别于以抒发主观感情、反映现实生活为主的文艺性创作。它主要是为了处理公务和私人事务而写的，是一种最直接、最有效地交流思想、传播信息、解决问题、为社会服务的实用性文体。

案例 1-1　招待会邀请函

邀请函

亲爱的××先生：

我们非常荣幸地邀请您出席为××代表团举行的招待会。招待会定于 10 月 4 日（星期二）在市政厅举行。6 点钟准时举行酒会，随之在 8 点钟举行正式的晚宴。

我们期待着您的光临，请提前通知您能否出席。

地址：×××××××××××

联系人：×××

联系电话：××××××××

××××年×月×日

简析

案例 1-1 是一篇标准的应用文，可以看到它与普通的文学作品有明显区别。

二、应用文书的分类

应用文书可分为公务文书和私务文书两大类，其中公务文书又分为通用公务文书和专用公务文书两类。

- **通用公务文书**：指在各行各业都可以使用的文书，包括法定公务文书和普通事务文书两类。其中法定公务文书是党、政、军机关所使用的文书，简称为公文，特指国家行政机关公文；普通事务文书没有使用界限，其包含的种类繁多，比较常见的有简报、计划、总结和调查报告等。
- **专用公务文书**：指在特定的工作部门或一定范围内，按照特定需要专门使用的文书，主要包括财经文书、法律文书、科技文书、军事文书和外交文书等。

三、应用文的写作特点

应用文写作是一种特殊的写作过程，它与文艺写作相比具有以下特点。

（一）实用性

小说、诗歌、戏剧等文学作品的写作目的是给读者以审美享受，有助于读者认识生活、陶冶情操，但却无法直接解决生活中的实际问题。而应用文的写作目的不是为了审美，是为了解决实际问题，具有很明确的实用性。如写一则新闻，就能达到传递消息的目的；写一份公文，就能发挥其管理职能。任何一篇应用文都有特定的目的，以及需要解决的实际问题。

（二）时效性

文学作品的写作除特殊情况外一般不讲究时效性，作者可只追求作品的完美，而不用担心时间。但应用文则不同，在写作应用文时必须讲究时间和效益。例如会议通知，就一定要在开会前写完并发出，若会议开过后才写完，便失去其效用了。

（三）真实性

在文学作品的写作中，为了渲染氛围，可以将情节夸大，甚至连人物都可以是虚构的。但在写作应用文时，要求所选用的材料必须是真实的，所涉及的人、事、物必须是现实生活中客观存在的，文中所引用的数字、数据、图表等必须是经过科学测算的，而不能是道听途说、凭空捏造的。真实性是应用文的生命，若失去了真实性，应用文便失去了它的使用价值。

（四）规范性

文学作品在写作时讲究独创性，力图摆脱模式的束缚。而应用文为了方便写作和使读者阅读起来一目了然，在文体和格式上有相对统一的要求和标准。例如要公布社会各有关方面应当遵守或周知的事项时，应使用通告；要表彰先进，批评错误，传达重要精神或情况时，应使用通报。

（五）限制性

文学作品问世后，对读者范围没有限制，任何人都可以阅读。而应用文因其具有明确的针对性，必然会限定读者范围。

第二节 应用文写作的基本要素

一、主题

主题是作者在文章中所表达的中心思想或基本观点。主题是文章的灵魂，可谓“意犹帅也”。一篇文章要表现什么思想，说明什么问题，都集中体现在主题上。主题是否正确，是否深刻有力，是文章好坏的基本标志。在写作上，主题一旦确定，文章内容的取舍，结构的安排，语言的运用，便都要紧紧围绕主题，突出主题，受主题的支配。因此，选准、选好主题，是写好文章的关键。在写作应用文时，对文章的主题有以下三点要求。

（一）主题正确

正确的主题是写作应用文时的基本要求。即主题必须符合党的路线、方针、政策和国家的法律法规，必须符合客观的实际情况，反映客观事物的本质规律，对工作有积极指导作用，经得起实践的检验。若文章的主题错误，会给实际工作带来损失。

（二）主题鲜明

在写作应用文时观点必须明确。肯定什么，反对什么，必须要表述清楚，决不能模棱两可、含糊不清，要使读者能够正确理解文章的观点。

要使主题鲜明，必须做到以下三点：

- 主题要有针对性，要回答现实生活和实际工作中需要解决的问题。
- 主题要清晰明确，对内容的描述必须是正确的，表达主题的语言必须是肯定的。
- 主题要完整，在应用文中提出问题后，要分析问题并解决问题，不能只提出问题而不去解决。

（三）主题集中

主题集中是指在应用文中应集中表达一个主题，突出一个重点，围绕一个中心思想把问题说清说透。不要试图在一篇文章中表述多个意图，也不要在一篇文章中使用过多与主题无关的材料，避免分散主题。有些综合性的报告需要同时表述几件事情，这时应抓住事物的主要矛盾和共性，做到突出重点，使主题集中。

只有主题集中，才能使文章更容易被对方理解，使有关事项更便于处理，有关规定更便于执行。如果文章面面俱到，主次不分，就会影响文章的表达效果。

二、材料

应用文写作对材料十分依赖，为了表现主题需要收集一系列材料，并在整理后运用到写作之中，使主题真实立体地表现出来。

（一）应用文材料的特点

并不是所有的材料都适用于应用文，在选材时应注意以下几点：

- **材料的真实性**：应用文在材料的选用过程中不准改变材料本身性质，必须保持材料的真实性，对材料的时间、地点、数据、事实过程及结果都不能任意改动，否则就会使材料本身的价值发生变异，导致歪曲事实的真相，不仅不能解决问题，反而会误导读者。
- **材料的新颖性**：在选取应用文的写作材料时，应选取那些反映客观事物的发展变化趋势，说明客观事物的最新面貌的新事物、新政策、新的统计数据、新发现的问题等材料。因为新颖的材料更符合时代的特点，容易引起人们的共鸣，给读者以思想上的启示。
- **材料的典型性**：所谓典型材料是指那些最能支持主题和说明问题的材料。典型材料可以是一个具体的事例，一些有说服力的数据和一些带有普遍性的现象。在选材时，要根据主题和观点的需要，选择不同类型的典型材料。

（二）获取材料的方法

材料不可能自己摆到我们面前，必须依靠平时的搜集与积累。获取材料的主要途径有以下几种：

- **社会实践**：在工作实践中做个有心人，时刻关注有价值的事件及数据，如在工作中及时对做了什么工作、采用了什么方法、取得了什么效果、有哪些人参与等信息及时记录收集。在观察时要做到实事求是，防止主观武断、先入为主，同时要全面、系统、动态地进行观察，以获取真实、广泛、完整的材料，并能把观察所得及时整理成文字，为写作提供基础。
- **调查研究**：个人的实践和视野总是有限的，观察也很难做到深入细致，这就需要走向实际、走向社会，向有关人士了解情况，做一些调查，以扩大自己的视野，获取材料上的补充。
- **查阅资料**：写作应用文时常常会从有关文件、正式出版物，以及会议资料中获取材料，因此大量查阅文献资料来获取材料，是应用文写作经常采用的方法。

三、结构

应用文的结构是指根据主题的需要，对文章各部分的组织与安排。应用文的结构通常包括标题、开头、正文和结尾四个部分，下面分别介绍。

（一）标题

应用文的标题，要求充分体现主题，有的标题还有规范要求。常见的标题形式有三种：

- **公文式标题**：这类标题程式性强，表达直接而少变化，主要用于各类公文。如“国务院关于进一步促进中小企业发展的若干意见”。
- **新闻式标题**：新闻式标题又可分为单标题和双标题两种形式。单标题有的直接提出文章主题，如“民族团结和祖国统一是最高利益”；有的概述主要内容，如“国内首个地震报警器地方标准出炉”；有的在标题中提出问题，如“美国经济何时走出低谷”。双标题是有正题和副题的双行标题，其中正题符合单标题的要求，更多地突出文章主题，副题则对正题起补充作用，常常说明应用文的内容范围和文种，如“繁重·活跃·稳定·上升——2010年国内市场发展趋势”。

- **论文式标题**：这类标题或表达文章的观点或点明所论述的范围，如“关于房产抵押若干问题的思考”。

（二）开头

应用文的开头担负着统领全文，揭示主题的作用，要求开门见山，直奔主题。常见的开头方式有以下几种：

- **小结概述式**：语言简明扼要，围绕主题介绍有关情况或者背景。如《清华研究生可获三助免学费》的开头：

  作为全国14所试点高校之一，清华从2007级研究生新生中开始试点研究生培养机制改革。昨天，清华大学公布改革细则，约九成的新生可通过申请获得“三助”（助教、助研、助管）岗位的方式免除学费。——这就是概述式开头。是会议纪要、调查报告等常用的方式。

- **说明依据式**：开头引用上级指示精神或有关法律，常以“根据”、“按照”、“遵照”等词语领起下文。如《卫生部关于医师多点执业有关问题的通知》的开头：

  根据《中共中央国务院关于深化医药卫生体制改革的意见》中“稳步推动医务人员的合理流动……”——这种方式常在通知、批复、通告、规章等开头使用。

- **陈述目的式**：开头以简明的语言，直接说明写作的目的和意义，常用介词“为”、“为了”引领下文。如《事业单位、社会团体、民办非企业单位企业所得税征收管理办法》的开头：

  为认真落实国家税务总局关于《事业单位、社会团体、民办非企业单位企业所得税征收管理办法》，切实加强我省事业单位……

- **说明原因式**：开头常用“由于”、“鉴于”、“因为”等词领起下文，也可以简述发文的原因，再引出写作目的。如《停电通知》的开头：

  由于进行农网改造，需要对部分地区实行分片定时停电，现将……

- **阐述议论式**：开头用议论的表达方法，表达作者的看法，提出观点。如《知识经济与人力资源会计》的开头：

  知识经济已在世界范围内初见端倪，它是继农业经济、工业经济之后的一种新的经济形态。在知识经济时代，知识与经济的结合促进着经济的迅速发展，知识将成为所有创造财富的要素中最基本、最有效的生产要素，从事知识创新、传播和运用的知识劳动者是社会财富的主要创造者，人力资源成为企业乃至整个社会最宝贵的稀缺资源。对人力资源进行会计核算，加强人力资源管理，是适应知识经济发展的需要。

- **开头提问式**：先提出问题，然后引出下文。这种开头方式能引起读者的注意和思考。常见于调查报告、学术论文的写作，如《国企人力资源管理出路何在》的开头：

  进入知识经济时代，智力资本成为企业的第一竞争要素，人力资源管理的重要性愈加凸显。然而，传统上稳居头把交椅的国营企业，在人才竞争中却越来越有大步落后的趋势，问题何在？

（三）主体

主体是应用文正文部分的核心内容，材料在这里集中，观点在这里展开，主旨在这里得到表现。因而处理好主体部分的层次结构，是应用文谋篇布局的关键。主体的结构应从内在结构顺序和外在文面结构形式两个方面考虑。

1. 内在结构顺序：所谓内在结构顺序是指在进行应用文写作时，按其内在层次结构安排顺序的方式。通常会考虑时间结构顺序、空间结构顺序、时空交叉结构顺序和事理逻辑结构顺序。

- **时间结构顺序**：以事物的产生、发展、变化的过程或时间先后顺序安排文章的内容，是一种纵式结构。使用这种写法时要对事件的发展过程进行分析，分成几个阶段并区分主次，再分别叙述，使读者可以抓住事物的要害。在写作单位的大事记、工作简报等应用文时可采用这种结构。
- **空间结构顺序**：以空间变换顺序安排文章内容，是一种横式结构。使用这种写法时要先按事物相关关系进行分类，把主体分成几个部分（或几个方面），然后将各个部分横向排列，逐个进行阐述。通过深入浅出的分析，先抓住问题的“总”，然后以“总”为中心，推导出各个相互并列的“分”。
- **时空交叉结构顺序**：将时间结构顺序和空间结构顺序交叉结合来安排文章内容，是一种纵横式结构，也叫合式结构。
- **事理逻辑结构顺序**：以事物的内在逻辑联系安排文章内容，即按对事物进行判断、分析、推理、综合等逻辑思维方式的顺序来安排文章的内容。在写作一些法律文书、总结和情况报告时，可使用此种结构。

2. 外在文面结构形式：所谓外在文面结构形式是指应用的外在表现形式，通常有加小标题式、条目式、标序式等形式。

- **小标题式**：如果应用文内容较长，涉及面较泛，需要分成几个部分来写，每个部分可以提炼出一个总结本部分主要内容或中心思想的小标题或分论点。各个部分的小标题集中起来，就展示出了整篇文章的结构框架和基本内容。小标题的内容大体上可以分为两类，一类是概括本部分的要旨，如“依靠科技兴厂增效”；另外一类是点明内容范围，如“成绩与经验”、“下一步工作展望”等。
- **条目式**：即将应用文主体内容按结构要求分为若干条项，如：

  ××股份有限公司章程

  第一章 总则

  第一条 ××股份有限公司是一家大型民营企业……。

  此种形式常用于公司员工手册、规章制度、条例、章程等应用文的写作中。
- **标序式**：即用序号标出内容层次，做到条理分明。在难以提炼确切小标题或首括句时，可采用此形式。条款标序式的情况有两种：一种为大段标序，即在小标题位置处标序，将文章分为几大块，如：“一、基本情况”、“二、成绩与经验”、“三、下一步工作展望”；另外一种为条款标序，只以序数编排，不设“首括句”，主要用于条款内容较短的应用文。若内容中的条款较多，可再添加如：“（一）、1、（1）、①、A、a”等小序号。

（四）结尾

应用文的结尾讲究言尽意尽，不留“余味”，不添“蛇足”，更不能草率收尾。常用的结尾方法有以下几种：

- **强调式**：对文中提出的问题作强调说明，以引起重视。
- **结论式**：对文中的主要观点或问题加以归纳总结或略作重申，以加深印象。
- **说明式**：对与主体内容有关但性质不同的问题或事项作补充交代、说明，以保证内容的完整性，如公文结尾交待施行日期、执行范围、传达对象、与该文规定不符的原有规定如何处置等；论文结尾则说明尚未解决而应另作讨论的问题。
- **号召式**：提出希望，发出号召，展望未来。例如，公文的通报、市场预测、倡议书、计划等常用这种结尾形式。
- **建议式**：针对设定的施行目标、存在问题提出意见和建议。
- **责令式**：多用于下行公文，即向下级提出贯彻执行的要求。如：“以上各点，希望遵照办理”、“希望认真执行”、“请研究执行”等。

除了上述几种结尾方式，还有请求式、表态式等，不再一一列举。有的应用文主体部分已经言尽意明，或是结尾已融进主体部分，则不必再另写结尾，自然收尾。

四、语言

与文学作品相比，应用文不必也不允许追求想象的丰富，情节的奇特，辞藻的华丽，它的语言具有准确、简洁、朴实同时不失生动的特点。

（一）准确

应用文语言特别强调准确，准确是指努力使语言的表达更加符合客观实际，准确无疑，确凿无误，事实、数字甚至细节都必须确实可靠。遣词造句要求语义明确，不能模棱两可。所叙述的概念只能做单一的解释，不能产生歧义，以致让人作出多种理解。

1．用词要准确，不能出现语义模糊和语义两歧的情况。

所谓语言模糊，就是语言表达的意思不明确，不能准确地表达概念。如一份起诉意见书在结论部分的定性语言为“被告人犯有人身伤害罪，侵犯财产罪。”这就是司法文书语言不明确的含糊表达。因为司法文书定罪定性必须是到条到款，这两大罪实际包含了许多具体的条款，到底是哪一条哪一款没有表达出来。

所谓语义两歧，就是语言表达的意思不定，一句话有两种甚至多种解释。如：（1）明日乘××次到京。（2）事故发生之前，房门没锁。例（1）中的“到”，除了可解释为“到达”外，也可歧解为“往”；例（2）中的“锁”，既可作名词解，也可作动词解。此类句子只要把其中的多义词换成一个在这个句子中意义明确的词语，便可去歧明义。例（1）可改为“明日乘××次抵京”；例（2）中的“房门没锁”可改为“房门没装锁”或者“房门没锁上”。

2．要注意语言得体。

所谓得体，就是要恰当地选择字、词、句和语气，准确把握好该写什么不该写什么，该怎么表述不该怎么表述，应该说到什么程度不应该说到什么程度。

此外，针对不同类型的应用文语言必须符合文种要求。例如：

- 指挥性公文如命令、指示、决定、通知等所用语言应郑重、严肃、严谨、准确、简洁、表意完整。
- 布告、事务性通知等宜用说明性、陈述性语言，要简明、扼要。
- 报请性公文应侧重于运用说明性、陈述性语言，避免过多使用论述性语言。如“请示”应恳切、明白，不宜转弯抹角，更不能有要挟的意味；“报告”应实事求是，具体陈述实情，少讲大道理。
- 商洽性公文要语言诚恳、措词得体、以礼相待、不卑不亢，切忌用命令式语言。

语言是否得体，直接影响到公文的权威性和能否发挥作用。比如，某部队主动与某政府协商军队职工计划生育管理问题，其回文却是“你们住在我市，就必须执行我市的规定。”不仅语气生硬，而且显得霸道，因而很不得体，既有损机关形象，又人为造成障碍，使公文的权威性大打折扣。

（二）简洁

为了提高阅文办事的效率，应用文语言必须简洁明了，即用尽可能少的文字传达尽可能多的信息，做到言简意赅，避免语言的啰嗦重复。如：“诉讼费 1000 元，由原告负担 500 元，由被告负担 500 元”，完全可改为：“诉讼费 1000 元，由双方各负担 500 元。”

要使语言简洁，应做到以下几点：

- **去掉文中累赘的部分**：如“在基本建设中确实存在着许多需要纠正的不良倾向。”句中“不良倾向”本在“纠正”之列，故“需要纠正的”几个字应删去。
- **要力戒堆砌**：如“我们一定要把这条街道建成美丽的、文明的、花园式的、人人喜爱的、秩序井然的、非常繁华的社会主义现代化街道。”句中堆砌了众多形容词，给人矫揉造作，华而不实的感觉。
- **不要苟简**：应该说的话不说，应该用的词不用，单纯追求文字少，损害了语言的表意功能，这种情况就是“苟简”。如“赃款赃物均已挥霍”。赃款可以“挥霍”，赃物怎能“挥霍”？实际上，作者想要表达的意思是：赃款已被挥霍，赃物已无法追回。其问题就在于极力追求语言的俭省，但却忽略了表意的完整性，把本应分开来的两句话硬压缩合成为一句话，结果造成明显的表意错误。因此，简洁的“篇幅短、文字少”是以不发生歧义、不遗漏内容为前提的。
- **适当使用文言词语**：文言词语的固定保留用法是公文语言简洁的一个特色。如“×月×日寄来的函件已经收到了，知道了你们要求的事情，我们已经派出人员进行调查，等到把事情调查清楚，我们就立即把结果告诉你们。”可以改为“×月×日来函收悉，我们已派员调查，一俟查清即敬告无误。”第二句为比较规范的的公文语体，比前一句不但文字简洁得多，而且在语气上既严肃又有礼貌。

（三）朴实

应用文是处理事务的工具，是沟通信息的基本方式。因此，应用文要求语言朴实，就是要用实实在在的语言直接明白地把事物的本来面目反映出来，不追求华丽辞藻，也不搞形象描写，更不用含蓄、虚构的写作技巧。

在公文中不允许说空话，语言以朴实为美，渲染是大忌。如一篇公文中写道：“当前全县工业园地万紫千红、百花争艳，县人民政府希望工业战线广大职工借这股强劲的东风，像园丁一样，开动脑筋，群策群力，辛勤地耕耘我县的工业园地，努力工作，力争超额完成今年全县工业生产任务”。这一段文字要表达的意思无非是：“当前，全县工业蓬勃发展，县人民政府希望工业战线广大职工群策群力，力争超额完成今年全县工业生产任务。”两相对比，前者过多的渲染给人华而不实，哗众取宠的感觉，而后者则以朴实的语言，表明了制文机关的意图。

（四）生动

应用文的语言要求准确、简洁、朴实，但并不排斥生动。应用文中有些种类，如合同、规章制度等，生动性是不必要的，但在写作如调查报告之类的应用文时可适当使用生动的语言。

如群众批评那些见酒不讲原则的领导：“筷子一举，可以可以；酒杯一端，政策放宽。”形容讲人情者：“三个大公章，不如一个好老乡。”在经济体制改革中，有的文件提出要“摸着石头过河”等，这些生动的语言使应用文达到了更好的表达效果。

第三节 应用文的审查和修改

审查和修改是应用文写作的最后一个步骤，是非常重要的一个环节。文不厌改，应用文的写作更是如此，稍有差池就可能会影响它的实用效果。因此，应用文写作的审查和修改是必不可少的，要从思想上重视它们。

一、应用文的审查

在完成应用文的写作后，需要就文章的标题、主题、结构、材料，以及语言等方面对应用文进行审核与检查。

（一）标题

在审查文稿时，首先应查看应用文的标题是否做到了简练、直接，例如“国务院关于开展第一次全国水利普查的通知”。其次，查看应用文的标题是否与内容相符，例如，如需向上级机关汇报工作、反映情况等，则文书的标题应为“报告”；若是上级机关对下级机关中典型的先进事迹、人物进行表彰，或对严重的错误予以批评教育，则文书的标题则为“通报”。

（二）主题

应用文的主题一定要明确，也就是文稿要说明或解决的问题要非常清楚。修改时，应查看文稿是否抓住了重点问题，全文是否围绕这一重点问题展开。若非如此，则应删除多余内容，或对相关语句进行修改。

（三）结构

不同文种的应用文都有其相对固定的体式规范，甚至一些常用词语或短语也成为结构的一个组成部分，在对文稿的结构进行审查时，首先应查看其是否符合相应的体式要求，其次，检查文稿层次条理是否清楚，详略安排是否得当，段落之间是否合乎逻辑，过渡衔接是否连贯自然，前后是否照应。

（四）材料

应用文引用的材料应确保准确、可靠。材料是文章观点赖以支撑的关键要素，材料不实，观点不正确，文稿的作用和影响力就会大打折扣，从而影响其实际应用。另外，对文稿中的材料进行审查时，还应考虑所选材料是否典型，能否说明问题，否则也应对材料进行置换。

（五）语言

应用文的语言要求准确、精练。文中不能有错别字，用词要经过推敲，使其不会产生歧义，注意词语的感情色彩和语体色彩。另外，也应考虑句式是否得当，是否符合逻辑，句句之间是否衔接紧密，是否有有效地表情达义，以及标点符号的使用是否正确与标准等。

二、应用文的修改

文章的修改应该是从内容到形式，从遣词造句到标点符号，进行整体的推敲衡量。常用的修改手段有增、减、调、换四种。

（一）增

所谓增就是增加材料。在应用文，特别是计划、总结、调查、报告之类的写作中，应尽量使文章中所用的每种材料对于主题来讲都是充分的、必要的和具有典型意义的。如果原有的材料不足以说明主题，就必须增加材料。当然，在增加材料时是有选择性的，不能什么材料都写上去，必须遵循材料为主题服务的原则，要选用那些真正反映事物本质，真正能够说明主题的典型材料，绝不能随意增加没有真凭实据的材料。

（二）减

所谓减就是删减材料。在应用文写作中，选择和运用材料要以一当十，越精越好。因此，凡是与表达主题思想无关或不真实不典型的材料都应删除。这样才能既突出文章的主题，又使文章凝练简洁，取得最好的效果。

（三）调

所谓调主要指调整文章结构。结构是文章的形体，必须要严密顺畅，条理清楚。如果逻辑结构上出现漏洞，文章内部层次、段落顺序安排不合理，就会影响主题的表达，造成读者理解上的障碍和认识上的混乱。出现这种情况时，就要对文章的结构进行调整，重新安排层次、段落顺序，以切合文章内在的逻辑和主题表达的需要。必要时，还可调整同一段文字的内在表达顺序，如结构前置、先分后总等，以便清楚反映文章意图。

（四）换

所谓换是指换材料。凡是不能准确反映写作意图，不能很好支持主题的例证材料，无论多么生动都要换掉。此外，对于不适合的字、词、句以及标点符号都应及时更换，以保证文章的顺畅。

第四节 应用文写作的必备能力

一、观察认知能力

应用文的内容反映的是客观现象，其主旨来自于实践，材料也来源于实践。应用文的写作者必须有较强的观察认知能力，才能观察感知物质世界的表象，认知物质世界的内在联系和本质。

（一）对客观规律的认知

认知事物，感知它的表象并不是目的，目的是要认知它的内在规律。不能准确地把握事物规律，文章就无法形成正确的主旨思想，而应用文的主旨一旦有偏差或错误，会直接为工作带来损失。

（二）对政策、法律、方针的认知

不带政治烙印，不具时代特质的应用文是不存在的。应用文反映的是现实社会的新情况、新动向，任何从事应用文写作的人，想写出符合时代特质的文章，都必须首先认识和把握当政者的执政思想。

（三）对语言、文字的认知

对语言的理解认知能力是应用文写作者的基本功，既要有接听电话、商洽事务的简单语言听知应变能力，还要有对环节繁多的调查访问、大型座谈会、互动问答以及听取各种指示、发言等比较复杂的活动的听知能力。在听知语言时，要有高度集中的注意力、深刻的理解力、灵活机动的反应力和牢固的记忆力等基本能力。

在写作应用文时，很多情况下文章需要的材料并不是作者本人从实践中获取的，而是由别人那里提取的。如向上级呈报的工作报告，除了作者亲身实践所获得的第一手材料外，更多的是从本部门下属的汇报材料中整合出来的，如果阅读文字的能力不强，对文字的认知能力欠缺，就很难整合出可以反映工作实绩、体现行为价值的材料来。

二、思维能力

思维能力是人类所特有的一种精神活动能力，它通过观察到的表象、概念进行分析、综合、推理，达到揭示事物本质的目的。

（一）整合与概括能力

对材料的整合，就是根据写作目的，对材料进行分解再认识后，将有内在联系的各部分重新进行有机组合。概括是对同类事物进行面的归纳，找出共性予以归类，并在归类中揭示其深层实质。无论是对工作进行例行总结，将浩繁的会议材料整理成会议纪要，还是将讨论、发言内容整理成汇报或通报材料，都需要一定的整合能力与概括能力。

（二）分析问题与解决问题的能力

应用文作者在机关、企事业单位的工作中，不是机械地制作文字材料，相反，他们应发挥自己的主观能动性，不同程度地参与到办公、办会、处理领导交办的具体工作中，而能否快速、准确地完成工作，取决于有没有分析问题、解决问题的能力。

三、文字表达能力

尽管应用文的写作技巧比较单一，但与其他文体写作一样，写作者必须具备一定的文字表达能力才能最终达到表达思想的目的。

文字表达能力是一种综合能力，它包括主题的提炼能力，材料的选择和使用能力，结构的安排能力和语言的运用能力。

四、科技手段的运用能力

传统的写作是利用纸和笔进行记录、交流和传播，而随着科技不断进步，现代的写作不再仅仅局限在纸上，而更多的是使用计算机。利用计算机写作然后利用网络进行传递，是现代办公常用的手段，若不掌握这些知识，是无法胜任相关工作的。

思考与练习

1. 什么是应用文？应用文的写作特点是什么？
2. 应用文写作的基本要素包括哪几个部分？
3. 如何对应用文进行审查和修改？
4. 应用文的写作者应具备哪些能力？

第二章　公关文书

【本章导读】

公关文书是人们在各种社会交往、礼仪活动中使用的文书，是人们用来沟通信息、表达情意、增进感情的实用性文书。随着社会经济的不断发展，国家、组织、个人之间的交往日益频繁，公关文书显得越来越重要。公关文书的种类很多，本章将着重介绍迎送词、感谢信、介绍信、申请书等文种的写作。

【学习目标】

- 掌握迎送词的写作
- 掌握答谢词的写作
- 掌握感谢信的写作
- 掌握请柬的写作
- 掌握贺信的写作
- 掌握介绍信的写作
- 掌握证明信的写作
- 掌握申请书的写作

第一节　迎送词

一、迎送词的作用、特点和类型

（一）迎送词的作用

迎送词是欢迎词和欢送词的统称。欢迎词是在迎接宾客的仪式和宴会上，对宾客光临表示热诚欢迎时使用的一种礼仪文书；欢送词是在欢送宾客的仪式和宴会上，对宾客离去表示热烈欢送时使用的礼仪文书。

案例 2-1　欢迎词例文

渔民文化节欢迎词

尊敬的各位领导，渔民兄弟姐妹们:

今天，我们欢聚在朝阳升起的地方，一起倾听赶海的鱼鼓，一起遥望茫茫沧海，一起感受海与我们共同期盼的欢乐气氛，我和大家一样感到十分欣慰和舒畅。首届××菜园渔民文化节在县委、县政府领导的关心支持下，在县属各有关部门的大力配合下，在广大渔民群众的广泛参与下，即将隆重开幕了。在此，我谨代表县委、县政府对首届××菜园渔民文化节的举办表示最诚挚的祝福，向参与本届渔民文化节并付出辛勤工作的组委会、县属各部门、各单位的同志们和渔民兄弟姐妹们表示最衷心的感谢，并希望通过你们，向全县广大的渔民兄弟姐妹们表示最深切的问候。

渔民，一个朴实而具有代表性的名词，一个勤劳勇敢的群体，是你们用双手建设了美丽的嵊泗，是你们用智慧创造了源源不断的财富，是你们用辛勤的汗水灌溉了这片蓝色的土地，是你们用丰富的经历堆积了海洋文化。“万里碧波千帆尽，乘风破浪戏鱼龙”是你们一生的写照。辽阔的大海是你们创造事业的舞台，而你们是这个舞台永远的主角，演奏了一曲曲粗犷有力的海洋文化旋律，为××社会经济的腾飞起锚，起锚吧！

当前，随着渔业资源的不断衰退，“三渔”问题是县委、县政府亟待解决的重要实际问题，渔民群众的利益不容忽视，提高渔民收入和生活质量是我们义不容辞的责任。如何促使广大渔民转产转业，让渔民群众能够安居乐业，需要我们想尽一切办法加以引导和帮助。今天，我们在这里讴歌海洋，欢庆渔民的节日，是我们亲近海洋，感受渔民生活气息的体现，也是我们努力实践“三个代表”重要思想，以新的方式，新的思路，再发扬渔民闯海精神，做好做足“海”字文章，使渔民文化在广大渔村群众中遍地开花，向全社会展示渔民、渔村特有的文化风采。并以渔民文化节为载体，促使其成为地方旅游、商贸等领域的一大特色，推动休闲渔业的进一步发展，把海洋文化和海洋经济做大、做强、做深，产生最大的社会效益。

新的时代需要新的动力，新的生活需要新的气象，让我们在县委、县政府的正确领导下，带领广大渔民群众，为全面建设现代化港口旅游城市而不懈努力！

谢谢大家！

（二）迎送词的特点

1．充满情感

不论是欢迎词还是欢送词，都要在字里行间将主人迎接或欢送客人的情感表达出来。通常欢迎词要表达出欢愉之情，言语应真诚而富有激情，给客人一种宾至如归的感受。欢送词表达的是惜别之情，应使客人感受到主人的依依不舍之情。

2．口语化

迎送词是当面向宾客口头表达的文书，所以要求迎送词在语体上要尽量口语化。若使用过多的书面语言，不但不能拉近主人与宾客间的距离，反而会使人感觉疏远。

（三）迎送词的类型

迎送词从社交公关性质上分，可分为以下两类：

- **官方迎送词**：指公共事务中使用的迎送文书，是事先准备好的得体文稿，其内容和措辞要求正式、严格。
- **非官方迎送词**：指在个人举行较大型的宴会、聚会、茶会、舞会或讨论会等非官方的场合下使用的文书，其内容往往是即时、即兴的。

二、迎送词的写作模式

迎送词一般由标题、称谓、正文和文尾组成。

（一）标题

迎送词的标题主要有以下几种写作方式：

- 单独由文种名称“欢迎词”或“欢送词”构成。
- 由迎送场合和文种构成。如《在毕业典礼上的欢送词》。
- 由迎送对象和文种构成。如《对国外友人的欢迎词》。

（二）称谓

称谓应另起一行顶格书写，根据迎送对象的不同，称呼方式也有所不同。“同志们、朋友们”、“女士们、先生们”等，泛称在场所有人的称呼是最常见的；此外，有些场合会使用专称与泛称相结合的复称，如“专家们”、“代表们”、“同学们”等。

（三）正文

迎送词的正文由开头、主体和结语三部分组成。

1．开头

开头应首先对来宾的光临表示热烈欢迎，或对其离开表示热情的欢送。

2．主体

欢迎词可根据双方的关系，回顾双方的交往与友谊，赞颂宾客取得的成就，阐明此次宾客来访的意义，也可简要介绍一下对来访宾客的行程安排。欢送词可回顾来宾逗留期间的情况、双方交流的进展、对取得的成绩予以肯定等。

3．结语

欢迎词的结语部分应再次对来宾表示欢迎和祝愿；欢送词的结语部分应对宾客提出期望和勉励，并表达出依依惜别之情。

（四）文尾

迎送词的文尾包括署名和日期。署名可放置在标题之下或正文末尾右下方；日期一般放置在正文末尾右下方。

三、迎送词的注意事项

（一）讲究礼仪

欢迎词和欢送词都是出于礼仪的需要而写的，因此要格外注重用词的礼节、礼仪。称呼要使用恰当的尊称；文中应避免对方忌讳的内容，尊重对方的地方风俗习惯。

（二）坚持原则

在重大的公务活动中，欢迎者与被欢迎者、主与客都是代表自己的国家或单位致辞的。因此，在讲话中既要表示友好之情，又不能丧失自己的原则立场。尤其是针对重大问题表明立场与看法时，措辞一定要谨慎。

四、案例简析

案例 2-2　老战士退伍时的欢送词

> **老战士退伍时的欢送词**
>
> 即将退出现役的各位战友们：
>
> 今天，我们就要挥手离别，你们熟悉的身影即将在我们的祝福中渐渐远行。
>
> 几年来，摸爬滚打洗去了你们的稚嫩，风霜雨雪锻造出你们的豪情。在栉风沐雨的日子里，你们和着稍息立正的韵律，和着排山倒海的步伐，和着学院建设的大潮，书写了一幅幅壮丽画卷。在“长征路”上，有你们辛勤忙碌的身影；在野外驻训场上，你们战寒冷、抗泥泞，保障工作一丝不拘；在日常工作中，你们站岗执勤、送报做饭，默默地在本职岗位上谱写着奉献的篇章！
>
> 几年来，你们服务基层、服务机关，在军队舞台上度过了自己的青春年华，为我军培养高素质新型军事人才贡献了自己的心血和智慧。
>
> 战友们，你们即将脱下军装，投身社会主义市场经济建设。我们坚信，你们在部队所练就的令行禁止的作风、坚韧果敢的意志、开拓进取的风貌、无私奉献的品德，将伴随你们走好人生的每一步，并助你们开创新的伟业。
>
> 铁打的营盘流水的兵，但军旅生涯永远值得珍藏，让我们共同立誓：军旗永远在我们心中！军徽永远在我们心中！永远保持革命军人的英雄本色！
>
> 祝愿战友们在新的人生道路上宏图大展、再创辉煌！
>
> 第××师军委
>
> ××××年××月××日

简析

案例 2-2 是一份老战士退伍的欢送会上发表的欢送词，标题是由欢送场合和文种构成的；正文的开头表达了对退伍老兵的惜别之情，然后回顾了老兵们在军旅生涯中所做的工作和贡献，最后表达了对退伍老兵投入社会经济建设的期望和祝福。

第二节　感谢信

一、感谢信的作用、特点和类型

（一）感谢信的作用

感谢信是国家机关、社会团体、企事业单位或个人，对帮助、支持自己工作的单位或个人表示感谢的信函，它兼有感谢和表扬的双重意义。感谢信除了直接送给被感谢的单位或个人外，还可以寄到报社、电台、电视台刊登、播映，也可以张贴。

案例 2-3　感谢信例文

一封来自少数民族乡村农民的感谢信

× × 省财务厅的各位领导：

今天，我怀着无比激动的心情写信，代表全乡学生家长感谢你们。

今年暑假，我女儿就天天念叨：下学期我们学校操场就有塑胶跑道了，再也不跑下雨一身泥、天晴一身灰的泥操场了；我们还有新寝室，再也不会 24 个人挤一间寝室了。8 月 30 日，我送女儿去报名。校园里，塑胶跑道操场又平整又漂亮，以前只在电视上看见过，没想到在我们这深山里还会有。女儿的寝室是新建的，宽敞亮堂，8 个人住一间，有卫生间，有淋浴，有阳台，比我家新建的楼房还漂亮。女儿高兴地说，住这样的寝室就像住在家里一样。

学校老师说，随着义务教育好政策的落实，我们农民的子女享受到了很多实实在在的好处，读书不交一分钱，特困生还能领取生活补助金……我们做家长的这才知道，这样好的校园环境是省财政厅“1+1”对口帮扶的结果。由于你们真心帮扶办实事，我们的孩子才能用上这样好的操场，住进这样好的学生公寓。学校老师告诉我们，省财政厅的真心实意还感动了 × × 市政府，为我们的孩子免费提供了铺盖，上学只要挎上一个小包包就行了。学生上学不带铺盖，这样的大好事，被我们遇到了。

报名回来，我迫不及待地把学校的见闻说给周围的人听。隔壁的侯二侄子听了，羡慕得不得了。他说：“上学不交钱，不带铺盖卷，刷卡买饭菜，8 人一套间，潘湾的初中生上学比进大学还洋气。我都恨不得再去读几年。”

我要告诉女儿和她的同学们，党和政府真心诚意关心着青年一代成长。要让他们知道，没有共产党就没有新中国，只有社会主义才能发展中国的道理。现在，要好好学习，将来报效国家。我还要和其他家长一起，宣传省财政厅和 × × 市政府支持少数民族地区发展教育事业的大好事，让大家记住那些为农民办实事的好干部。

我是一个农民，文化水平不高，不会写文章，但是我一定要把农民家长们的心里话说出来：感谢你们对农民子女的热情关怀，让他们能够在优越的环境里读书成长。

× × 省 × × 村的一个普通农民：王 ×

× × × × 年 × 月 × × 日

（二）感谢信的特点

1．针对性

感谢信中应明确指出感谢的单位或个人名称，如果感谢对象是个人，还应注明其所在单位及身份等。

2．表述性

感谢信应对感谢对象的言行、涉及的人物、事件、地点及相关数字做具体的表述，以突出感谢对象的精神和品格。

3．褒奖性

感谢信中必然要写明因为什么而感谢，感谢什么。因此，感谢信中褒奖的感情色彩鲜明。

（三）感谢信的类型

根据感谢对象不同，感谢信可分为给集体的感谢信和给个人的感谢信；根据呈递方式的不同，感谢信可分为寄往媒体的感谢信、在感谢对象工作或生活的地点公开张贴的感谢信，以及直接寄往感谢对象单位或家里的感谢信。

二、感谢信的写作模式

感谢信一般由标题、称谓、正文、致敬语和文尾五个部分构成。

（一）标题

感谢信的标题一般有以下几种形式：

- 单独由文种名称构成——“感谢信”。
- 由感谢对象和文种组成，如“致××总公司的感谢信”。
- 由感谢双方和文种组成，如“乘客李×致××出租车公司的感谢信”。

（二）称谓

应另起一行顶格书写被表扬的机关、单位、团体、个人的名称或姓名，写给个人的表扬信应在姓名后添加“同志”、“先生”、“女士”等称呼，并在右侧添加冒号。

（三）正文

感谢信的正文应分段写明以下几方面的内容。

1．感谢的事由

用精炼的语言交代事情发生的经过和结果，以及事情的时间、地点、人物，要重点叙述感谢对象所给予的帮助和关心。

2．揭示意义

指出感谢对象给予的帮助所具有的重要意义，以及感谢对象在事件中所体现出的可贵精神。

3．表示感谢

对感谢对象给予的帮助表示由衷的感谢。若感谢的是个人，还可向对方单位提出表彰建议。如“对×××老师的高尚行为表示深深的感谢，并恳请校领导对他进行表彰”。

（四）致敬语

在感谢信正文后，通常应写上诸如“此致——敬礼”、“致以——最诚挚的敬礼”等表示感谢、敬意和祝愿的话。此处的格式为一般书信格式，致敬语的前半截可与正文连接或另起一行空两格，后半截应另起一行顶格书写。

（五）文尾

在正文右下侧由发送感谢信的个人或单位署名，并注明日期。以单位名义发出的感谢信还应加盖公章，以示郑重和敬意。

三、感谢信的注意事项

（一）内容真实

感谢信的内容必须真实可靠，不能言过其实，虚构情节，以免给人一种虚情假意的印象。

（二）叙事精炼

在叙事时要将事迹叙述清楚，但要详略得当，篇幅不能过长。

（三）感情真挚

在表达感激之情时一定要由衷、真挚，若过于客套、恭维，就会给人以敷衍、应酬的感觉。

四、案例简析

案例 2-4 失物归还感谢信

给保安部的表扬信

×××物业公司领导：你们好！

今天，我是怀着诚挚的谢意向你们表示感谢的，尤其是保安部门的赵××同志。

本周一，我上班时突然发现原来挂在皮带上的公司的门卡不见了，心想一定是丢在外边了。虽然不值什么钱但上班很不方便，补办手续繁杂。正在我着急的时候，物业保安部打来电话，说保安赵××同志在楼道门口捡到一门卡，上面有我的姓名和公司电话。我当天就已领回失物，非常感谢赵××同志及保安部周到及时的服务。

一直以来，保安部的小伙子们除了做好在小区站岗、巡逻、对外来车辆登记等职责内的工作外，还经常主动帮业主拿东西、帮助指挥业主车辆停靠、疏通道路、偕老扶幼、言行礼貌、助人为乐，让我一进小区就能感受到温暖的回家的感觉。

他们的精神实在是令人感动，在此对全体保安部同志表示感谢！同时也深深为物业公司那种主动为业主服务的工作风气所感动！

谢谢！再一次向赵××同志表示感谢！

×××小区 5 单元 601 号业主：李××

××××年×月××日

简析

案例 2-4 是一篇感谢物业保安将失物归还的感谢信。文中首先用简短的语言介绍了事情发生的经过，然后对保安部的小伙子们平时的认真工作给予了很高的评价，最后表达了对保安部和物业公司的感激之情。整篇文章语言精炼，结构清晰，表达出了作者真挚的感激之情。

第三节 请 柬

一、请柬的作用和特点

（一）请柬的作用

请柬又称请帖、邀请书，是机关、团体或个人邀请有关人士参加会议、庆典或某些重要活动时发出的一种短小、美观的礼仪性公关文书。

案例 2-5 请柬例文

> **请柬**
>
> 尊敬的××先生：
>
> 敝公司定于二〇〇×年五月三十日至六月八日 8:00—17:00 在××会展中心 5 号楼××大厅举办××贸易洽谈会。恭候光临。
>
> ××公司
>
> 二〇〇×年五月二十五日

（二）请柬的特点

1．告知性

不论是邀请对方参加庆典、会议还是其他活动，请柬在起到邀请作用前，首先起到了告知的作用。

2．礼节性

即使要邀请的人近在咫尺或已经知道此事，但基于对对方的礼貌和尊重，仍应以请柬郑重邀请。

3．庄重性

一般只有在举行比较大型、隆重的活动时，主办方才会向比较尊贵的客人发送请柬。因此，请柬的制作和发送都是很严肃、很郑重的。

二、请柬的写作模式

目前使用的请柬一般都是折叠式的，分为封面和封里两部分。

（一）封面

请柬的封面分为横式和纵式两种类型，多为印刷好的精美图案和“请柬”二字。其中，横式的文字从左到右横写；纵式的文字从上向下竖写。

（二）封里

请柬的封里一般由标题、称谓、正文、结语和文尾五部分组成。

1．标题

请柬的标题可单独由文种构成，即“请柬”、“请帖”或“邀请书”；也可由发文单位名称、发文事和文种构成，如“××大学第四届文化节请柬”。

2．称谓

在第一行顶格写明被邀请的单位名称或被邀请者的姓名及头衔，并在其右侧添加冒号，如“××大学：”、“×××教授：”等。

3．正文

在称谓下一行空两格写起，要写明邀请的缘由、活动内容、活动时间和活动地点等。若需要客人准备或携带什么，如着装要求等，可一并写明。

4．结语

在正文下一行顶格书写“敬请光临”、“恭候大驾”等礼貌用语，也可在这一行空两格书写“此致”，在下一行顶格写“敬礼”，作为结尾。

5．文尾

在正文右下方写明邀请者的名称和制作请柬的时间。若是婚礼请柬，则应将新郎、新娘的姓名都写上，并在姓名后写上“鞠躬”、“谨订”等词语，以示尊敬。

三、请柬的注意事项

（一）信息准确

举行活动的时间、地点、被邀请人的姓名、头衔等，都必须核实无误。

（二）礼貌得体

请柬虽然具有告知作用，但同时还具有商量的意思。因此，在用词上一定要讲求礼貌，不能出现命令式的用语。

（三）掌握时间

请柬最好让被邀请的单位或个人尽量提早拿到，以便被邀请的对象有时间安排其他事务，确保准时参加。

四、案例简析

案例 2-6 中秋茶话会请柬

中秋茶话会请柬

×××先生：

兹定于 9 月 12 日晚 7:00－9:00 在市政协礼堂举行中秋茶话会，届时敬请光临。

此致

敬礼

××市政治协商会

××××年×月××日

简析

案例2-6是一篇政协邀请有关人士参加中秋茶话会的请柬，时间、地点和具体内容在短短的一句话中全部表达出来，显得简洁明确。

第四节 介绍信

一、介绍信的作用、特点和类型

（一）介绍信的作用

介绍信是国家机关、社会团体、企事业单位派员到其他单位联系工作、了解情况或参加有关活动时，由派出人员随身携带的专用函件。

案例2-7 介绍信例文

介绍信

××字第××号

管理局：

兹介绍我校××等贰位同志前来你处联系有关安排学生毕业实习等事宜，望接洽为盼！

此致

敬礼

××学校（盖章）

××××年×月×日

（有效期7天）

（二）介绍信的特点

1．证明性

介绍信是具有介绍、证明作用的书信。收看介绍信的一方可以从对方的介绍信中了解来人的职业、身份、要办的事情、要见的人、有什么希望和要求等。

2．时效性

介绍信相当于一个在一定时间内有效的证件，它可以帮助对方了解你的身份、来历，同时也赋予了你一定的责任和权利，所以介绍信一般都会规定时限，是一种在限期内才具备有效性的专用文书。

（三）介绍信的类型

介绍信可分为书信式和填表式两种类型。

- **书信式介绍信**：一般用印有单位名称的信笺书写，格式与一般书信基本相同。
- **填表式介绍信**：是一种印有固定格式的专用信纸，需根据要办的具体事项按格逐一填写。填表式介绍信一般会有存根，便于查询。

二、介绍信的写作模式

书信式介绍信和填表式介绍信的写作模式略有不同，下面分别进行介绍。

（一）书信式介绍信的写作模式

书信式介绍信一般由标题、称谓、正文、结语、文尾五部分组成。

1．标题

书信式介绍信的标题一般在信纸第一行居中书写“介绍信”三字，也有些介绍信省略标题。

2．称谓

在标题下一行顶格书写要联系的单位的名称或个人的姓名（全称），并在名称或姓名的右侧添加冒号。

3．正文

在称谓下一行空两格书写，介绍信的正文要写明以下几点：

- 要说明被介绍者的姓名、年龄、政治面貌、职务等。若被介绍者不是只有一人还需注明人数。其中，政治面貌和被介绍者的年龄有时可以省略。
- 写明要接洽或联系的事项，以及向接洽单位或个人所提出的希望和要求等。
- 要在正文的最后注明本介绍信的使用期限。

4．结语

最后应写一些诸如“请接洽”、“请指教”、“请协助”之类的话语，后面还要以书信体的“此致——敬礼”等表示祝愿和敬意的话作为结尾，还可在此处注明介绍信的有效期限。

5．文尾

在正文右下方注明出具介绍信的单位名称和介绍信的成文日期，并加盖单位公章。

（二）填表式介绍信的写作模式

填表式介绍信一般由存根联、正式联和间缝三部分组成。

1．存根联

存根联包括以下几部分内容：

- **标题**：存根部分的第一行居中写有“介绍信”三字，并用括号注明“存根”二字。
- **发文字号**：在存根右下方印有发文字号。如：“市教字×号”、“县商字×号”等。
- **正文**：另起一行空两格书写介绍信的正文，其具体内容与书信式介绍信基本相同
- **文尾**：存根联的结尾只注明成文日期即可，不必署名，因为存根仅供本单位在必要时查考。

2．间缝

存根部分同正文部分之间有一条虚线，虚线上印有“××字第××号”。这里可照存根的发文字号填写。要求数字要大写，如“壹佰叁拾肆号”，字体要大些，便于从虚线处截开后，字迹在存根联和正文联各有一半。同时，应在虚线正中加盖公章。

3．正式联

正式联包括标题、发文字号、称谓、正文、结语和文尾几个部分。其中标题、发文字号和正文三部分内容与存根联基本相同，而称谓、结语和文尾则可参考书信式介绍信。这类介绍

信写好后，也应装入公文信封内。信封的写法与普通信封相同。

三、介绍信的注意事项

（一）存根与本文一致

重要的介绍信要留存根或底稿，其内容要求和介绍信本文完全一致，以备查考。

（二）书写工整

介绍信要求书写工整，不得随意涂改。若有涂改，涂改处必须加盖公章，否则对方可以不予接待。

四、案例简析

案例 2-8 填表式介绍信

介绍信（存根）

××字第××号

×××等×人，前往×××联系×××。

××××年×月×日

--××字第××号--

介绍信

××字第××号

×××经理：

兹介绍×××等×名同志前往你处联系×××，请接洽并予协助。

此致

敬礼

×××（盖章）

××××年×月×日

（有效期×天）

简析

案例 2-8 是一份填表式介绍信，其存根联与正式联由间缝上下隔开，在存根部分，有标题“介绍信（存根）”，在第二行有发文字号“××字××号”需要填写，在正文处需要依次填上姓名、人数、相关身份内容及前往何处需办理什么事等。结尾注明日期即可。正式联与存根内容大体一致，不再详述，但在结尾处要写些祝愿或敬意的话，还要注明介绍信有效期限。在文尾处要注明完整的单位名称并加盖公章，还要注明日期。

第五节 证明信

一、证明信的作用、特点和类型

（一）证明信的作用

证明信是国家机关、社会团体、企事业单位或个人凭借确凿的证据证明某人的身份、经历或某件事情的真实情况时所使用的一种专用书信。证明信也可直接称作证明。

案例 2-9 证明信例文

> **证明**
>
> ××公司：
>
> 你公司××同志××××年至××××年曾在我校学习。特此证明。
>
> 此致
>
> 敬礼
>
> ×××中学（公章）
>
> ××××年×月×日

（二）证明信的特点

1．凭证性

证明信的作用贵在证明，是持有者用以证明自己身份、经历或某事真实性的一种凭证，所以证明信的主要特点就是它的凭证作用。

2．采用书信格式

证明信是一种专用书信，尽管证明信有多种写作形式，但它的写法同书信的写法基本一致，采用书信体的格式。

（三）证明信的类型

证明信按照发文对象分可分为以下两种类型：

- **以组织名义发出的证明信**：用来证明某人的身世、经历或某一事件的真相。
- **以个人名义发出的证明信**：用来证明某人身份或某一事情的真实性。以个人名义发出的证明信，证明人要对所证实的内容完全负责，除个人签名外，最好再由证明人所在单位签署意见，以增强证明信的可靠性和严肃性。

二、证明信的写作模式

以组织名义发出和以个人名义发出的证明信写法大致相同，都是由标题、称谓、正文、文尾四部分组成。

（一）标题

在第一行居中用较大字体书写“证明信”或“证明”，也可在标题中加入被证明人姓名和事由，如“关于××××××同志××××问题的证明”。

（二）称谓

在标题下一行顶格注明接收证明信的单位名称或个人姓名，并在其右侧添加冒号。

（三）正文

正文是证明信的主体部分，在称谓后另起一行空两格写明被证明人或事件的全部真实情况，内容要翔实，语言要准确肯定、简明扼要。

正文之后常用“特此证明”作为结语。

（四）文尾

在正文右下方注明证明人或单位名称以及成文日期，并加盖公章。以个人名义出具的证明信，最好由其所在单位签署意见，内容大致包括：

- **对写证明人的客观评价**：以便对方了解此人的基本情况，由此判断证明材料的可信度。
- **对证明信内容的态度**：如不太熟悉，可注明“仅供参考”；签署意见后，要署上单位名称和成文日期，并加盖公章。

三、证明信的注意事项

（一）实事求是

无论个人还是单位出具的证明信都必须客观、真实、可靠，因为虚假的证明不但会受到道德的谴责，严重的还会受到法律的制裁。

（二）措辞严谨

证明信的措辞一定要准确、严谨，以避免产生歧义。态度要庄重严肃，语气要肯定，令人信服。

四、案例简析

案例 2-10　关于××××交通肇事的证明信

关于“××××”交通肇事的证明信

××日报社：

贵报××××年×月×日第一版《寻访“××”交通肇事目击者》一文我看到了，我就是当时目睹大卡车肇事和赵××女士（此前我并不知道她的名字叫赵××）热心救人的“绿衣人”，现将我当时目睹的情况证明如下：

××××年×月×日晚11时，天正下雨，我披一件绿色雨衣从朋友处回家，我当时由南向北在福安路上走，行至××银行门口，一个中年妇女站在屋檐下向我招呼，并用东北口音问我附近有没有柜员机。我俩正说话，一辆大卡车从北向南飞快地开过来，随后只听到一声怪异的急刹车声音，我们回过身，发现那辆车在离我们大约20米处撞倒了什么东西，在我们急忙赶过去的时候，那辆大卡车已经匆匆发动起来开走了（我留意到车牌号码的尾数好象是“37”），我们过去一看，路上躺着一个老人，身边一辆手推车被汽车轧烂了（这条路我刚刚步行走过来时，路上未见这位老人和轧烂的手推车），此时正好有一辆出租车过来，赵××女士就招呼我一起将那个老人扶到车上，我因为要赶回家准备第二天一早飞往加拿大出差，心里很急，又看看老人不至于有什么生命危险，就拿出100元钱交给那位女士，随后就自己回家了，万没料到赵××女士因此而蒙冤含屈。

××日报社，我因业务忙碌，近期又将飞往加拿大，谨以此信证明：

一、“××”交通肇事案的肇事者是某大卡车司机，车号尾数大约是“37”。

二、在此案件中，赵××女士是一个热心救人的好人。

请贵报代我向赵××女士致以崇高的敬意，如有必要，我愿出庭作证。

特此证明。

刘××（盖章）

××××年×月××日

简析

案例2-10是一则以个人名义所发的证明信，其语言准确，对某些不太确定的事不是含糊其辞而是经过自己仔细回忆后，以严肃认真、实事求是的态度写出作为目击者的亲眼所见，写清了人物、事件的本来面目。

整体来说，这则证明信内容翔实，语言十分准确，言之有据，行文之中透出作者高度负责的精神以及实事求是、严肃认真的处世原则。

另外，这则证明信由作者严格依据书写规范一气呵成。正文结束后写上“特此证明”四字，并在署名处加盖私人印章，这些都使证明信成为有效的凭证，起到证明事实真相的作用。

第六节 申请书

一、申请书的作用和特点

（一）申请书的作用

申请书是个人或集体向组织、机关、企事业单位或社会团体表述愿望、提出请求时使用的一种文书。申请书的使用范围广泛，无论是个人对组织表述志愿、理想和希望，还是下级在工作、生产、学习、生活等方面对上级有所请求时，都可以使用申请书。

案例2-11 申请书例文

入党申请书

敬爱的党支部：

我是一个在党的阳光沐浴下成长起来的新时代青年，我学唱的第一首完整的歌就是没有共产党就没有新中国，它深深地烙在了我的心中。自小受到学校、家庭的良好教育和熏陶，所以在学习上、事业上我始终追求的是上进，在思想素质的提高上也能严格要求自己，力争把自己锻炼成为一名新时代的有志青年。

我想，作为一名新时代的青年，不仅要学好文化知识，努力钻研技术业务，政治上一定也要严格要求自己。通过多种政治学习，使我深刻领会和了解了党的基本知识，提高了对党的认识，自觉坚持党的基本路线，坚定共产主义信念，端正入党动机，全心全意为人民服务，更坚定了我要加入中国共产党的信心，为成为一名合格的共产党员不懈奋斗。没有共产党就没有新中国，就没有社会主义建设和改革的发展；中国共产党是中国社会主义事业的领导核心，是全国各族人民利益的忠实代表；是以“马列主义、毛泽东思想、邓小平理论”作为自己的行动指南，党的最终目标是实现共产主义的社会制度。

共产党员是中国工人阶级的有共产主义觉悟的先锋战士，必须全心全意为人民服务，不惜牺牲个人的一切，为共产主义奋斗终身；共产党员永远是劳动人民中的普通一员，除了法律和政策规定范围内的个人利益和工作职权外，所有党员都不得谋求任何私利和特权。我是积极要求进步，争取入党的青年，必须对照共产党员的标准要求自己。

我十分明确自己要求加入中国共产党组织的动机。首先是要从思想上入党，树立起正确的人生观和价值观，要有共产主义理想，必须树立全心全意为人民服务的思想作风，确立为共产主义奋斗终身的信念；还必须落实到行动中，认真学习马列主义、毛泽东思想、邓小平理论，学习党的路线、方针、政策及决议，自觉坚持党的基本路线，学习科学、文化和业务知识，努力提高为人民服务的本领，积极带头参加改革开放和社会主义现代化建设，在学习、工作、社会生活中起模范带头作用；以马列主义、毛泽东思想、邓小平理论作为行动指南，坚持党和人民的利益高于一切，不惜牺牲个人利益来服从党和人民的利益，克己奉公。我深深知道入党不是一个短暂的行为，必须长期不懈地努力，它是我人生的奋斗目标。

我志愿加入中国共产党，拥护党的纲领，遵守党的章程，履行党员义务，执行党的决议，严守党的纪律，保守党的秘密，对党忠诚，积极工作，为共产主义奋斗终身，随时为党和人民牺牲一切，永不叛党。

申请人：×××

申请时间：××××年××月××日

（二）申请书的特点

1．性

“申请”顾名思义是申述自己的理由有所请求的意思。无论是个人在政治上入团、入党的申请书，还是个人、单位在其他方面的申请书，均是一种请求满足要求的公用文书。

2．采用书信格式

申请书是一种专用书信，因此它也必须按照书信的格式来行文。内容会因要求不同而不同，但形式基本保持不变。

3．上行性

申请书是个人向组织、下级向上级所使用的文书，这是申请书的性质所决定的。所以申请书在语言的使用上，语言的选择上均需符合上行文的标准。

二、申请书的写作模式

申请书一般由标题、称谓、正文和文尾四个部分组成。

（一）标题

可直接在第一行居中书写“申请书”三字作为标题，也可以在“申请书”三字前面添加申请内容，如“入党申请书”、“入团申请书”等。

（二）称谓

在标题下一行顶格书写接受申请的单位或领导名称，一般只能写一个，而且要确指。

（三）正文

申请书的正文一般包括以下三项内容：

- **申请事项**：即申请的具体内容。
- **申请缘由**：即为什么申请。
- **表明决心**：即表明申请的态度和决心。

这三项内容中，申请缘由部分是正文的重点，其内容要求既能充分说明申请原因、表达申请者的意愿，又要语言简练。

正文结束后，应在其下一行空两格书写“以上申请，请批准”等祈请语作为结语。

（四）文尾

在申请书右下方注明申请人的名称和成文日期。若是以单位名义进行申请，还应加盖单位公章。

三、申请书的注意事项

（一）语气严肃、诚恳

因为申请书是向对方提出请求，所以语气要严肃认真，态度要诚恳。

（二）理由充实、真实

要使接受申请书的对象充分了解申请者的意愿、心情和具体情况，从而得到批准。

四、案例简析

案例 2-12　奖学金申请书

奖学金申请书

亲爱的××女士：

我被××大学告知，可以向贵机构申请经济援助。由于您只资助计算机专业的女性学生，我想告诉您，我从××大学计算机科学系毕业，正在申请到××××大学的计算机系继续攻读。我的主要兴趣在于通信，也就是当前工业界发展最快的一项技术。

因为我没有其他的经济来源以支持我到美国念书，您对我的资助将非常重要。如果您愿意提供帮助，我将感激不尽。

此致

最真诚的谢意！

申请人：×××

××××年××月××日

简析

案例 2-10 是一则申请奖学金的申请书，文中首先表明自己符合奖学金的发放条件，并介绍了自己的兴趣；然后用简短的语言介绍了自身的情况，表达了奖学金对自己的重要性。全文简单明了，思路清晰。

思考与练习

一、判断题

1．迎送词是在重大仪式或宴会上所使用的文体，所以要求迎送词在语体上要尽量正规，避免口语化。（　）

2．感谢信可以寄到报社、电台、电视台刊登、播映，也可以张贴。（　）

3．婚礼请柬只需新郎或新娘其中一人署名即可。（　）

4．介绍信一般都会规定时限，相当于一个在一定时间内有效的证件。（　）

5．若是以个人名义出具的证明信，必须由个人所在单位签署意见，否则视为无效。（　）

6．申请书一般只能写一个作为申请对象的单位或领导名称，而且要确指。（　）

二、问答题

1．欢迎词和欢送词的作用及特点是什么？

2．感谢信有哪些发布方式？在写作感谢信时应注意哪些事项？

3．请柬有哪些特点？折叠式的请柬由哪两部分组成？

4．介绍信可分为哪两种类型？哪种介绍信需要留有存根？

5．证明信的作用和特点是什么？

6．写作申请书时应注意哪些事项？

三、练习题

1．你在乘坐 5 路公交车时不慎将身份证丢在车上，5 路公交车的乘务人员拣到你的身份证后第一时间通过警务人员找到你，并将身份证归还了你，并拒绝了你提供的谢礼。请以以上内容为材料，写一份感谢 5 路公交车的乘务人员的感谢信。

2．北汽摩集团公司派遣小李、小王和小赵三人前往上海某家集团公司进行学习深造。请为小李等三人出具一封介绍信。

3．王××毕业后到一家外企应聘，公司要求王××出具毕业证，但王××的毕业证前一段时间因为搬家丢失了，目前正在补办。请你以王××毕业院校的名义，为王××出具一份证明信。

第三章　行政公文

【本章导读】

文章需要通过发表和传播才能产生作用，而公文的发表和传播则是按照一定规则来进行的。在我国行政公文和党务公文的格式、行文规则、发文和收文办理，以及公文归档办法应遵照《国家行政机关公文处理办法》和《中国共产党机关公文处理条例》等。本章将着重介绍行政公文的格式及行文规则，以及通告、通知、报告、请示、批复等行政公文的写作。

【学习目标】

- 掌握行政公文的格式及行文规则
- 掌握通告的写作
- 掌握通知的写作
- 掌握通报的写作
- 掌握报告的写作
- 掌握请示的写作
- 掌握批复的写作
- 掌握函的写作
- 掌握意见的写作

第一节　行政公文概述

一、行政公文的含义和特点

（一）行政公文的含义

行政公文是国家行政机关公文的简称，它是国家机构及其他社会组织在公务活动中为行使职权、实施管理、沟通协调而制作形成的文书，简称公文。《国家行政机关公文处理办法》中对行政公文作了明确的定义：行政机关的公文（包括电报）是行政机关在行政管理过程中形成的具有法定效力和规范体式的文书，是依法行政和进行公务活动的重要工具。案例 3-1 便是一篇标准的行政公文。

（二）行政公文的特点

行政公文作为行政机关行政的工具，具有以下特点：

案例 3-1　行政公文例文

关于 200×年我市高中招生工作会议纪要

×招委纪〔200×〕2 号

25 日上午，市委常委、副市长、招委会主任×××在市教育局四楼会议室主持召开招委会主任扩大会议，专题研究我市高中招生工作政策。会议听取了市教育局副局长、招委会副主任××的工作汇报，就有关工作进行了充分讨论研究，确定了若干事项。纪要如下：

1. 在按一中、二中统招生计划数的 1:1.02 划定“控制线”时，“控制线”内的考生数按小数点后第一位四舍五入的办法确定。

2. 在符合一中、二中统招录取条件的考生中，按一中、二中统招生计划数的 1:1.02 比例划定语文、数学、英语三科总分（含政策照顾加分）“控制线”。统招生计划中 98%的考生按“控制线”内语文、数学、英语三科合计成绩（含政策照顾加分）从高分到低分依次录取。另 2%的统招生计划按差额录取方案录取。凡属差额录取范围的考生都属于同等条件。

3. 通过一中、二中高中统招生差额录取方案，并以招委会文件形式转发（×招委〔200×〕4 号）。

4. 一中、二中统招生的录取条件和录取办法按××市招委会文件规定的达标中学录取条件和办法进行，一中、二中择校生的录取条件和录取办法按××市招委会文件规定的一般普通高中录取条件和办法进行。

5. 招生是一项十分严肃的工作，应严格按招生政策执行。我市初一、高一录取名单按招生政策确定后，任何学校不得擅自调整。如遇特殊情况确须扩招、补招或特招的，均须报市招委会审批，同意后方可录取。对未经市招委会批准而擅自录取的学生，将不予承认学籍，并对相关经办人及学校领导给予纪律处分。

- **政治性**：行政公文是行政机关依法行政的工具，其内容体现着行政主体的意志和意图，具有鲜明的政治色彩，其内容必然同党和国家的各项方针、政策密切联系。
- **法定性**：行政公文的制发不是个人的随意行为，其作者必须为依法成立并能以自己名义行使职权和承担义务的国家机构或其他社会组织，行政公文必须以这些机构、组织或其法定代表人的名义制发。我国刑法第 167 条规定：“伪造、变造国家机关、企业、事业、人民团体的公文，处三年以下有期徒刑、拘役、管制或者剥夺政治权利；情节严重的，处三年以上十年以下有期徒刑。”这充分说明了法定作者的名义不容侵犯。
- **规范性**：为了维护公文的法定效力和机关的权威性，为了提高处理公文的工作效率，行政公文从用纸、排版装订到文种类别、格式、要素编排等，都必须遵循《国家行政机关公文处理办法》和《国家行政机关公文格式》的统一规范要求。
- **强制性**：行政公文产生于现行公务活动中，一旦生效便会对特定的对象产生法律法规所规定的不同程度的强制性影响。
- **规律性**：行政公文是在行政处理的过程中形成、运转并实现其政治功能的。其处理程序是对公文处理实践规律的总结，从制发到办理和管理，各个环节衔接有序，不可逆行。

二、行政公文的种类

行政公文从不同角度，按不同标准可做出不同分类，在此介绍按适用范围划分和按行文方向划分两种最常见的分类。

(一)按适用范围划分

《国家行政机关公文处理方法》将行政公文按照适用范围分为了13个文种,下面依次介绍。

- **命令(令)**:适用于依照有关法律公布行政法规和规章;宣布施行重大强制性行政措施;嘉奖有关单位及人员。
- **决定**:适用于对重要事项或者重大行动作出安排;奖惩有关单位及人员;变更或者撤销下级机关不适当的决定事项。
- **公告**:适用于向国内外宣布重要事项或者法定事项。
- **通告**:适用于公布社会各有关方面应当遵守或周知的事项。
- **通知**:适用于批转下级机关的文件、转发上级机关和不相隶属机关的文件、传达要求下级机关办理和需要有关单位周知或者执行的事项以及任免人员。
- **通报**:适用于表彰先进、批评错误、传达重要精神或情况。
- **议案**:适用于各级人民政府按照法律程序向同级人民代表大会或人民代表大会常务委员会提请审议事项。
- **报告**:适用于向上级汇报工作、反映情况,答复上级机关的询问。
- **请示**:适用于向上级机关请求指示、批准。
- **批复**:适用于答复下级机关的请示事项。
- **意见**:适用于对重要问题提出见解和处理方法。
- **函**:适用于不相隶属机关之间商洽工作,询问和答复问题,请求批准和答复审批事项。
- **会议纪要**:适用于记载、传达会议情况和议定事项。

(二)按行文方向划分

按照机关的隶属关系,可将行政公文分为上行文、下行文和平行文。

- **上行文**:下级机关向上级机关报送的公文,如报告、请示等。
- **下行文**:上级机关向所属机关发送的公文,如命令(令)、决定、公告、通告、通知、通报、批复等。
- **平行文**:同级机关或不相隶属机关之间往来的公文,如函。

有的行政公文在行文方向上比较灵活,如会议纪要和意见等,这种行政公文可上行、下行和平行。函基本是平行文,但有时也可以用于上下级之间询问答复问题。

三、行政公文的格式

公文格式是指公文的外在形式及对它的组织安排。《国家行政机关公文处理办法》第三章公文格式第十条规定:“公文一般由秘密等级和保密期限、紧急程度、发文机关标识、发文字号、签发人、标题、主送机关、正文、附件说明、成文日期、印章、附注、主题词、抄送机关、印发机关和印发日期等部分组成。”第十一条规定:“公文中各组成部分的标识规则,参照《国家行政机关公文格式》国家标准执行。”

《国家行政机关公文格式》将组成公文的各要素划分为眉首、主体和版记三部分,如图3-1所示。下面分别对眉首、主体和版记进行介绍。

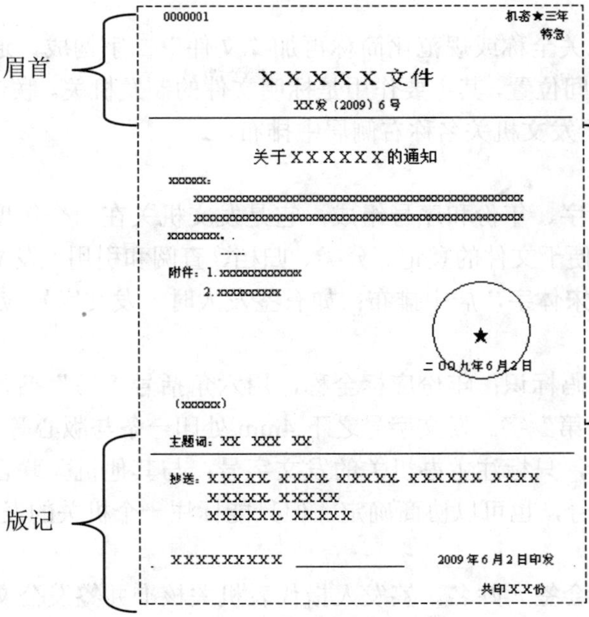

图 3-1 行政公文的组成

（一）眉首

置于公文首页红色反线以上的各要素统称眉首，如图 3-2 所示。眉首在下行文中约占 1/3 面积，在上行文中约占全页 2/5 面积。下面对眉首中的各要素分别进行介绍。

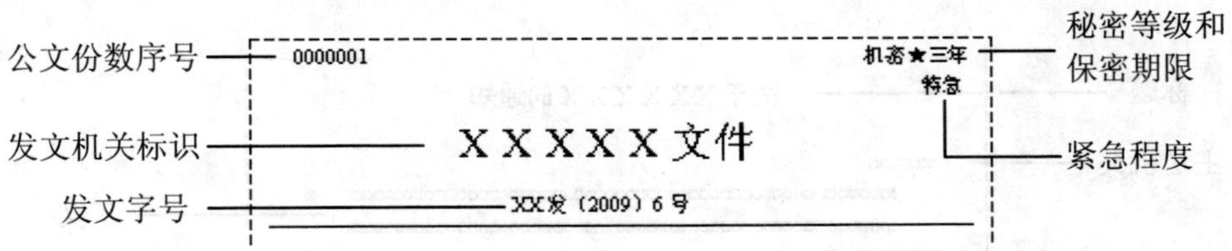

图 3-2 眉首

1．公文份数序号

将同一文稿印制若干份时每份公文的顺序编号，用阿拉伯数码顶格标识在版心左上角第一行。一般来说，应根据公文的份数来决定序号的位数，但最少不能低于两位数。

2．秘密等级和保密期限

秘密等级是指公文内容涉及秘密程度的等级，是公文保密程度的标志。等级由高到低分为“绝密”、“机密”、“秘密”三个级别，顶格标注在眉首右上角第一行，根据需要可在秘密等级后注明保密期限，两者之间用红色五角星隔开。

3．紧急程度

紧急程度是指送达和办理公文的时限要求。紧急公文根据紧急程度分别注明“特急”、“急件”。电报则分别注明“特提”、“特急”、“加急”和“平急”。紧急程度顶格标识在版心右上角第一行。若秘密等级和紧急程度同时出现，则紧急程度注在第二行。

4．发文机关标识

发文机关标识由发文机关全称或规范化简称再加“文件”二字构成，通常用红色大号长方体字居中套印在眉首正中间位置，其主要作用是标明文件的制发机关。联合行文时主办机关排列在前，“文件”二字置于发文机关名称右侧居中排布。

5．发文字号（文号）

发文字号由发文机关代字、年份和序号组成，它是发文机关在一个年度内对其制发的公文依次编排的顺序代码，以便于文件的登记、分类、归档、查阅和引用。发文字号位于发文机关标识下空 2 行，用 3 号仿宋体字，居中排布；如有签发人时，发文字号应居左空 1 字排布，两者排一行。

年份、序号用阿拉伯数码标识；年份应标全称，用六角括号“〔〕”括入；序号不编虚位（即 1 不编为 001），不加“第”字。发文字号之下 4mm 处印一条与版心等宽的红色反线。

行政机关之间联合行文，只标注主办机关的发文字号；与其他机关联合行文原则上应使用排列在前的机关的发文字号，也可以协商确定，但只能标注一个机关的发文字号。

6．签发人

上行文要标明签发人、会签人姓名。签发人指代表机关核准并签发公文文稿的领导人签名，会签人指联合行文时各会办机关领导人的签名。签发人标注在眉首右下角，平行排列于发文字号右侧。发文字号居左空一字，签发人姓名居右空一字，最后一行与右侧的发文字号并排。

（二）主体

置于红色反线（不含）以下至主题词（不含）之间的各项要素统称主体，如图 3-3 所示。下面对主体的各项要素分别进行介绍。

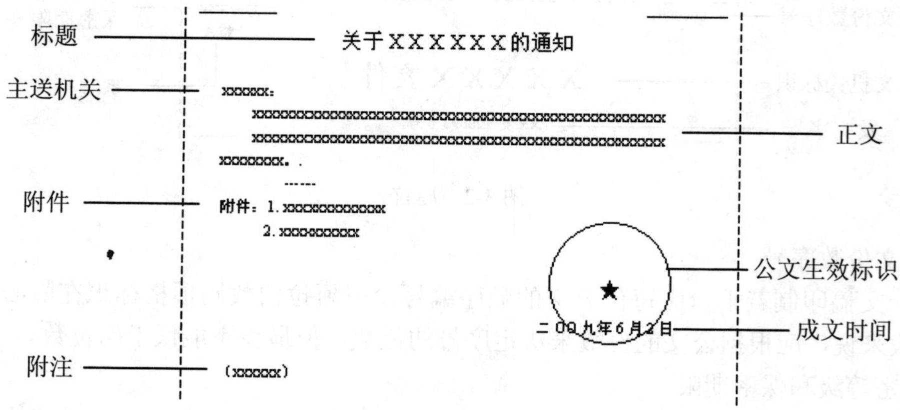

图 3-3　主体

1．标题

公文标题即公文名称，一般用来概括公文的主题，揭示文件的主要内容。

规范的公文标题由发文机关名称、事由（公文的主要内容）和文种三部分构成。一般情况下不得随意省略任何部分，只有某些法规规章性公文、公布性公文和内容为一般事务性的公文可以适当省略前一个或两个部分。

标题位于红色反线下空 2 行，用 2 号小标宋体字，可分一行或多行居中排布；回行排列时，要做到词意完整，排列对称，间距恰当。

公文标题中除法规、规章名称加书名号外，一般不使用标点符号。

有些公文标题下面会使用题注，题注即注释、说明标题的文字。一般用来注明法规性文件或经过讨论通过文件的法律程序、会议时间、地点等。题注居中书写，有的题注用括号标识，有的用破折号标识。

2．主送机关

主送机关即公文的主要受文机关。上行文的主送机关一般只有一个。有些普发性、周知性、公布性的公文，有时不写主送机关。主送机关应当使用全称或规范化简称或同类型机关的统称、泛称。

主送机关位于标题下空一行，左侧顶格用 3 号仿宋体字标识，回行时仍顶格；最后一个主送机关名称后标全角冒号。如主送机关名称过多而使公文首页不能显示正文时，应将主送机关名称移至版记中的主题词之下、抄送之上，标识方法同抄送。

除机关负责人直接交办的事项外，不得以机关名义向机关负责人主送公文。

3．正文

正文是公文的核心部分，用来表述公文的具体内容。正文位于主送机关名称下一行，每自然段左空 2 字，回行顶格。数字、年份不能回行。

4．附件

附件指附属于公文正件的其他材料。为证实附件与正件的关系，需在公文正件上作出附件标识，注明附件标题、件数、份数等。附件标识在正文下空 1 行左空 2 字，用 3 号仿宋体字标识“附件”，后标全角冒号和名称。

附件如有序号，应使用阿拉伯数码（如：“附件：1.××××”）；附件名称后不加标点符号。附件应与公文正文一起装订，并在附件左上角第 1 行顶格标识“附件”，有序号时标识序号；附件的序号和名称前后标识应一致。如附件与公文正文不能一起装订，就在附件左上角第 1 行顶格标识公文的发文字号并在其后标识附件（或带序号）。

5．成文时间

用汉字将年、月、日标全；“零”写为“○”；成文时间的标识位置参见“公文生效标识”部分。

成文时间一般以领导签发的时间为准，联合行文时以最后签发机关领导人的签发日期为准，特殊情况下以会议的通过时间、印发时间、批准时间作为公文形成的时间。

除在正文中明确规定生效执行日期的公文外，成文时间即公文时间效力范围的起点，因此，日期也具有表明公文时效性的作用。

6．公文生效标识

印章是证实公文作者合法性、真实性及公文效力的标志。公文除会议纪要外都应当加盖印章。联合上报的公文，由主办机关加盖印章；联合下发的公文，所有发文机关都应当加盖印章。

① 单一发文印章

单一机关制发的公文在落款处不署发文机关的名称，只标识成文时间。成文时间右空 4 字；加盖印章应上距正文 2mm～4mm，端正、居中下压成文时间，印章用红色。

当印章下弧无文字时，采用下套方式，即仅以下弧压在成文时间上；当印章下弧有文字时，采用中套方式，即印章中心线压在成文时间上。

② 联合行文印章

联合行文需加盖两个印章时，应将成文时间拉开，左右各空 7 字；主办机关印章在前；两个印章均压成文时间，印章用红色。只能采用同种加盖印章方式，以保证印章排列整齐。两印章间互不相交或相切，相距不超过 3mm。

当联合行文需加盖 3 个以上印章时，为防止出现空白印章，应将各发文机关名称（可用简称）排在发文时间和正文之间。主办机关印章在前，每排最多 3 个印章，两端不得超过版心；最后一排如余一个或两个印章，均居中排布；印章之间互不相交或相切；在最后一排印章之下右空 2 字标识成文时间。

提示

当公文排版后所剩空白处不能容下印章位置时，应采取调整行距、字距的措施加以解决，务必使印章与正文同处一面，不得采取标识“此页无正文”的方法解决。

7．附注

附注有两种，一种是对文件中某些问题和事项进行说明、注释、解释，或标明传达阅读范围及其他需要注明的情况。另一种是上报请示时要注明联系人的姓名和电话。

公文如有附注，应用 3 号仿宋体字，居左空 2 字，加圆括号标识，并放在成文时间下一行。

（三）版记

置于主题词以下的各要素统称版记，如图 3-4 所示。下面对版记的各项要素分别进行介绍。

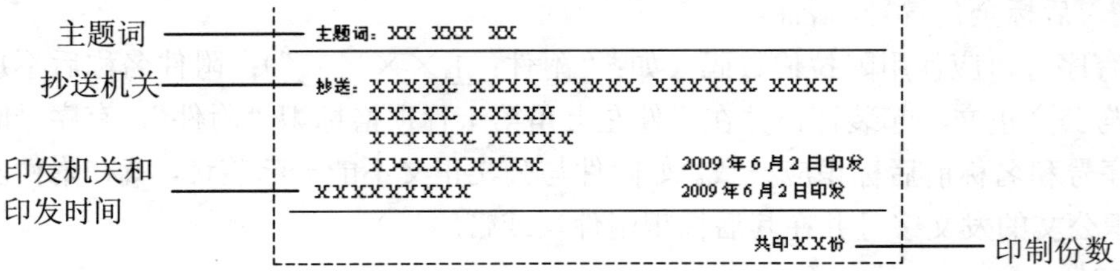

图 3-4　版记

1．主题词

主题词也叫关键字，是用于揭示公文内容，便于公文检索查询的规范化名词或名词性词组。

“主题词”三字用 3 号黑体字，居左顶格，后标全角冒号；词目用 3 号小标宋体字，词目之间空一字，不用标点符号。

主题词须以上级单位发布的主题词表为使用依据。根据公文的主题内容，从主题词表中选用相关的名词或名词性词组，合理组配，先标类别词，再标属类词。标属类词时，先标反映文件内容的词，然后再标反映文种的词。如《国家行政机关公文处理办法》的主题词为：文秘工作（类别词）公文（属类词）办法（文种词）。另外，一份文件的主题词一般不超过五个。

知识库

目前，行政公文主题词的标引主要依据国务院办公厅的《公文主题词表》，各地区可依此表并结合本地区、本系统具体情况制定地方性、系统性的公文主题词表。

2．抄送机关

抄送机关是指除主送机关外需要执行或知晓公文的其他机关。应使用全称或规范化简称、统称标识。

公文如有抄送，其位置在主题词下一行，左空 1 字用 3 号仿宋字标识“抄送”，其后标全角冒号。抄送机关间用逗号隔开，回行时与冒号后的抄送机关对齐，在最后一个抄送机关后用句号，如主送机关移至主题词下，标识方法同抄送机关。

抄送机关按机关性质和隶属关系情况依次排列，也可以用分行的形式区分上、下、平级抄送单位。

3．印发机关和印发时间

印发机关即公文的印制主管部门，一般是各机关的办公厅（室）或文秘部门，没有专门的办公室或文秘部门，则可用发文机关标识。印发时间以公文付印的日期为准，印制日期与成文日期可同时，可延后，但不能提前。

印发机关和印发时间位于抄送机关之下，占一行位置，无抄送机关则在主题词之下，用 3 号仿宋字标识。印发机关位置居左空 1 字；印发日期居右空 1 字，用阿拉伯数字标识具体的年、月、日。

4．印制份数（印数）

印数是指公文的实际印制份数，标识于版记最后一条间隔线下靠右侧，加圆括号注明同一文件印刷的总份数。

提示

> 版记中各要素下均需加一条反线，宽度同版心。

四、行文规则

行文是指公文在机关内部和机关之间的传递运转。行文规则是指《国家行政机关公文处理办法》中规定的行政公文在制发、传递、办理过程中所应遵循的规定，现将其归纳概括如下。

（一）各级行政机关的行文关系，应当根据各自的隶属关系和职权范围确定。各级机关都不能超越职权范围行文。行文应当确有必要，注重效用。

（二）同级政府、同级政府各部门、上级政府部门与下一级政府可以联合行文；政府及其部门与同级党委及组织和军队机关及其部门可以联合行文；政府部门与同级人民团体和具体行政职能的事业单位也可以联合行文。

联合行文应当确有必要，单位不宜过多。应尽可能减少党政、军机关的联合行文。联合行文应当明确主办单位。

（三）政府各部门依据部门职权，可以相互行文和向下级政府相关的业务部门行文，政府各部门除以函的形式商洽工作、询问和答复问题、审批事项外，一般不得向下一级政府正式行文。政府各级部门内设机构除办公厅（室）外，不得对外正式行文。

（四）属于政府各部门职权范围内的事务，应当由部门自行行文或联合行文。联合行文应当明确主办部门。须经政府审批的事项，经政府同意也可以由部门行文，文中应当注明经政府同意。属于主管部门职权范围内的具体问题，应当直接报送主管部门处理。

（五）部门之间对有关问题未经协商一致，不得各自向下行文。如擅自行文，上级机关有权责令纠正或撤销。

（六）向下级机关或者本系统的重要行文，应当同时抄送直接上级机关。

（七）向上级机关行文，应当主送一个上级机关，如需其他相关的上级机关阅知，可以抄送。

（八）受双重领导的机关向上级机关行文，应当写明主送机关和抄送机关，上级机关向受双重领导的下级机关行文，必要时应当抄送其另一上级机关。

（九）请示应当一文一事，一般只写一个主送机关，其他机关可抄送，但不得抄送下级机关。除特殊情况外（如领导直接交办的事项等），不得以机关名义向上级机关负责人报送“请示”、“意见”和“报告”。不应当在非请示公文中夹带请示事项。

请示事项涉及其他部门业务范围时，应当经过协商并取得一致意见后上报；经过协商未能取得一致意见时，应当在请示中写明。

（十）经批准公开发布的公文，同发文机关正式印发的公文具有同等效力。

（十一）对不符合行文规则的上报公文，上级机关的秘书部门可退回下级呈报机关。

第二节 通 告

一、通告的作用、特点和类型

（一）通告的作用

通告的作用是对众宣布，使人周知或遵守。它既可以内部行文，也可以公开张贴，还可以通过报刊、电台、电视台传播。同时，通告又往往是针对某个范围内的社会现象或问题而制发的，所以它公布的有关规定或办法，具有一定的规范约束作用。

《国家行政机关公文处理办法》中明确规定：通告“适用于公布社会各有关方面应当遵守或者周知的事项”。

案例 3-2 通告例文

××省××市旅游局关于公布××××年整治
××地区酒店市场情况的通告

为加大对××市酒店市场经营秩序的监督管理力度，打击违法经营酒店业务的行为，保障旅客和酒店经营者的合法权益，促进本市酒店业健康发展，××省××市旅游局依据《中华人民共和国酒店管理条例》(国务院××号令)、《酒店管理条例实施细则》、《××市酒店管理条例》和《中华人民共和国反不正当竞争法》，于××××年10月至12月，对××地区酒店市场进行了执法检查，现将查处违反酒店行政管理法规，违法经营酒店业务的非法经营单位、办事机构名单通告如下：(名单略)

对以上违法违规酒店经营单位、办事机构按照有关法规予以处罚及取缔。同时，借春节旅游假日黄金周到来之际，敬告广大外出旅游的旅客，在向各旅行社营业处办理报名参团手续前，一定要了解各旅行社提供的旅游地酒店状况，并要求旅行社出具酒店的相应资质材料进行核实。切勿到无《旅行社业务经营许可证》和《工商营业执照》的中介和找个人报名旅游，以免旅游服务质量得不到保证、合法的权益得不到有效保障。

××市旅游局竭诚欢迎并感谢广大市民按以下所列电话号码对酒店服务质量问题及违法违规经营酒店业务行为进行投诉举报。

××市旅游局酒店业投诉电话：××××××，本投诉电话24小时值班。

特此通告。

××××年××月××日

（二）通告的特点

1．强制性

重要的通告是对某些要求人们遵守或执行的事项所作出的规定性条文，是具有政策法规性效力和约束作用的，通常由国家行政机关发布，强制有关单位、个人遵守或执行。

2．广泛性

通告的广泛性表现在各个方面，首先，通告的内容可以涉及社会生活的方方面面；其次，通告的使用主体也相当广泛，凡具有一定权限、一定管理职能的行政或权力机关及其职能部门，都可以使用这种公文；再次，通告的受文对象也非常广泛。

（三）通告的类型

通告从内容上可分为法规性通告和知照性通告两种类型。

- **法规性通告**：用于公布政策法规或规范性意见，要求机关、单位或个人遵守执行。
- **知照性通告**：用于公布需要各有关方面周知或者办理的具体事项。

二、通告的写作模式

通告由标题、正文、发文机关和日期等部分组成，下面分别进行介绍。

（一）标题

通告的标题有三种写法，一种是由发文机关、事由和文种组成的标题，如："××省关于居民收入普查的通告"；一种是由发文机关和文种构成的标题，如："××省人民政府通告"；还有一种是仅由文种"通告"二字构成的省略式标题。

（二）正文

通告的正文通常由引据、事项和结语三部分组成。

1．引据

主要阐明发布通告的原因、目的、意义和根据。作为引子，引据要求简明扼要，常常以"现作如下通告"、"特通知如下"等语过渡到下文。

2．事项

这部分是正文的核心，要写清楚"应当遵守"和"应当周知"的具体内容。如果事项比较简单，可不分条目；如果事项复杂，则可以采用条款列项的方式，逐条逐项地加以陈述。

由于通告事项是面对大众的，因此，事项的内容的表述应做到具体、简洁、明了、准确。要注意其内在的逻辑关系，做到前后有机结合，不相互矛盾，保持内容的一致性。同时，具体的条款规定要与相关的法律、法规的规定性保持一致，不能与有关政策法令相抵触。

3．结语

结语的形式比较灵活。可提出要求、希望，也可用结尾惯用语“特此通告”作结。有时也可不写。

（三）落款

注明发文日期，并加盖机关印章。

三、通告的注意事项

（一）内容表述要通俗

通告的事项涉及社会各有关方面，所以在内容表达和语言表述上要注意通俗易懂。

（二）注意选择发布途径

向社会各界发布需要遵守的有关事宜时，最好选择通过新闻媒体公开发布。

四、案例简析

案例 3-3　关于严禁燃放烟花爆竹的通告

关于严禁燃放烟花爆竹的通告

烟花爆竹是国家明令严格监管的民用爆炸物品，烟花爆竹的使用必须符合安全规定。近年来，个别居民和单位燃放烟花爆竹时因使用方法不当、燃放时间地点不适，不仅造成社会治安和消防安全隐患，而且污染环境，干扰正常工作生活秩序，严重影响广大人民群众身心健康。为了保持市区良好的社会环境，维护广大市民的正当权益，塑造文明的城市形象，特通告如下：

一、禁止在市区××路省民族技工学校至××小学路口段、××路、××沿河西路、××路、××路、××路、××路、××路、××路等主要街道燃放烟花爆竹。

二、禁止在公共楼梯、走廊、橱窗内燃放烟花爆竹。

三、禁止在晚上 12:00 至次日 6:30 和中午 12:30 至 14:30 的时间段内燃放烟花爆竹。

四、凡违反上述规定的，一律责令立即清除遗物遗迹，并按有关规定严厉处罚。

五、各单位、宾馆酒家和其他经营户要教育好本单位的干部职工及其家属子女自觉遵守上述规定，不得在规定的时间和地点内燃放烟花爆竹。

六、广大市民要进一步提高觉悟，转变观念，移风易俗，倡导文明生活方式，共同创造和维护良好的工作生活环境。

七、本《通告》由市公安局和市城监管大队负责监督实施。市公安局和市城监管大队要认真履行职责，严格执法。

××市公安局

二〇〇×年×月×日

简析

案例 3-3 是一则知照性通告。通篇体现了知照性通告在一定范围内公布应周知事项的特点；从层次看，标题由事由加文种构成，主体部分则明确具体地写出了通告的内容、事项、要求和实施措施；落款注明了发文机关和发文时间。

案例 3-4 中华人民共和国公安部通告

中华人民共和国公安部通告

为确保国际民航班机的运输安全，决定从 1981 年 11 月 1 日起，在中华人民共和国境内各民用机场，对乘坐国际班机中的中、外籍旅客及其携带的行车物品，实行安全技术检查。

一、严禁将武器、凶器、弹药和易爆、易燃、剧毒、放射性物品以及其他危害飞行安全的危险品带上飞机或夹在行李、货物中托运。

二、除经特别准许者外，所有旅客及其行李物品，一律进行安全检查，必要时可进行人身检查。拒绝检查者，不准登机，损失自负。

三、检查中发观旅客有携带上述危险物品者，由机场安全检查部门进行处理；对有劫持飞机和其他危害飞行安全嫌疑者，交公安机关审查处理。

特此通告。

××××年××月××日

简析

案例 3-4 是一篇法规性通告，标题由发文机关和文种构成；例文第一段主要介绍通告的目的，即确保国际民航班机的运输安全；第二至第四段明确通告的事项，体现了法规性通告的权威性和强制性；最后，因为公告具有公开性，所以不必注明受文机关。

第三节 通 知

一、通知的作用、特点和类型

（一）通知的作用

通知适用于批转下级机关的公文，转发上级机关和不相隶属机关的公文，传达要求下级机关办理和需要有关单位周知或者执行的事项，以及任免人员的情况。

在行政公文中，通知是使用最广泛、使用频率最高的文种。其主要作用是：布置工作，交代任务，下达指示，转达上级机关的指示精神或有关规定，批转、转发公文，发布各种行政规章制度，发布任免干部事项，传达需要有关单位周知的事项，印发有关文件等。

案例 3-5 通知例文

关于执行《在线发表科技论文的学术道德和行为规范》的通知

教技发中心函〔200×〕193 号

各有关高校：

在线发表科技论文，打破了传统出版物的概念，免去了传统的评审、修改、编辑、印刷等程序，给科研人员提供了一个方便、快捷的交流平台，以便及时发表成果和新观点，从而使新成果得到及时推广，科研创新思想得到及时交流。

根据文责自负的原则，只要作者所投论文遵守国家相关法律，为学术范围内的讨论，有一定学术水平，且符合中国科技论文在线的基本投稿要求，可在一周内发表。但是，由于在线发表科技论文没有传统的评审过程，难免有极少数学术道德缺乏的人进入了中国科技论文在线的作者群，在线发表了一些学术水平不高、研究内容浅薄，甚至是有一定抄袭行为的论文，给中国科技论文在线网站及其他论文作者带来了不良影响。同时，我们在对部分论文进行评审时，也发现有部分作者在线发表论文时，没有遵守在中国科技论文在网站发表论文的学术要求，存在一些不正规的行为。

为此，我们制订了《在线发表科技论文的学术道德和行为规范》，希望在中国科技论文在线网站发表论文的作者能以此自律，规范自己的科技论文写作和发表行为，重视学术道德水平的提高，共同维护中国科技论文在线良好的学术交流环境。

如发现有作者违反上述学术道德和行为规范时，中国科技论文在线网站将在查实其不良行为的事实后，在网上发表声明，公开点名谴责，并取消其已在线发表的论文，收回刊载证明。同时将其列入有不良行为者名单，禁止其三年内在中国科技论文在线网站发表论文，同时通知其所在单位，建议对其进行其他处罚。

教育部科技发展中心

中国科技论文在线

二〇〇×年十月十日

（二）通知的特点

1．功能的多样性

通知可以用来布置工作、传达指令、晓谕事项、发布规章、批转和转发文件，任免干部等，下行文的主要功能，通知几乎都具备。

2．运用的广泛性

上至国务院，下至基层机关、企事业单位、社会团体都可以发布通知。通知的内容也非常广泛，大至国家重大事项，小至单位内部一般事项，都可以使用通知。

3．写作的灵活性

通知功能多样性的特点，决定了通知的写作非常灵活，行文不需过分拘泥于固定的结构，篇幅可长可短，结构亦可繁可简。

4．应用的时效性

通知事项一般都是要求立即办理、执行或知晓的，不容拖延。另外，有的通知，如会议通知等，只有在指定的时间内才有效。

（三）通知的类型

通知按其功能可分为指示性通知，事务性通知，批转、转发性通知和会议通知等类型，下面分别进行介绍。

1．指示性通知

上级机关向下级机关布置工作、做出相应指示时使用。

2．事务性通知

用来传达、安排事务性工作，如召开会议，机构、人事调整，安排假期等，都可以使用这种通知。

3．发布性通知

除国家的法律用命令颁布外，其他文件如讲话、会议纪要、规划、条例、规定、办法、细则、实施方案等，一般都用通知颁布。

4．批转、转发性通知

本机关收到上级、下级或不相隶属机关的来文，有必要转给所属下级机关或其他机关让其了解该文内容的，便使用批转、转发性通知。其中，将某一下级机关的来文转给所属下级机关的，用“转批性通知”；将上级、平级或不相隶属机关的来文转给所属下级机关的，用“转发性通知”。

5．会议通知

比较重要的会议召开前，需要将会议的有关情况告知有关单位或人员而使用的通知。

二、通知的写作模式

通知由文首、正文、文尾构成。文首包括标题、主送机关；正文由开头、主体和结尾组成；文尾包括落款和成文日期。

（一）标题

通知的标题通常有两种形式，一种是由发文机关+主要事由+文种组成的三项式标题，如《国务院关于印发 2008 年工作要点的通知》；另一种是省略发文机关的两项式标题，如《关于××大学举办第十二届戏剧节的通知》。有时也可根据具体情况写明“联合通知”、“紧急通知”、“补充通知”，如《××市交通局关于道路限行的紧急通知》。

发布性、批转、转发性通知的标题比较特殊。首先，发布性通知的文件名称要出现在标题的主要事由部分；其次，批转、转发性通知所转发的文件内容要出现在标题中，如《××市××区教育局转发××市教育局、卫生局等部门关于加强学校卫生保健工作的通知》。

（二）主送机关

通知的主送机关有两种写法，一种是将若干主送机关的名称全部写上；另一种属于公开发布的普发性通知，则不写主送机关。

（三）正文

由于通知的种类较多，所以正文的结构和写法有多种模式。下面分别对不同类型通知正文的基本写法进行概括介绍。

1．指示性通知

指示性通知用于向下级机关布置工作任务、安排活动或就某一事项、问题作出指示。前者亦称“工作通知”或“布置性通知”；后者亦称为“规定性通知”。这一类通知的写作要点如下：

- **标题**：常用完全式，在使用正式文头的情况下可省略发文机关；“事由”部分一般要用“做好”、“搞好”、“加强”等强调词语；时间紧迫的，可在文种前加“紧急”二字，如《关于×月×日全市停电的紧急通知》。

- **正文**：布置工作任务（或安排活动）的通知正文与“指示”的写法相似，一般由开头、主体、结尾三部分组成；开头部分交代发通知的原因、目的或意义；主体部门布置任务，拟订方法措施，阐明工作原则，交代注意事项，可用小标题或列条目依次写出；结尾部分提出贯彻执行要求。下指示、作规定的通知正文多由两部分构成：开头写明发通知的目的依据，主体部分分条款写出指示的具体内容；可无专门结尾或用“以上各点，望遵照执行”等惯用结尾语作结。

2．颁转性通知

这类通知可细分为“发布”、“转发”、“批转”三种类型。其中发布性通知指用来颁布行政规章或印发有关文件、资料的通知。

发布性通知的写作需要把握以下几点：

- **标题**：应用完全式，依发布内容的重要程度分别选用“颁发”、“发布”、“印发”字样，可使用也可省略“关于”一词。
- **正文**：应开门见山，写明所发规章文件名称，然后提出执行要求，有施行起始时间的，应一并说明。

转发性通知与批转性通知，前者用于转发上级和不相隶属机关的公文，后者用于批转下级机关的来文（多为意见）。其写作格式与发布性通知相似，不同点在于标题中用“转发”或“批转”，例如《关于转发〈××××年度全国专业技术人员职称外语及市职称外语等级考试考务工作的通知〉的通知》。一般都省略“关于”一词。

转发性通知与批转性通知的写作要求如下：

- 如遇多层转发，可以省掉“中转”单位，使标题简明一些，如《××镇人民政府转发〈××省人民政府关于做好春季植树造林工作的通知〉的通知》，就省略了县里转发这一层。
- 正文表明颁转意图后，如还需对所发文件作强调补充，则可在第一段文字之后写出要强调和补充的内容。
- 应将被发文件的标题和全文实录于通知的成文日期之后、“文尾”之前。因其属于通知内容的组成部分，故不必再标出“附件”这一项目名称（习称复合式公文）。

3．知照性通知

知照性通知主要用于告知某些事项，故又称告知性或事项性通知，如《国务院关于成立国务院物价小组的通知》、《关于启用新印章的通知》等。这一类通知的正文写作大体有三种情况：一种是开头、主体、结尾分别写出发通知的原因、告知事项、要求；一种是只写发文缘由和告知事项；还有一种是直接交代要告知的事项。知照性通知的结尾常用“特此通知”等惯用结束语。

会议通知也是一种常见的知照性通知，其写作要领如下：

- **标题**：一般应写明会议名称，构成“关于召开××会议的通知”这一模式，一般性会议也可只用“会议通知”四字作标题。
- **正文**：一般由开头、主体和结尾三部分构成，开头部分交代开会的原因、目的、依据和会议名称，然后用“现将有关事项通知如下”等语句过渡；主体部分分项交代有关事项，一般包括开会时间与会议期限、地点、与会人员及其条件、会议内容或主要议题、会前应做的准备工作、会议其他事项（如经费、食宿、交通安排）等六个方面；结尾告知联系人、联系电话等。有的还于通知后附一张回执表，以便做好会务安排。

4．任免通知

这类通知包括任命、免职两类，其写作要点是：

- **标题**：应明确事项性质，常见的如：《关于×××等同志任职的通知》、《关于免去×××职务的通知》、《关于聘用×××等人的通知》、《关于解除×××所聘职务的通知》。一份通知中有任有免的，可用“任免通知”四字为标题。
- **正文**：应交代任免、聘用或解聘依据，常用“经×××（或××会议）研究决定”这一简明句式表达。然后写出任免对象及任免职务，一人占用一行，分行排列。最后以“特此通知”作结。

（四）文尾

通知的文尾包括发文机关和成文日期。如果使用三项式标题，则文尾可以省略发文机关名称，只写成文日期；如果使用两项式标题，根据情况（单一机关发文不用落款）可签署发文机关名称。

三、通知的注意事项

（一）明确行文目的

首先要明确为什么写通知，通知的主要内容是什么、属于哪种类型等，以确定如何写作。其次要确定写作的范围和对象，针对问题，解决问题，依据实际工作需要确定写作范围和对象。还要注意抓住主要内容、突出重点、应说明的情况、应执行的事项，有关的时间、地点、条件等，都要表述准确。

（二）不要滥用通知

由于通知具有多功能作用，使用频率较高，所以滥用的情况时有发生。一是超越职权范围，给不相隶属机关、平级机关发文；二是混淆行政公文与事务文书的界限，将“启示”、“声明”等误写成“通知”；三是不分上下左右随意发通知。通知是下行文，主送单位只能是下级机关或所属部门。平级或不相隶属机关需了解的，可用“抄送”的形式，对上级机关只能抄送，不能使用通知的形式。

（三）注意结尾惯用语

如果开头已经使用了“通知如下”等过渡语，则结尾不应再用“特此通告”等惯用语，以免语意重复。

四、案例简析

案例3-6　××市粮食局关于加强防汛工作的紧急通知

××市粮食局关于加强防汛工作的紧急通知

各区县粮食局、局直各单位：

据中央气象台和××市气象台联合预报，受南方热带低气压的影响，预计明、后两天×

×市将有一个强降雨过程，降雨量可达200毫米以上，并伴有8级大风，局部有冰雹。按照市委、市政府有关通知精神，为加强全市粮食系统防汛工作，现将有关事宜通知如下：

一、要高度重视。一是领导要高度重视。各处室负责人、各单位主要领导要充分认识做好本次防汛工作的重要性，加强对本次防汛工作的领导，确保安全度汛。二是要制订好防汛工作预案。各单位要根据自身工作实际制订本单位防汛工作的预案，落实工作措施，做好防汛准备。市粮食局的防汛工作预案由局办公室负责制订。三是要建立统一协调的领导机制。市粮食局建立由局长为组长，各单位负责人为副组长以及有关人员参加的防汛工作领导小组（名单附后），领导小组设在市粮食局办公室。由市粮食局办公室统一做好防汛期间的协调调度工作（联系人：×××联系电话：××××—×××××××××）。

二、要采取有力措施。一是要认真做好隐患排查。各单位要认真将本单位防汛工作隐患排查一遍，各仓储企业要彻底排查各个粮仓安全情况，做好预防大风和降雨的有关准备工作，做到预防为主，防患于未然。二是要落实防汛工作相关保障。各单位都要成立防汛工作队伍，确保防汛期间的通信畅通，落实好防汛车辆安排，做好充足的防汛物资储备。三是要做好应急抢险准备。各单位要做好出现险情后的应急抢险准备工作，出现险情后立即组织抢险，并迅速上报有关情况，确保将损失降到最低限度。

三、要落实责任。一是要建立防汛工作责任网络。各单位务必于6月23日12时以前上报本单位防汛工作预案，落实好责任人员，建立防汛工作责任网络体系。二是各单位要层层传达防汛工作通知精神。要通过各种形式，将防汛工作通知精神传达给每个干部职工，统一大家对防汛工作重要性的认识，将防汛工作责任落实到人。三是建立责任追究制度。对在本次防汛工作中因个人问题而造成人员伤亡和财产损失的，要追究有关人员责任。对于出现事故隐瞒不报的，要按照有关规定追究个人和单位的责任。

附：××市粮食局防汛工作领导小组名单（略）

××××年×月×日

简析

案例3-6是一篇标准的指示性通知，标题由发文机关（××市粮食局）、事由（关于加强防汛工作）和文种（紧急通知）组成。正文的开头部分交代了受文对象（各区县粮食局、局直各单位）和发布通知的原因（降雨、大风、冰雹），第三至第五段明确布置了具体任务和注意事项，体现了通知的紧迫性和重要性。落款处由于标题已经写明发文机关名称，所以只注明成文日期即可。

案例3-7　××县人民政府关于胡××等同志职务任免的通知

××县人民政府关于胡××等同志职务任免的通知

各乡镇人民政府，县政府各部门：

××××年×月××日，经××县人民政府研究，决定：

免去：

邱××的××县广福初级中学副校长职务；

陈×的××县桂兴初级中学校长职务；

李××的××县白马乡初级中学校长职务；

王××的××县花桥镇初级中学校长职务。

任命:

胡××任××县物资局副局长;

游××任××县物资局副局长;

张××任××县人民政府民族宗教事务办公室主任(兼)

张××任××县多种经营办公室副主任。

特此通知

××县人民政府办公室(印章)

××××年×月××日

简析

案例 3-7 是一份任免性通知。总的写法是先讲明决定的依据(如什么时间、由哪里作出的任免决定),再写任免的内容。在同一人有任有免或同一职位有任有免时,要先写免再写任,保持逻辑上的严密。另外,此类通知的标题要写明任免的主要内容,不可简化为“任免通知”四字。

第四节 通 报

一、通报的作用、特点和类型

(一)通报的作用

通报是上级机关对下级机关中典型的先进事迹、人物进行及时的表彰,对严重的错误予以及时的批评教育,对重要的精神和情况予以迅速的传递、沟通时所用的一种下行文。

案例 3-8 通报例文

××省防汛防旱指挥部办公室

水情通报第 16 号

我省主要江河湖库水情平稳

淮河干流洪水继续减少。据预测,目前洪泽湖以上约有 24 亿立方米水将要入湖,今日 8 时洪泽湖水位 12.77 米,入洪泽湖总流量 2 232 立方米每秒。为兼顾洪水资源利用,今日 12 时三河闸控制泄洪至 2 000 立方米每秒。里下河兴化水位已回落至 1.73 米,沿海四港继续自排里下河涝水。

沂沭泗地区水情正常。今日 8 时马湖水位 22.86 米,为拦蓄尾水,兼顾即将开工的新沂河海口枢纽扩建工程需要,嶂山闸已于 8 月 16 日关闭。微山湖水位 32.53 米,石梁河水库水位 24.64 米。

今日 8 时,长江大通站流量为 44 700 立方米每秒,太湖水位 3.51 米,水情正常。

二〇〇×年八月二十二日

（二）通报的特点

1．典型性

不论是表彰性、批评性的通报，还是交流情况的通报，都要求被通报的内容既有普遍性又有代表性。通报的事实和情况有典型意义，才能起到以点带面的作用。

2．宣导性

通报的内容，不论是肯定性的还是否定性的，其目的都不只是宣传对事件的处理结果，而是要树立榜样、提供借鉴，或引错为鉴，使读者能够总结经验，汲取教训。

3．及时性

通报无论是表彰先进、批评错误还是传达重要精神或者情况，都必须抓住时机，体现时效性，这样才能发挥通告的宣导作用。因此，通报的写作和传播都应该是迅速及时的。

（三）通报的类型

按照适用范围、内容及作用，通报可分为表彰性通报、批评性通报和情况类通报三类。

- **表彰性通报**：对先进单位、先进人物的典型事迹进行表彰，并总结其先进经验，以点带面，树立榜样，以促进向先进单位和先进人物学习。
- **批评性通报**：抓住有普遍反面教育意义的错误和不良倾向，或典型的错误事件，进行严肃的批评，并分析原因和吸取教训，达到教育和警惕的作用。
- **情况类通报**：上级机关把当前政治、经济、军事和社会治安等情况通报下级机关，使下级机关了解新的信息，对所通报的重要情况引起重视，更好地开展工作。这类通报具有沟通和知照的双重作用。

按照表达方式，通报可分为直述式通报和转述式通报两类。

- **直述式通报**：发文单位在通报中直接陈述它下属单位的先进事迹、典型经验、错误事实或者介绍情况，然后在此基础上作出分析、评价和处理。
- **转述式通报**：发文机关用转发（批转）的形式，把所属单位及外单位所反映的先进事迹、错误事实或者重要情况作分析、评价，提出处理意见，发出号召。

二、通报的写作模式

通报由文首、正文、文尾构成。文首包括标题、主送机关；正文由开头、主体、结尾组成；文尾包括落款和成文日期。

（一）标题

通报的标题大多采用发文机关+主要事由+文种的完全式标题，也有个别通报的标题省略发文机关，只采用后面两项。

表扬、批评性通报标题的事由部分有两种写法：

- 一种是在介词“关于”后写“表彰”、“表彰奖励”或“批评”、“处理”、“处分”等字，后面再加上所要表彰或批评的对象（单位或个人）的名称。
- 一种是在所要表彰的对象名称后，用一短句对被表彰或批评对象的基本情况、事实、性质等加以概括。

传达性通报标题的事由部分，一般要在介词“关于”后概括所发生的事实情况及性质，再加“情况”两字。

（二）主送机关

指定下发单位的通报要写明主送机关名称。普发性通报和在机关内部公开张贴的通报则不写主送机关。

（三）正文

不同类型的通报其正文的写作方法也不相同，下面分别进行介绍。

1．表彰、批评性通报

表彰性通报和批评性通报的正文一般由四个部分组成：

- **概述事实**：采用概括叙述的方式，介绍先进人物、先进集体的行动及其效果，或者概述错误事实或现象。这部分的写作要求简明扼要、完整清晰。
- **分析评价**：主要采用议论的写法，对先进事迹的性质和意义进行分析和评价；或者分析错误事实的性质，指出该种做法的危害。评价性的文字要注意措辞的分寸感和准确性，不能出现夸饰的现象。
- **作出决定**：表彰性通报要提出表彰方式，写明给予何种奖励；批评性通报要依据错误事实，以有关规章为准绳，作出恰当的处理决定。
- **提出希望、要求、号召**：表彰性通报要有针对性地希望有关方面向先进单位或个人学习，共同做好工作。批评性通报应提出告诫或重申纪律，希望有关单位和个人从错误事实汲取教训，改进工作。表彰、批评性通报通常以此部分作为结尾，以体现发文目的。

2．情况通报

情况通报的正文一般由三个部分组成：

- **概述缘由**：叙述基本事实，阐明发布通报的根据、目的、原因等。作为正文的开头，文字不宜过长，要综合归纳。
- **介绍情况与信息**：叙述具体情况，传达某些信息。此部分内容通常较多，篇幅较长，要注意梳理分类，合理安排结构。
- **提出希望与要求**：在明确情况的基础上进行必要的评论，对受文单位有针对性地提出相应意见、要求，指出解决问题的措施、方法。或者说明指导原则，申明态度，提出解决问题的方法。

（四）文尾

通报的文尾包括发文机关和成文日期。若使用三项式标题，则文尾可以省略发文机关名称，只写成文日期；若使用两项式标题，可根据情况签署发文机关名称。

三、通报的注意事项

（一）事例要典型

通报要站在全局的高度，放眼整体利益，所通报的事例一定要有代表性、典型性，有普遍的指导意义，提炼出的经验教训必须是从通报事例中自然而然引伸出来，具有较强的针对性，这样才能起到教育作用。

（二）评议得当

无论是表彰、批评还是情况通报，都涉及对人对事的评价、定性问题，因此评论一定要严肃认真、合情合理、切中要害，必须注意分寸的掌握。

（三）叙述要全面简明

通报以叙述事实为主，叙述时要准确无误，全面周详，要写明事情发生的时间、地点、人物，以及事情的起因、经过、结果等。同时要注意在叙述时只需粗略的进行概述即可，不可过于细腻。

（四）掌握结构比例

在通报写作中若掌握不好结构比例，就容易使通报变为通知或决定等文种。如在一份表彰或批评通报中，对先进事迹或错误事实简单带过，而在怎样学习或如何汲取教训，纠正错误的部分写得过多，就有可能使通报变为“决定”；又如在传达重要精神或情况的通报中，所提出要贯彻执行的要求超过精神或情况的分量和篇幅，就会变成“通知”。

通报虽具有一定的指挥性，但并不具有很强的约束性，不能代替通知、决定等文种。

四、案例简析

案例 3-9　××市人民政府关于表彰计划生育先进集体和先进工作者的通报

××市人民政府关于表彰计划生育先进集体和先进工作者的通报

各县（市、区）人民政府，市属各部门：

“九五”计划期间，我市各级党委、政府和有关部门高度重视计划生育工作，认真贯彻省计划生育条例，切实加强对计划生育工作的领导，全面完成了省下达的“九五”人口计划和各项计划生育指标任务。××××年度，全市人口出生率降到5%，平均生育率为0.87，低于全国、全省水平。这是全市各级干部、计划生育工作者和全市人民共同努力的结果。为了进一步推动我市计划生育工作的深入开展，市人民政府决定授予××县等三十五个单位“全市计划生育先进集体”光荣称号，授予×××等四十五位同志“全市计划生育先进工作者”光荣称号。希望受到表彰的单位和个人，要戒骄戒躁，继续努力，为我市计划生育工作向深层次、高质量发展做出新的贡献。

××××年，是“十五”计划的第一年，各级政府和广大干部要全面贯彻落实好党的十五届四中全会精神，继续把计划生育工作放在更加重要的地位，坚持不懈地抓下去，切实加强领导，坚持按《条例》规定依法管理，大力加强基层基础工作，力争我市“十五”期间人口出生率控制在5%以内，为本世纪末实现我市人口控制在四百万以下的目标而努力奋斗。

附：××市计划生育先进集体、先进工作者名单。（略）

××市人民政府（盖章）

××××年×月×日

简析

案例3-9是一篇表彰性通报，其标题一目了然。正文分两个层次，一是介绍××市各级党委、政府和有关部门的先进事迹，简洁明了地交代了时间、人物（单位）、事件（事迹），并公布了表彰决定；二是发出号召，提出目标。落款也比较正规，注明了发文机关和成文时间。

案例3-10　××市卫生局关于医生张×滥用麻醉药品造成医疗事故的通报

××市卫生局关于医生张×滥用麻醉药品造成医疗事故的通报

各区县、各乡镇医疗卫生单位：

××××年7月5日晚7时25分，×县×镇×村农民李×因下腹部疼痛，被送到×镇卫生院治疗。该院夜班医生张×以“腹痛待诊”处理，为病人开了阿托品、安定等解痛镇静药，肌肉注射度冷丁10毫克。7月6日下午5时许，该病员因腹痛加剧，再次到该卫生院治疗，医生刘××诊断为“急性阑尾炎穿孔，伴腹膜炎”，急转市第二人民医院治疗，于当晚7时施行阑尾切除手术。手术过程中，发现阑尾端部穿孔糜烂，腹腔脓液弥漫。切除了坏死的阑尾，清除了腹腔脓液约300毫升，安装了腹腔引流管条。经过积极治疗，输血300毫升，病人才脱离危险，但身心受到了严重的损害。

急性阑尾炎是一种常见的外科急腹症，诊断并不困难。×镇卫生院张×工作马虎，处理草率，在没有明确诊断以前，滥用麻醉剂度冷丁，掩盖了临床症状，延误了病人的治疗时间，造成了较为严重的医疗事故。这种对人民生命财产极不负责任的做法是很错误的。为了教育张×本人，经卫生局研究，决定给张×行政记过处分，扣发全年奖金，并在全市范围内通报批评。

各单位要从这次医疗事故中吸取教训，加强对职工的思想教育，增强职工的责任感，以对人民高度负责的精神，端正服务态度，提高服务质量。同时，要加强对麻醉药品的管理，认真执行××省卫生厅《关于严格控制麻醉药品使用范围的规定》，严禁滥用麻醉药品。今后如发现违反规定者，要首先追究单位领导的责任。

××××年×月××日（公章）

简析

案例3-10是一篇批评性通报。标题直接点明了发文机关、事由和文种。正文第一段概括交代了医疗事故的基本情况及后果；第二段对医疗事故进行了分析，并依据事实宣布了对当事人（张×）的处分；第三段要求有关单位和个人从这次事故中汲取教训，改进工作，加强对麻醉药品的管理。由于在标题已经点明发文机关，所以在结尾处只注明了成文时间。

案例3-11　××××年全国12起特别重大事故通报

××××年全国12起特别重大事故通报

××××年全国一共发生了12起一次死亡30人以上或者造成经济损失1亿元以上的特别重大事故。其中煤矿发生了5起，非煤矿山发生了2起，火灾发生2起，道路和铁路交通各发生1起，再加上××××年××月×号发生在××省××县×××煤矿瓦斯爆炸事故共12起。

国务院事故调查组对12起特大事故，按照依法依规、实事求是、注重实效的基本要求和四不放过的原则，认真进行了调查，分别提交了事故调查报告。经认定，这12起特大事故都是责任事故，目前国务院已经对7起特大事故的调查报告作出批复，同意对366人进行处理，其中给予党纪政纪处分的214人，移送司法机关追究刑事责任的152人。

近日，国务院将通过新华社通稿对外公布其中的5起特大事故的处理结果，这5起特大事故就是××××年××省××县×××煤矿有限公司“12·5”特大瓦斯事故，××××年××铁路4·28特别重大交通事故，××省××市××××煤业有限公司6·13特大煤矿爆炸事故，××省××县××矿业公司9·8特别重大尾矿库溃坝事故，×××省××市××区××矿业有限公司9·20特别重大火灾事故，其他特别重大事故的处理结果待国务院批复之后，我们会通过多种形式向媒体和社会予以公布。下一步我们将继续按照国务院关于安全生产年的总体部署，按照国办关于进一步推进安全生产三项行动的通知要求，进一步加大监督检查指导工作力度，扎实推进安全生产年各项行动、各项工作的进展。通过努力，进一步推进安全生产状况持续稳定好转。

中华人民共和国安全生产监督管理局（盖章）

××××年××月××日

简析

案例3-11是一篇情况性通报。虽然这也是针对消极情况作出的通报，但在写法上与批评性通报不同。情况性通报往往采用“白描”的手法客观地叙述事实，讲究“直陈其事”，一般不会过多地分析事件的起因，也很少进行议论。它更着重于叙述情况、传达信息，并在此基础上提出某一方面工作的希望与要求。

第五节　报　告

一、报告的作用、特点和类型

（一）报告的作用

报告是一种呈报、陈述性的上行文，是上下级之间沟通情况、协调工作的重要文件。报告主要适用于向上级机关汇报工作、反映情况，答复上级机关的询问，此外，报告还用于向上级机关报送材料。

案例3-12　报告例文

关于依法清收拖欠银行利息的报告

国务院：

当前，企业拖欠银行利息问题十分突出，严重危害了银行业的正常经营活动。进一步采取有效措施，集中力量抓紧依法清收拖欠利息，已成为化解金融风险、缓解财政收支压力的一项重要任务。现将有关情况报告如下：

一、企业欠息基本情况

近年来，企业拖欠银行利息问题日益严重，收息率逐年下降。企业欠息增加，一方面是企业效益不好，经营困难；另一方面是企业恶意欠息现象日益严重，一些具备还本付息能力、效益较好的企业有意逃避付息。

据人民银行的典型调查，目前恶意欠息约占欠息总额的 20%左右。企业大量拖欠银行利息，后果十分严重。一是违反了《中华人民共和国商业银行法》，扰乱了社会信用秩序，破坏了银行同企业之间正常的信用关系，影响了国民经济的正常运转。二是占压了大量的信贷资金，影响银行财务状况，削弱了银行筹集资金支持企业生产经营活动的能力。三是减少了财政收入，影响财政预算平衡。四是加剧了银行业的金融风险。

二、采取有效措施，依法收回企业欠息

为了维护正常的社会信用秩序，防范金融风险，维护金融业的稳健经营，必须采取果断措施，依法收回企业拖欠银行利息，严厉打击各种逃避银行债务的行为。各地区、各部门和各单位要统一认识，齐心协力，切实做好清收欠息工作。

（一）落实清收利息目标责任制，加大收息力度。（略）

（二）建立企业欠息档案和账户查询中心，实行企业欠息大户披露制度。（略）

（三）改进金融服务，建立新型银企关系。（略）

（四）强化企业信用观念，规范企业转制行为，严禁违反规定减息免息。（略）

（五）依靠各方面的力量，切实改善信用环境。（略）

（六）加大对违规欠息案件的查处力度。（略）

以上报告如无不妥，建议国务院办公厅转发各地区、各部门贯彻执行。

人民银行

国家经贸委

××××年×月×日

（二）报告的特点

1．单向性

报告属于单向行文，目的只是为了让上级机关及时了解下情，一般不需要受文机关批复和反馈。上级机关对于接收的报告，除根据情况予以批转外，一般都采取阅存的办法。

2．陈述性

报告一般是以叙述、说明的表达方式汇报工作、反映情况、答复询问的，无论其所表述的内容，还是所使用的语言都体现出陈述性的特点。

（三）报告的类型

按照行文的目的和作用，可将报告分为工作报告、情况报告、答复报告和送报报告等类型。

1．工作报告

工作报告用于向上级机关汇报工作活动情况，内容主要包括工作的进展情况，工作的方法、安排，取得的成绩、经验，存在的问题和差距，以及今后的工作安排等。

根据具体内容和性质不同，工作报告又可分为综合报告、专题报告和总结报告三类，下面分别进行介绍。

- **综合报告：**是向上级机关汇报本单位或本部门一个时期内全面工作或几个方面工作的

综合情况，往往一文数事，如《××县××乡政府2008年工作报告》。

- **专题报告**：是向上级机关汇报某项工作、某个问题或某一方面情况的报告，往往一事一报，如《关于春节期间防范烟花爆竹引起火灾的工作情况报告》。
- **总结报告**：多用于提交相关会议汇报全面工作情况，如各级政府向同级人民代表大会所作的政府工作报告。正文结构由基本情况、成绩经验、教训不足和今后计划等部分构成。

2．情况报告

用于及时反映工作中遇到的新问题、特殊事件、灾害性事故等情况，以便引起上级机关重视，及时制定或调整政策，对所问问题的处理给予指示，如《××省人民政府关于××市第三棉花加工厂特大火灾事故检查处理情况的报告》。

3．答复报告

用于答复上级的询问或汇报所交办事情办理结果的报告。答复报告往往是对一些重大事项的答复，对于答复一般性事项用函作答即可。

4．送报报告

向上级机关送报材料（计划、总结、调查报告等）时使用的报告。

二、报告的写作模式

报告由文首、正文、文尾三部分构成。其中文首包括标题和主送机关；正文由缘由、事项和结语组成；文尾的格式要素主要是日期。

（一）标题

报告的标题一般是由发文机关名称、主要事由和文种所组成的完全式标题，也可以省略发文机关名称，但事由和文种不能省略。

专题报告要明显地反映出专题事由，突出其专一性，如《关于防洪工作有关政策的报告》。

（二）主送机关

报告的主送机关具有单一性，一般为发文机关的直属上级机关（或上级业务指导机关），因而通常可用习惯性简称。受双重领导的机关向上级呈递报告，应根据报告内容的实际需要，写明主送机关和抄送机关。某些特殊的情况报告可多头主送，让有关方面都尽快了解情况。另外，报告不得越级行文，不抄送下级机关。除特殊情况外，不得送领导者个人。

（三）正文

正文由缘由、事项和结语三部分组成，下面分别进行介绍。

1．缘由

简明扼要地说明报告的原因、依据或目的，也可以交代全文的主要内容或基本情况。如果是答复报告，这一部分即为答复依据，交代上级机关交办的事项或人物是什么，上级机关询问的问题是什么等。

2．事项

这是报告正文部分的核心，要准确全面地将有关工作或情况表述清楚。不同类型的报告由于其行文目的和内容性质不同，在表述时应有所侧重。

- **工作报告**：应首先写明工作进展情况、开展工作的具体做法、工作效果和取得的成绩，然后写存在的问题及下一步的打算。在详略安排上，应详写前一部分，略写后一部分。
- **情况报告**：通常先介绍基本情况，然后分析情况产生的原因，最后提出解决的办法或制定下一步的行动措施。写作时，要略写第一部分，第二、三部分应根据行文宗旨确定详略。
- **答复报告**：应写明处理上级机关交办事项或任务的大致过程，说明处理结果，并征求上级机关对结果的意见。若仅是回答上级机关的询问，则应简明扼要、有的放矢地进行回答。

3．结语

报告一般用惯用语来结尾，如“以上报告，请审阅”、“特此报告”、“以上报告如有不妥，请指示”等。结尾惯用语要独立成段，单占一行，可使用标点符号。

（四）文尾

在文尾应注明发文日期，并加盖发文机关印章。

三、报告的注意事项

（一）实事求是

工作报告有着反映实际的客观作用，因此报告中所反映的问题、汇报的情况必须实事求是。特别是在统计数字和数据时要十分精确，不能存在虚假浮夸的成分，切忌言过其实。

（二）不得夹带请示和意见

报告属于陈述性公文，不要求上级回复，上级机关不负答复职责。因此，如有请示事项，应使用“请示”文种行文；如果有需要上级机关指示或批准的事宜，应使用“意见”文种行文。

四、案例简析

案例 3-13　环保总局关于淮河流域污染防治工作的报告

环保总局关于淮河流域污染防治工作的报告

根据环保总局、国家计委、水利部联合制定的《淮河流域水污染防治××××年规划目标完成情况核查办法》（环发〔×××〕205 号），环保总局会同国家计委、财政部、水利部、监察部、建设部、农业部、法制办等 8 个部委组成核查组，于××××年×月××日至×月×日对淮河流域水污染防治工作进行了全面核查。现将有关情况报告如下：

一、淮河流域水污染防治工作的完成情况

核查组先后赴河南、安徽、江苏、山东四省（以下简称四省）17 地（市），实地抽查了淮河干流及主要支流水质、城市排污口、城市污水处理设施、工业企业污染治理设施、饮用水保证工程、河道清淤及生态保护等情况，并就淮河流域水污染防治工作进展、存在问题和下一阶段拟采取的措施进行了研究。

（一）总体评价

“九五”期间，沿淮四省和国务院有关部门高度重视淮河流域水污染防治工作，认真组织实施《淮河流域水污染防治规划及“九五”计划》（以下简称《规划和计划》）……淮河水质恶化的趋势得到初步遏制，水污染严重地区的800多万群众吃水困难基本得到解决，淮河水污染防治工作取得阶段性成果。

（二）目标完成情况

《规划和计划》要求，到××××年底淮河水体变清，具体指标有一项水质指标、一项总量控制指标、67座城市污水处理工程和380个治理建设项目。

……（略）

二、存在的主要问题

从沿淮四省的自查报告和这次淮河核查的情况看，目前淮河流域……离群众对治污工作成果的期望还有差距。目前存在的主要问题有：

（一）是工业企业按达标排放尚不稳定。（略）

（二）是城市生活污水处理工程建设慢，处理率低。（略）

（三）是河源污染防治工作尚未全面开展。（略）

（四）是淮河流域自净能力差。（略）

三、下一步工作安排

从前一段工作进展情况来看，淮河水污染防治工作仍然十分繁重，需要继续采取综合有效措施，加大整治力度。下一步淮河治污重点抓好以下六项工作：

（一）尽快制订《淮河流域水污染防治“十五”计划》。结合“九五”规划各项工作的实际情况和南水北调东线工程需要，明确淮河“十五”治理目标和治理措施。

……（略）

（六）加强水资源的合理开发利用和节约。做好水资源开发利用总体规划，实现水资源优化配置。根据水情状况，继续实行污染联防制度，制订水库水闸水量调度方案，明确主要闸坝生态环境用水量，增强水体的自净能力。同时加大节水力度，落实农业灌溉节水措施，制订污水资源化利用和实施方案，进一步利用经济杠杆促进城市节水工作。

××××年×月××日

简析

案例3-13是一篇专题性的工作报告。标题由发文机关、事由和文种组成。开头交代了对淮河流域水污染防治工作全面核查的依据、人员组成、时间、地点等。此开端干净利索，内容具体。主体由三个部分组成，第一部分陈述了淮河流域水污染防治工作所取得的成绩和完成情况；第二部分陈述了防治工作中存在的问题；第三部分提出了下一步防治工作的安排和目标。

案例 3-14 工资调整申请报告

工资调整申请报告

集团公司董事会:

集团公司乘着改革的东风，奋力拼搏，稳健发展，至目前已经成为我县县域经济的强势企业。为落实靳总提出的“以人为本”的管理理念，充分调动广大员工的工作积极性，为打造“百年金甲”更好地做出贡献，针对现行员工工资偏低，不适应企业发展的需求，特请求对我公司员工现行工资标准进行调整。

一、调整的原因

1. 药业公司近五年来工资标准一直未动，五年前的工资标准远远低于目前的工资水平，已不能适应企业发展的需要。

2. 现行公司标准和集团内部各子公司之间不平衡，差距过大。

3. 过低的工资标准，严重地影响到员工队伍的稳定。

二、调整的原则

1. 兼顾企业、员工二者利益的原则;

2. 与集团内部各子公司基本平衡的原则;

3. 充分体现人尽其才、按劳取酬的原则;

4. 优化设岗、以能定岗、以岗定责、以岗定薪的原则;

5. 便于操作和执行的原则。

三、调整的方法和标准

1. 经营管理人员以责任和职位定为四级

一级：经理;

副经理;

二级：科长;

副科长（车间主任);

三级：工段长;

四级：带班长。

2. 一线员工根据技能高低和思想表现定为三个岗档:

A. 核心岗档，（占总人数的15%左右);

这部分员工为公司的核心技术骨干，能全面掌握生产技术，工作认真负责，在员工中具有较高的影响力和号召力。

B. 骨干岗档，（占总人数的30%左右);

这部分员工为主要技术骨干，能熟练掌握岗位技能，能妥善地处理工作中出现的常见问题，工作踏实认真，能带领一班人共同工作，完成工作任务。

C. 一般岗档，（占总人数的55%左右);

这部分员工，能够胜任本职工作，服从领导，能够完成本职工作任务。

3. 以上各级别、岗档，据我们调查，我公司现执行的标准比集团公司各子公司相应标准普遍低30~50元左右。请集团公司予以平衡。

四、附则

1. 工龄工资

仍执行集团公司原工龄工资标准，记入本人月工资额。

2. 职称工资

通过自学等方法取得国家承认专业技术职称的，按中级职称每人每月增资10元，高级职称每人每月增资20元计发工资。

3. 岗位变动

① 行政人员的提升和降职；② 岗位业绩考评后升岗和降岗；③ 新进员工的转正定级，都应按其实际岗位的变更，对其工资标准进行相应的变更。

4. 新员工上岗，试用期为3个月，试用期月工资标准300元，试用期满，按其进入实际岗位的相应工资标准执行。

5. 对员工的岗位档次，每年进行一次集体评议，优胜劣汰，能上能下，充分激励广大员工的工作积极性。

以上报告妥否，请批示！

××有限公司

××××年×月×日

简析

案例3-14是一份提出建议的呈请性报告。标题由事由和文种构成。报告的正文包括开头、主体和结尾三个部分。开头部分简述调整工资的背景。报告的主体由四个部分组成，第一部分简述情况，指明问题及解决问题的迫切性；第二部分提出调整工资应遵循的原则；第三部分提出调整的措施和标准；第四部分提出了一些调整的细则。正文中简单介绍情况，着重写明建议，这是呈请性报告常见的写法。

第六节　请　示

一、请示的作用、特点和类型

（一）请示的作用

请示适用于向上级机关请求指示、批准。

案例3-15　请示例文

×××局关于要求解决消除安全隐患专项经费的请示

××政府：

根据各级政府有关严防安全事故发生的紧急通知要求，我局领导高度重视，组织专人进行了一次安全大检查，发现我局还存在滑坡、危岩、危房、有毒有害物质储存不合理、消防设施严重不足等安全隐患。虽然我局每年都从有限的经费中尽力安排经费进行安全隐患治理，但终因经费有限，没有根本解决这些问题。为确保全局职工的生命安全，彻底消除安全隐患，特请拨付专项经费2000万元。

专此请示，请批复!

附件：安全隐患项目及治理经费预算（略）

二〇〇×年五月三十一日

（二）请示的特点

1．期复性

所谓期复性就是期待回复，上级机关对呈报的请示事项，不论同意与否，都必须给予明确的批复回文。在公文体系中，请示是为数不多的双向对应文种之一，与之相对应的文种就是批复。

2．单一性

在内容方面，请示的写作必须遵循“一文一事”的原则，即一份请示只能就一个问题或一个事项请求上级的答复。

（三）请示的类型

根据请示的内容、性质和行文目的，可将请示分为以下几种：

- **请求指示的请示**：用于对上级政策、规定中不明确的问题或工作中遇到的难于把握、拿不准的问题，请求上级机关指示，予以明确答复。
- **请求批准的请示**：用于本机关无权决定，需要上级机关批准、审定的事项，如项目立项、人员编制、机构设置、外事活动、换届选举、土地转让等重大问题。
- **请求解决问题的请示**：用于下级机关在工作中遇到具体问题、具体困难，请求上级机关在人、财、物等方面给予具体帮助的事项。

二、请示的写作模式

请示的写作模式属于规范的行政公文，模式化程度较高，其基本形态由文首、正文和文尾构成。文首包括标题、主送机关；正文由开头、主体和结尾组成；文尾的格式要素主要是成文时间。

（一）标题

请示的标题一般有两种，一种是由发文机关、事由和文种组成的完全式标题，如“××市教育局关于×××的请示”；另一种是由事由和文种组成，如“关于十一期间加强社会治安的请示”。在实际工作中，上行文标题的发文机关名称常常被省略。

（二）主送机关

请示只能有一个主送机关，不能多头请示。

（三）正文

请示的正文由缘由、事项和期复结语构成。缘由部分是上级机关批复的主要依据，事项部分是请示的主体部分，结语是用程式化的语言写明期复请求。因请示类型不同，以上各部分的写作侧重点不同，下面分别进行介绍。

1．请求审批事项的请示

此类请示应在缘由部分写明需审批事项的必要性和可行性；然后把要求审批的事项写清楚；最后以“当否，请审批”或“当否，请批示”做结语。

2．请求解决问题的请示

缘由部分要写明所遇到的问题、困难，强调自身无法解决的原因，此部分作为请示理由，要求写得条理清晰，理由充分；然后具体写明需要上级解决或帮助解决的事项；结语一般使用“以上请示，请批复”或“当否，请批示”。

3．请求指示的请示

缘由部分应把问题的焦点、难点以及有哪些矛盾交代清楚；事项部分要写明需要上级就什么问题做出答复，同时还应阐明自己的理解或处理意见，以便上级机关答复；结语一般使用“当否，请批示”或“以上请示，盼复”。

（四）文尾

请示应在文尾注明发文日期，并加盖发文机关印章。

三、请示的注意事项

（一）不得越级请示

请示要逐级请示，一般不得越过直属上级请示问题。因情况特殊必须越级请示时，应当同时抄送越过的直属上级机关。

（二）一文一事

请示的内容要做到集中、单一，要求一事一请示，不可一文多事。若有几件事需要请示，可写多份请示呈报。

（三）不要多头请示

请示一般只能主送一个上级领导机关或主管部门，不可多头请示。如需要同时送其他有关机关，可用抄送形式。

（四）不得抄送下级

请示是上行公文，除极特殊的情况外，请示原则上不同时抄送给下级机关，更不能要求下级机关执行上级机关未批准和批复的事项。

（五）不得直接送领导者个人

除领导者直接交办的事项外，请示、报告一类的上行文不得直接送交领导者个人。

（六）写明联系人的姓名和电话

《国家行政机关公文处理办法》第三章十条五款规定：“请示应当在附注处注明联系人的姓名和电话。”

四、案例简析

案例 3-16 关于中国公民自费出国旅游管理暂行办法的请示

关于中国公民自费出国旅游管理暂行办法的请示

国务院:

随着对外改革开放的不断扩大，人民生活水平的不断提高，近年来，中国公民自费出国旅游不断增加，为适应改革开放形势，加强中国公民自费出国旅游的管理，特制定了《中国公民自费出国旅游管理暂行办法》。

附：中国公民自费出国旅游管理暂行办法

以上暂行办法如无不妥，请批转发布执行。

国家旅游局（盖章）

公安部（盖章）

××××年××月××日

简析

案例 3-16 是一篇批转性请示。从其结构形式分析，标题由事由和文种构成。正文的开头注明了请示的缘由；然后附上了《中国公民自费出国旅游管理暂行办法》，这是向上级请示的具体事项内容；由于这份请示涉及面较广，所以最后提出了批转请求。因为标题没有发文机关名称，所以落款是国家旅游局和公安部。观其全文，既简短又规范。

案例 3-17 关于召开中国共产主义青年团××区××镇第二次代表大会的请示

关于召开中国共产主义青年团××区××镇第二次代表大会的请示

共青团××市××区委员会:

共青团××区××镇第一届委员会自××××年4月选举产生至××××年4月任期已满3年，根据《中国共产主义青年团章程》和团区委集中换届的要求，经镇团委委员会讨论，拟定于今年五月上旬召开共青团××区××镇第二次代表大会。有关事项请示如下:

一、大会时间

××××年5月4日（一天）

二、大会地点

镇政府大礼堂

三、大会主要内容

1. 听取和审议共青团××市××区××镇委员会工作报告;
2. 选举产生共青团××市××区××镇第二届委员会;
3. 选举产生出席共青团××市××区第三次代表大会代表。

四、代表名额和分配原则

根据《中国共产主义青年团地方各级代表大会组织选举规则（暂行）》和《中国共产主义青年团章程》的有关规定，结合××镇的实际情况，拟定正式代表（建议为70~100名）。

代表的分配原则是：以各基层团组织的团员总数为基础，以代表总名额与团员总数之比为测算基数……其中，团干部不超过代表总额的 30%，党员不超过 50%，女代表不少于代表总额的 25%。

另外，大会设列席代表若干名，根据工作需要确定部分特邀代表。

五、代表的条件

1. ……（文字略）

2. ……（文字略）

3. ……（文字略）

六、代表产生的办法

根据《中国共产主义青年团地方各级代表大会组织选举规则（暂行）》，按照民主集中制原则，各基层单位根据名额分配……。

七、委员的组成和产生办法

共青团××区××镇第二届委员会委员必须具有较高的政治素质，具有较强的事业心和创新意识，有一定的组织协调、活动能力……（文字略）

镇第二届委员会委员候选人预备人选，由镇团委一届委员会广泛征求所属团组织和团员的意见，酝酿推荐产生……（文字略）

以上请示，如无不当，请批复。

共青团××市××区××委员会

××××年×月××日

简析

案例 3-17 的标题也是由事由加文种构成的。例文的正文包括三个部分：开头部分介绍情况，说明发文目的，以“有关事项请示如下”引出下文；主体部分介绍了大会的时间、地点、主要内容，以及代表的名额分配、条件、委员的组成和产生办法等具体情况。例文层次分明、结构合理、条理清晰。

第七节　批　复

一、批复的作用、特点和类型

（一）批复的作用

批复适用于答复下级机关的请示事项。

批复只能用于直接隶属关系和业务指导关系的上下级之间，不相隶属的机关和平级机关之间不能使用。

案例 3-18　批复例文

国务院关于同意将秦皇岛市山海关区列为国家级历史文化名城的批复

国函〔200×〕90 号

河北省人民政府：

你省《关于将山海关列为国家级历史文化名城的请示》（冀政〔200×〕32 号）收悉。现批复如下：

一、同意将秦皇岛市山海关区列为国家级历史文化名城。

二、秦皇岛市山海关区位于华北地区北部，1989 年，经河北省人民政府批准为省级历史文化名城。山海关于公元 1381 年建城，自古即为我国的军事重镇。现山海关关城较完整地保留了明清时期的历史风貌，东西罗城、南北翼城、威远城、宁海城等大量文物古迹保存完好，具有较高的历史价值。“万里长城——山海关”是全国重点文物保护单位。

三、秦皇岛市人民政府要根据本批复精神，做好国家历史文化名城（山海关区）的保护、建设和管理工作，认真编制和完善国家级历史文化名城保护规划。要在充分研究城市发展历史和传统风貌基础上，正确处理现代化建设与历史文化遗产保护的关系，明确保护原则和工作重点，划定历史街区和文物古迹保护范围及建设控制地带，制定严格的保护措施和控制要求，并纳入城市总体规划。

你省和建设部、国家文物局要加强对秦皇岛市山海关区国家历史文化名城规划、保护指导、监督和检查工作。

国务院

二〇〇×年八月十日

（二）批复的特点

1．被动性

行政公文中，批复和请示是唯一对应的一组文种。批复是专对请示的被动行文，它是应下级机关发来的请求而行文。对于下级机关发出的请示，不论同意与否，都必须用批复做出答复。

2．针对性

批复是针对请示内容和请示的发文机关而发的，一事一复，具有鲜明的针对性。

3．决定性

批复对请示的事项予以明确的表态：同意或不同意、批准或不批准。具有指示、决定的性质。

（三）批复的类型

与请示的三种类型相对应，批复也分为三种类型：

- **指示性批复**：针对下级机关请示中提出的有关方针、政策性问题所做出的答复。在答复时可就某一方面的工作或活动提出指导性的要求。
- **审批事项型批复**：针对有关部门报批的事项，经审核后所做出的答复。
- **解决问题型批复**：针对下级机关请求解决的具体困难所做的答复。

二、批复的写作模式

批复的基本形态由文首、正文和文尾构成。文首包括标题、主送机关；正文由开头、主体、结尾组成；文尾的格式要素主要是成文日期。

（一）标题

批复的标题与其他文种相比形式较多，主要有以下几种：

- **发文机关+事由+文种**：这是最基本的标题形式，若对请示事项给予肯定性的答复，“事由”一项中可加“同意”二字表明态度，如“国务院关于同意××省××市人民政府驻地迁移的批复”。
- **事由+文种**：如“关于春节期间加强预防火灾措施的批复”。
- **发文机关+事由+主送机关+文种**：如“国务院关于同意××省人民政府将××市列为国家历史名城的批复”，比一般公文标题多了主送机关“××省人民政府”一项。
- **事由+主送机关+文种**：如“关于对执业助理医师行医有关问题给××省卫生厅的批复”。
- **复+原请示标题**：如“复《关于中国公民自费出国旅游管理暂行办法的请示》”。

此外，批复的标题可分为表态标题和非表态标题两种形式。若对请示事项持否定态度，应尽量使用非表态标题，以免语气生硬。

（二）主送机关

提出请示的下级机关就是主送机关、行文对象。

（三）正文

批复的正文包括批复依据、批复内容和结语三个部分，下面分别进行介绍。

1．批复依据

这是批复的根据和缘由，首先要引述来文，引用公文应当先引标题，后引发文字号。通常表述为“你局《关于……的请示》（×局〔200×〕××号）收悉”；第二要说明批复的依据，如“经××办公会研究”、“经研究”或者“根据××有关规定”，也可以省略；第三用承起语“现批复如下”等惯用文引出下文。

2．批复内容

这是批复的主要部分，它要针对下级机关的请示事项给予明确答复或者具体指示。一般而言，若下级机关在请示中提出疑难问题请求解答，则上级在批复中根据有关政策作答；若下级机关提出工作处理意见请求批准，批复则鲜明地表明是否批准的态度。

若不批准下级请示，应当说明理由，以使下级机关自觉接受，并及时做好相应准备；若批准下级机关请示，要对请示事项提出处理意见，必要时作出若干指示，指明应注意的问题，或者针对下级机关处理意见中不全面、不正确的部分加以补充或纠正。

3．结语

在结尾处可用“特此批复”、“此复”等惯用语结束，现在批复结尾的惯用语多省略不用，以求简洁。

（四）文尾

文尾应注明发文日期，并加盖发文机关印章。

三、批复的注意事项

（一）注意表态明确

批复表态时应避免使用“拟同意”等模糊字眼，对请示事项的态度和意见必须明确。

（二）依据要充实可行

批复对于请示事项的答复，若同意或批准可以不说明理由；若不同意或不批准来文请示事项时，必须要说明否决的理由依据。理由依据可以是现行的方针、政策、法律、法规，也可以是客观条件、现实状况。但理由不必分析得详尽展开，点到即可，力求简洁，以体现下行文的语体特点。

四、案例简析

案例 3-19　国务院关于《中国公民自费出国旅游管理暂行办法》的批复

国务院关于《中国公民自费出国旅游管理暂行办法》的批复

国函[××××]×××号

国家旅游局、公安部:

国务院原则同意《中国公民自费出国旅游管理暂行办法》，由你们发布施行。

附:《中国公民自费出国旅游管理暂行办法》（略）

国务院（盖章）

××××年×月××日

简析

案例 3-19 是一份审批事项批复，标题由发文机关、事由和文种构成。在正文部分明确表达了对所请示事项的答复。

案例 3-20　关于锦宏灯饰广场专业市场有关问题的批复

关于××灯饰广场专业市场有关问题的批复

××建设集团有限责任公司:

你公司《关于××建设集团××灯饰广场专业市场招商引资中亟待解决问题的请示》收悉。经我委研究，对你公司提出的问题作如下批复:

一、子女入学问题

由我委会同招商局、教委负责协调解决。

二、工商注册问题

由我委和行政服务中心协助实施“一条龙”、“一站式”服务。

三、垃圾站的迁移

由我委协同建设局、环保局、环卫所和相关部门协调解决。

四、税费问题

按政府发[200×]101号文件有关精神执行。

此复

××县××委

×年×月×日

简析

案例3-20是一份解决问题型批复，标题由事由和文种构成。在正文部首先引述来文；然后针对来文中所提的各个问题，逐条予以解决；最后以“此复”为结语结束。由于在标题没有注明发文机关名称，所以在结尾处注明了发文机关名称和成文时间。

第八节　函

一、函的作用、特点和类型

（一）函的作用

函适用于不相隶属机关之间商洽工作、询问、答复问题，请求批准和答复审批等事项。有时上级机关对下级机关询问一般性问题也可用函。

函虽然属于行政公文的一种，但其格式与其他行政公文不同，属于信函格式。由于函只用来陈述情况、知晓事项，因此一般不具有指导作用，而具有纽带、记载或凭证的作用。

案例3-21　函例文

国务院办公厅关于印发中国加入世界贸易组织承诺简表的函

国办函〔200×〕69号

各省、自治区、直辖市人民政府，国务院各部委、各直属机构:

为便于领导同志了解我国加入世界贸易组织法律文件的有关情况,根据国务院领导同志的指示，现将外经贸部整理的中国加入世界贸易组织承诺简表印发给你们，请送主要负责同志参阅。

中华人民共和国国务院办公厅

二〇〇×年十二月六日

（二）函的特点

1．简洁灵活

函通常开门见山、直述其事，语言表述灵活自如，结构不拘一格，篇幅可长可短。

2．朴实得体

函反映的是不相隶属机关之间的公文关系，因此要求函的措辞朴实简明，语气平和中正、不卑不亢，并且习惯使用一些谦词敬语，以示礼节和尊重。

3．平等沟通

函一般不具有指示性和指挥性，它的内容体现着双方平等沟通的关系。即使是向有关主管部门请求批准，措辞、语气也要体现出平等性的特点。

（三）函的类型

函的分类有两种形式，一种是按行文关系进行分类，另一种是按用途进行分类，下面分别进行介绍。

1. 按行文关系分类

函按行文关系可分为致函和复函两种类型。

- **致函**：是主动发出的函，一种是商洽工作、询问事情，需要对方答复；另一种是告知对方某些事项，不需要答复。
- **复函**：复函是对致函的答复。

2. 按用途分类

从函的内容和用途进行分类，可将函分为以下五种：

- **商洽函**：用于不相隶属的机关之间联系、商洽、协调问题或工作事务。
- **问答函**：用于不相隶属机关之间询问和答复问题，也可用于上下级之间。
- **请批与审批函**：用于不相隶属机关之间请求批准和答复审批事项。
- **告知函**：主要用于将某些具体事项告知有关单位，不需要对方回复，在不相隶属的机关之间和上下级机关之间都可以使用，这种函的写作内容等同于告知类通知，由于没有隶属关系，用“通知”不妥，所以用“函”。
- **印发、转发函**：用于向平级机关和不相隶属机关印发相关文件，转发上级计划或不相隶属机关的公文。

二、函的写作模式

函的基本形式由文首、正文和文尾构成。文首包括标题、主送机关；正文由开头、主体和结语组成；文尾的格式要素是落款和成文日期。

（一）标题

函的标题结构与其他文种类似，但有以下几点不同：

- 文种名称有“函”与“复函”的区别，复函在事由中需要写明答复什么问题的复函。
- 有些审批函的标题与“批复”标题相同，采用四项式标题，即发文机关名称+事由+受文机关名称+文种，另外，表示同意的复函可在事由部分标示出“同意”文字。
- 在函的写作中，若遇到内容简单没必要在标题中写明，或是内容复杂难以用少量文字概括的情况，可在标题中省略事由部分。

（二）发函字号

函的发文字号与其他公文稍有不同，以“信函式格式”制发的函，一般在机关代字后面加上一个“函”字，如“×府办函〔××××〕×号”。

（三）主送机关

一般函的行文对象具有明确性和单一性，因此大多数情况下函的主送机关只有一个。但有时若内容涉及多个部门，也可多头主送。

（四）正文

函的正文由开头（缘由）、主体（事项）和结语构成。

1．开头

如果是主动致函，则要写明致函的缘由和目的，即表明商洽工作、询问问题或请求批准的理由；若是被动复函，则扼要写明复函的依据，其写法同批复的开头。

2．主体

致函和复函主体的写作有很大差别，下面分别进行介绍。

- **致函**：致函的开头要开门见山，直接提出发函缘由，简述发函的目的、理由或依据。然后用简洁的语言将需要商洽、联系、询问、告知的事项明确地表达出来。若内容简单，可一气呵成；若内容较复杂，可分条列项。
- **复函**：复函是被动行文，开头要引叙来函的日期、标题、发文字号等，以体现其针对性。引叙来函之后，用“关于××问题现答复如下”等惯用语过渡到正文主体。

3．结语

告知函的结尾一般用惯用语“特此函告”、“特此函达”等做结语；若要求对方复函，可用“盼复”、“望函复”、“请即复函”等做结语；请求批准的致函和请示的写作要求相同，结尾惯用“请大力协助为盼”、“望能同意”等做结语。

复函的结尾通常使用“特此回复”、“特此复函”等惯用语做结语。

（五）文尾

函应在文尾注明发文机关名称和发文日期，并加盖发文机关印章。

三、函的注意事项

（一）一函一事

函的内容要集中单一，做到一事一文。文字应尽量精炼，开门见山，不必像私人信件那样客套。

（二）用语得体

大部分的函是平行文，因此要注意语言的使用要得体，应做到态度诚恳、语气谦和、不卑不亢，可多使用一些礼貌用语。

四、案例简析

案例 3-22　××省人民政府办公厅关于申请拨款维修省府机关办公室的函

××省人民政府办公厅关于申请拨款维修省府机关办公室的函

省财政厅：

省府机关办公室多是五六十年代修建的，不少门窗破烂，漏水严重，急需维修。为保证省府机关正常办公，请拨给房屋修缮费10万元。

××省人民政府办公厅（盖章）

××××年×月×日

简析

案例3-22是××省政府办公厅向省财政主管部门财政厅提出拨款申请的函，是不相隶属机关之间用以请求批准的函。标题由发文机关、事由和文种构成。正文部分的第一句话概述情况，说明提出申请的理由；第二句话写明请求批准的事项。不相隶属的机关之间请求批准，不宜用请示，一般使用函。

案例3-23 上海市人民政府办公厅关于同意××地区设立驻沪办事处的复函

上海市人民政府办公厅关于同意××地区设立驻沪办事处的复函

××省人民政府办公室：

贵省《关于××地区设立驻×办事处的函》（×政办函〔××××〕×号）收悉。经××市人民政府研究，同意贵省××地区设立驻×办事处，进市落集体户口×名。有关具体事宜，请与××市××办公室联系。

××××年×月××日

简析

案例3-23是一份对于设立办事处的答复函。例文首先引用了来问的标题和发文字号，然后使用“经××市人民政府研究”的过渡短句转入回复内容部分。例文的答复内容既具体又明确，行文符合答复函的基本要求。

第九节 意 见

一、意见的作用、特点和类型

（一）意见的作用

意见适用于对重要问题提出见解和处理办法。

意见可以用于上行文、下行文和平行文。作为上行文，主要是对某一主要问题或某一方面的工作提出看法和建议，呈报上级批准或批转执行；作为下行文，主要是对工作做出部署安排、阐明指导方针、提出具体意见；作为平行文，主要是向平行机关和不相隶属机关提出咨询、阐明主张或征求意见，提供建议给对方作为参考。

案例 3-24　意见例文

××市人民政府办公厅关于中央在×改制科研单位执行地方科研机构改革政策的意见

各区县（自治县、市）人民政府，市政府各部门，有关科研单位：

长期以来，中央在×科研单位为促进我市科技事业和社会经济发展作出了较大贡献。为积极支持中央在×科研单位体制改革工作，经市政府研究，原则同意中央在×改制科研单位执行地方科研机构改革政策。根据《××市人民政府关于印发××市科研机构体制改革实施方案的通知》（×府发〔200×〕74 号）和《××市人民政府关于××市科研机构体制改革实施方案的补充意见》（×府发〔200×〕48 号）有关规定，现就中央在×改制科研单位执行地方科研机构改革政策有关问题提出如下意见：

一、关于提前退休问题。在 200×年 12 月 31 日以前，中央在×改制科研单位在征得主管部门同意后，可以参照《××市人民政府关于印发××市科研机构体制改革实施方案的通知》（×府发〔200×〕74 号）和《××市人民政府关于××市科研机构体制改革实施方案的补充意见》（×府发〔200×〕48 号）中有关提前退休的规定执行。从 200×年 1 月 1 日起，各单位参加我市企业职工基本养老保险统筹，提前退休人员和正常退休人员一并作为统筹对象，其退休费由地方养老保险基金支付。

二、关于税收优惠问题。从 200×年至 200×年，免征中央在×改制科研单位转制过渡期内的科研开发自用土地的城镇土地税、房产税。此前已经征收的部分不再退还。

三、关于公房出售款返还问题。中央在×改制科研单位上交的公有住房出售款，在建立 20%的公共维修基金后，从余下的 80%中返还 30%给上交单位专项用于其机构改制。

四、关于职工调资问题。在 200×年 12 月 31 日以前，中央在×改制科研单位在征得主管部门同意后，其在职职工和离退休人员可按国家有关机关事业单位增加工资和调整离退休待遇的规定执行。在职职工增加工资所需资金，由单位自筹或向上级主管部门（总公司）申请解决。离退休人员调整待遇所需资金，今年由单位自筹或向上级主管部门（总公司）申请解决。从 200×年 1 月 1 日起，各单位参加我市企业职工基本养老保险统筹后，按规定在统筹基金中解决。

二〇〇×年十二月五日

（二）意见的特点

1．广泛性

意见的发文机关无级别的限制，上至国务院，下至基层政府都可以使用这一文种。意见内容所涉及的范围也非常广泛，只要是对工作的建议、设想、措施、办法，都可用意见的形式行文。

2．多向性

意见的行文方向不受限制，可根据需要作为上行文、下行文或平行文。

3．灵活性

下行的“意见”可带批示性，对受文单位有一定的约束力，但又不是强制性规定；上行、平行则不具约束力。

（三）意见的类型

按照意见的内容和作用，可将其分为指导性意见、建议性意见、商洽性意见和实施性意见四类，下面分别进行介绍：

- **指导性意见**：用于上级机关对重大问题、重大事项以及重要工作向下级机关提出具有指导性、指示性的意见，对重要工作作出部署安排。
- **建议性意见**：用于下级机关对重大问题提出见解，提供解决办法，并请求上级机关批转、转发。
- **商洽性意见**：用于不相隶属或平行机关间就某一问题提出商洽性意见、建议。
- **实施性意见**：用于对上级机关颁布、下发、施行的重要法律、法规、规章和重大政策而提出具体实施办法。

二、意见的写作模式

意见的基本形态由文首、正文和文尾构成。文首包括标题、主送机关；正文由前言、主体和结语组成；文尾的格式要素是成文日期。

（一）标题

意见的标题通常是由发文机关、事由和文种组成的完全式标题，如《民政部关于进一步开展经常性社会捐助活动的意见》；也有一部分是由事由和文种构成的省略式标题，如《关于培育中小企业社会化服务体系若干问题的意见》。

（二）主送机关

视意见的行文方向、内容和发布范围而确定，一般只有一个主送机关。

（三）正文

意见的正文一般由前言、主体和结语三个部分组成。

1．前言

介绍发文的目的、依据、原因和背景等。然后由“特（现）提出如下意见”等惯用过渡语引出具体内容。

2．主体

主体的作用是对重要问题阐述具体见解和处理办法。不同类型的意见，其主体内容各有侧重：

- **指导性意见**：应当在准确掌握情况的基础上，抓住要害，指出存在的问题并理性分析问题发生或存在的原因，最后提出切实可行的办法。
- **建议性意见**：应把重点放在解决问题的办法、措施上。
- **商洽性意见**：内容包括两个方面，一是提出见解，带有商讨的意味；二是提出解决问题的办法，带有建议的性质。
- **实施性意见**：应围绕上级机关制定的某一重大政策，结合本地、本单位的具体情况，提出贯彻的具体要求。重点做好将上级精神与本地本单位实际结合，切忌照抄照搬。

3．结语

根据不同的内容选用适当的结语，如“以上意见，请结合实际情况贯彻执行”，“以上意见如无不妥，请批转各地各部门执行”等。

（四）文尾

一般在文尾注明发文日期，并加盖发文机关印章。建议性意见可以将成文时间放在标题之下。

三、意见的注意事项

（一）内容要有针对性

意见的内容要直指问题，具有针对性；所提出的见解要有原则性。

（二）突出重点，行文灵活

不同类型的意见，内容的侧重点不同，应当抓住要害，灵活地安排。

四、案例简析

案例 3-25　农村社会养老保险工作意见

农村社会养老保险工作意见

随着社会主义市场经济体制的逐步形成，在农村相应地建立社会养老保险体系已很紧迫。××××年×月，国务院决定由民政部负责开展建立农村社会养老保险制度的试点。民政部在深入调查研究和总结经验的基础上，制定了《农村社会养老保险基本方案》，并在山东等地组织了较大规模的试点，有条件的地区在试点的基础上正在逐步推开。截止目前，已有 30 个省、自治区、直辖市的 1400 多个县（市、区、旗）开展了这项工作，26 个省、自治区、直辖市人民政府颁发了养老保险的地方性法规。全国参加社会养老保险的农村人口已有近 5000 万人，积累保险基金 32 亿元，形成了一定的规模……（略）

几年来，各地根据民政部制定的《农村社会养老保险基本方案》，结合当地实际积极开展工作，积累了许多好的经验。参加社会养老保险的群众感到，个人按经济能力确定交费数额、集体视经济状况适当补助、国家给予政策扶持的办法很好，老年生活有保障，也比较合算……（略）

在农村建立社会养老保险制度，是个新生事物，当前的发展势头是好的，但也存在一些问题。主要问题是，思想认识不统一，有些经济条件比较好的地区推行的难度反而比经济条件较差的地区还要大；有些地方没有制定有关法规，管理还不够规范；少数地方出现了挪用保险基金的问题。为了统一思想认识，加强保险基金的管理，避免出现混乱，以推动农村社会养老保险工作积极、稳妥、健康地发展，现提出如下意见：

一、统一认识加强领导

建立农村社会养老保险制度，是促进我国农村改革、发展、稳定的一项重要政策，也是保障农民利益、解除农民后顾之忧的重要措施。各级政府要从我国农村经济与社会发展的全局出发，充分认识逐步建立农村社会养老保险制度对于深化农村发展改革、缩小城乡差别、保护农民权益、改善党群干群关系和落实计划生育基本国策、促进农村经济发展和社会稳定的重要意义……（略）

二、从实际出发 分类指导

今后一个时期，具备条件的地区要积极发展农村（含乡镇企业）的社会养老保险事业。经济比较发达的地区要积极引导农民参加社会养老保险，制定地方法规，完善各项管理，初步建立农村社会养老保险制度……（略）

三、推广规范操作 逐步完善管理体系

加强和改进各项管理工作，是巩固和发展农村社会养老保险事业的重要措施。各级民政部门要把加强管理摆上重要位置，在实践中不断完善管理办法，推行和普及规范化操作，逐步推广和运用计算机个人账户管理系统，提高管理质量和服务水平……（略）

四、切实加强基金的管理和监督

农村社会养老保险积累基金数额大、周期长，各级政府要切实加强对基金的管理和监督，严肃财经纪律，严格基金运作，建立健全各项财务会计制度，保证基金安全无风险并规范运营加大增值……（略）

五、加强宣传教育 改进工作方法

加强宣传工作是搞好农村社会养老保险的重要环节。由于这项工作开展时间不长，农民养老保险意识不强，基层干部和群众需要有个提高认识的过程。要通过宣传媒介宣讲农村社会养老保险的意义和这项工作的基本做法，提高农民对养老保险的认识和了解，增强自我保障意识……（略）

以上意见如无不妥，建议批转各地贯彻执行。

国务院办公厅（加盖公章）

××××年×月××日

简析

案例 3-25 是一篇给出了指导性意见的公文。开头在一至三段介绍了目前农村社会养老保险的现状及问题，并以过渡语“现提出如下意见”引出下文；然后在四至八段给出了对问题的看法，以及解决问题的措施和办法；最后以惯用语“以上意见如无不妥，建议批转各地贯彻执行”作为结语。

思考与练习

一、判断题

1．行政公文只有国家行政机关才能使用。（ ）

2．只要具有一定权限、一定管理职能的行政或权利的机关及其职能部门，都可以使用通告。（ ）

3．通知可不注明主送机关。（ ）

4．通告既可以是下行文也可以是上行文。 （ ）

5．对于下级机关的报告，受文的上级机关必须及时批复和反馈。 （ ）

6．若上级机关对下级机关的请示事项不同意，可不予答复。 （ ）

7．不相隶属的机关和平级机关之间不能使用批复。 （ ）

8．即使是下级机关向有关主管部门请求批准的函，在措辞和语气上也要体现出平等性的特点。 （ ）

9．上级机关向下级机关发出的意见具有强制性，必须严格遵照执行。 （ ）

二、问答题

1．行政公文作为行政机关行政的工具，具有哪些特点？

2．通告的正文部分有哪些组成要素？

3．通知有哪些类型？各自的作用是什么？

4．在写作通报时应注意哪些事项？

5．报告的主要作用是什么？具有哪些特点？

6．请示最多有几个主送机关？其正文部分惯用的结语有哪些？

7．批复的标题有几种形式？各是由哪些元素组成的？

8．致函和复函的正文结构和惯用结语有何不同？

9．意见的主要作用是什么？具有哪些特点？

三、练习题

根据下面提供的材料，代××省电力局拟写一份加班通知。

按照国务院办公厅节假日放假安排，原本十一期间应放假 7 天，但由于××省××地区发生风力为 8 级以上的风灾，造成该地区很多电力设施毁坏，严重影响了该地区居民的正常生活。经××省电力局领导研究决定，××省电力局全体职工十一期间加班，以最快速度修复损毁的电力设施，以保证受灾地区居民的正常用电。

第四章 事务文书

【本章导读】

事务文书是各级各类机关、企事业机构、社会团体等管理、运作、处理日常公共事务工作时经常使用的一类文书。事务文书是以主体需要、客体实用为目的的文稿写作，具有鲜明的政策性、广泛的实用性、体式的灵活性、语言的通俗性、联系实际的现实性等特点。事务文书的种类很多，本章将着重介绍简报、计划、总结、调查报告、会议记录和发言稿。

【学习目标】

- 掌握简报的写作
- 掌握计划的写作
- 掌握总结的写作
- 掌握调查报告的写作
- 掌握会议记录的写作
- 掌握发言稿的写作

第一节 简 报

一、简报的作用、特点和类型

（一）简报的作用

简报是机关、团体、企事业单位内部，或是某项中心工作、某次重要会议中，用以沟通信息、交流经验、反映情况、指导工作的一种期刊式常用文书。它能迅速及时地反映实际工作中出现的各种问题和情况，故具有汇报性、交流性和指导性作用。

（二）简报的特点

1．简

简，不仅是指字数少，篇幅短，主要还在于其追求用少量的文字概括出事实的精髓及意义，简短却不疏漏，使人在短时间内迅速及时地了解和掌握更多的情况。

2．快

无论何种简报，都要讲究时效。编发快是简报的突出特征，它要求发现问题快、写作速度快、印制发送快，以便让有关方面及时迅速地了解情况、总结经验，以制定出相应的对策。只有快速地进行信息传播，才能及时解决新问题。

3．新

新是简报写作的价值所在，也是简报的重要特征。简报的写作目的是为了让有关部门及时了解最新的动态、信息、经验、情况，以便把握全局、制定对策、指导工作。如果简报反映的都是尽人皆知、老生常谈的内容，那就失去了编发简报的意义和作用。因此，简报只有反映新情况、新动向、新问题、新经验、新观点，才能引起读者的关注。

案例 4-1　简报例文

××集团团总支开展“落实‘三保三实’，服务社区行动”活动简报

第 2 期

××集团团总支　　　　　　　　　　　　　　　　200×年 8 月 28 日

温暖特困儿童的心灵

在新学期即将开学之际，8 月 28 日下午，××集团团总支及各团支部成员十余人到帮扶对象——特困儿童黄××家中，为他送去了慰问品，鼓励他好好学习，发挥特长，快乐成长。

根据团市委“落实‘三保三实’，服务社区行动”部署，××集团团总支与 4 名需要帮助的社区老年人和青少年结成帮扶对子，为他们提供整理家务、学习辅助、生活资助等服务。特困儿童黄××便是其中之一。

黄××今年 9 岁，是甲秀小学四年级学生，和外婆租住在翠微巷康发苑一间十多平方米的回迁房里。房间虽然狭小拥挤，但整理得干净整齐。据黄××的外婆介绍，黄××的妈妈长期在外打工，他的爸爸已经失去了音讯。从小，黄××由外婆抚养长大，与外婆相依为命。因为缺少父母的关爱与辅导，黄××比同龄人要内向一些，学习上也比较吃力。

大家与黄××一起聊天，聊学校，聊同学，聊爱好。通过交流，大家发现，黄××爱好写作，在他的日记里，一件买豆浆的小事都写得形象生动、活灵活现。大家鼓励他要认真学习，发挥爱好写作这一特长，写出更多更好的作品来，并协助他将其中优秀的作品在电台少儿节目中播出。同时大家表示，将会经常来看望黄××，力所能及地提供助学、心理抚慰等帮助，让他快乐成长。

（三）简报的类型

从不同的角度，对简报有不同的分类。按其内容分，大致可分为以下三种类型：

- **综合简报**：综合简报是反映本部门、本系统各方面工作情况和问题的简报，也称情况简报或动态简报。它报道的内容主要是本部门、本系统管辖范围内发生的重大问题、事件及其处理结果。这种简报一般是定期或不定期地编发，用以指导、推动本部门、本系统的工作。
- **专题简报**：专题简报是将某项专门工作的动态、进展、经验、问题等向上级部门汇报，或向有关部门通报情况，或下发所属基层单位借以推动工作。这种简报报道的事件相对集中，都是围绕某一项专门工作或中心工作来编写的。
- **会议简报**：会议简报是专门送报、交流有关重要会议内容，反映与会者意见和建议的简报。会议简报又分为综合简报和进程简报两种：前者是将整个会议编一期简报，在会议后期发送；后者是编发多期简报，一般重大的、时间较长的会议都编发进程简报，即在每个小阶段编发一次，有时天天编发，供与会者互通情报、交流经验。

二、简报的格式

简报的格式没有法定性，这里介绍的是比较常见的简报格式，大致分为报头、报核和报尾三个部分，相互用红色横线隔开，如图 4-1 所示。

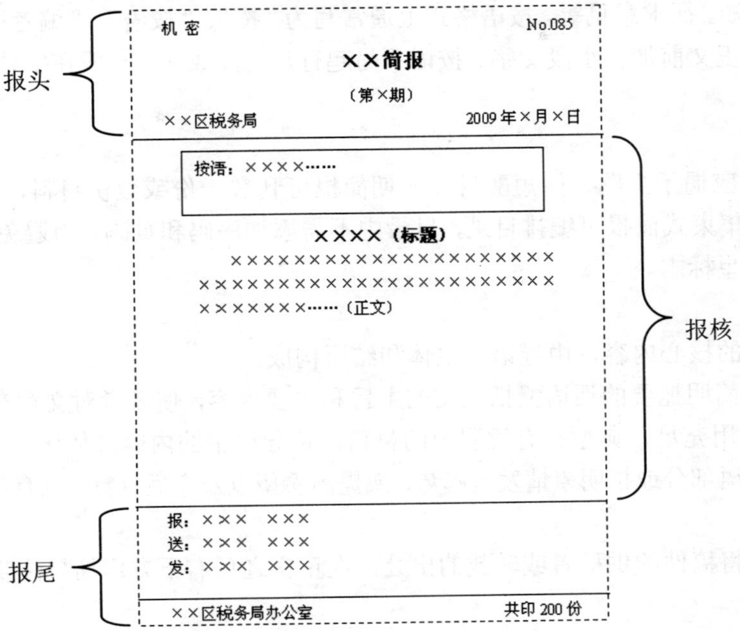

图 4-1　简报格式

（一）报头

报头在简报首页上方，占三分之一篇幅。

1．简报名称

在报头中间用醒目的大字标出简报名称，居中用套红或不套红的大号字印刷。简报名称多种多样，常用“××简报”、“××动态”、“情况反映”等四字名称。此外，简报名称还可以加上单位名称、专项工作等内容，如“公安局反扒工作简报”。如有特殊内容而又不必另出一期简报时，在名称或期数下面注明“增刊”或“××专刊”。

2．期号

在简报名称下方正中用括号标注第×期（也可不加括号）。综合工作简报一般按年度统编顺排期号；专题简报按本专题统编顺排；增刊直接标明“增刊”。也有总期号与年度期号同时标注的。

3．编印单位

在间隔线上方左侧标明制发简报的单位名称。

4．印发日期

在间隔线上方右侧标明印发时间。

5．保密提示及编号

有保密要求的简报标明密级，必要时添加份数编号。

（二）报核

1．按语

有的简报在正文之前会加按语，按语的主要内容是工作任务来源、本期重点稿件的意义和价值、征稿通知、征求意见等。按语格式上通常写为“按”、“按语”、“编者按”、“编者的话”等，也有的是在正文前加一小段文字。按语不另起行，一段成文，一般在字体、字号上与正文有明显区别。

2．标题

简报的标题应揭示主题、简短醒目。一期简报可刊登一份或数份材料，每份材料都必须有自己的标题。集束式简报可编排目录，目录中不需添加序码和页码，为避免混淆，可在每项前添加一个五角星标志。

3．报文

报文是简报的核心内容，由导语、主体和结语构成。

- **导语**：以简明扼要的话语概括全文的主旨和主要内容，使读者对文章有一个总的了解。
- **主体**：利用充足、典型、有说服力的材料，将导语中的内容具体化。
- **结语**：结语部分或指明事情发展趋势，或提出希望以及今后打算，也有些简报不设结语。

4．供稿者

部分报文会将稿件的供稿者或转载的出处，在正文之后右下方用括号注明。

（三）报尾

在简报末页下三分之一处用分割线与文稿部分分开，分割线下与之平行的另一横线间标明本期简报的“报”、“送”、“发”单位名称，右侧注明本期印数。

三、简报报文的写作

简报的写作模式多种多样，没有固定统一的模式，但大部分由标题和正文构成。

（一）标题

简报的标题类似于新闻的标题，可分为单标题和双标题两种基本类型。

1．单标题

将报道的核心事实或其主要意义概括为一句话作为标题，如“高校产业规划建设培训工作全面展开”。

2．双标题

双标题有两种情况：

- **主副标题**：主标题揭示报文意义，副标题概括报文内容，如“适应市场求发展、与时俱进写新篇——××物业管理学校办学情况调查”。
- **引题加正题**：引题指出作用和意义，正题概括主要报道内容，如“以质量求生存××集团公司开展‘生产规范评先进’的活动”。

（二）正文

1. 导语

导语即简报的开头，可以说写好导语就等于写好了简报的一半。简报的导语要求用简短的文字，准确地概括报文内容，说明报道的宗旨，引导读者阅读全文，使读者看完导语即可了解全文梗概。

2. 主体

主体要利用充足、典型、有说服力的材料，将导语提出的核心内容加以充实，使其具体化。主体的内容或反映具体情况，或介绍具体做法，或叙述取得的成绩和经验，或指出存在的问题，或是以上这些兼而有之，要视具体情况而定。

3. 结语

简报要求篇幅短小精悍，结语更要精炼，凡导语和主体中已经说清的，可不必再写结语。

四、简报的注意事项

（一）真实

真实是简报的生命，简报所写之事必须是客观存在的，所用材料必须是真实可靠的，对于简报内容中涉及的时间、地点、人物（起因、经过、结果）以及有关的数据、引言都要反复核实，确保准确无误。

（二）简明

简明是简报的基本特征，简报要求用最简练的语言对报道的内容做简明扼要的表述，使读者用最少的时间掌握问题的关键。从形式上看简报的文字不超过1000字为好，应从结构的逻辑性上下功夫，做到条理清晰、布局严谨。

（三）及时

简报的制发要求迅速及时，特别是会议简报、重大决策反馈的简报、社会动态和突发性事件的简报尤其如此，否则便发挥不了其职能作用。

五、案例简析

案例4-2 中国产业规范化建设工作简报

中国产业规范化建设工作简报

××××年第×期（总第×期）

教育部科技发展中心　　　　××××年×月×日

高校产业规范化建设培训工作全面开展

为认真贯彻落实200×年7月23～24日召开的全国高校产业工作会议精神，落实《教育部关于积极发展，规范管理高校科技产业的指导意见》（教技发[200×]2号）的有关要求，确保高校产业规范化建设工作按期顺利完成，教育部科技发展中心于200×年11月23～25日、12月18～20日、12月22～24日和200×年1月4～6日，分别在成都、大连、无锡和天津组织举办了四期高校科技产业规范化建设分片培训会。四次培训会覆盖了全国各省、自治区、直辖市和主要高校。各省、自治区、直辖市高校产业主管部门和257所高校财务、国资、产业管理部门的负责人及高校企业负责人等600余人分别参加了培训活动。

四次培训活动主要邀请了会计师事务所、律师事务所的专家，针对高校产业改革、改制工作的实际需要，分别开设专题讲座，包括：高校产业改革、改制的方案制定及主要法律问题、操作要求与要领、改制的程序与工作原则；高校新型产业管理体制的构建与资产公司的设立；改制中的清产核资、审计评估、企业税务筹划等专题。

培训期间，参会代表针对高校企业改制及发展的热点问题进行了交流和探讨，主要包括：资产管理公司的设立及企业改制过程中的产权界定、资产核损与增量的合理处置、学校事业编制人员的稳妥安置，知识产权的保护与管理和学校如何建立有利于产学研结合、有利于科技创新及科技成果转化的机制等。

教育部科技发展中心领导十分重视培训工作，李志民主任、李建聪副主任分别参加了有关培训活动并做动员讲话。李志民主任强调：高校产业规范化建设工作的积极推进对各高校产业的积极发展具有着重要的作用，各高校一定要认真贯彻落实全国高校科技产业工作会议精神，按照《教育部关于积极发展，规范管理高校科技产业的指导意见》的有关要求，组织实施好各校产业的各项改革措施，确保高校产业规范化建设工作按期顺利完成。

参会代表一致认为：通过参加培训活动，不仅加深了对全国高校科技产业工作会议精神和教技发[200×]2号文件的理解，而且对高校产业规范化建设的各项改革工作和高校经营性资产管理改革的实际操作进行了一次系统的学习，增强了做好高校产业规范管理工作的信心。教育部科技发展中心和中国高校校办产业协会联合编写《高校产业改革改制指南》一书很及时，对高校各项改革、改制工作具有指导意义。

参会代表认为此次分片培训会召开及时、内容充实、组织周密，达到了预期的培训目的，并纷纷表示，会后将积极按照《教育部关于积极发展，规范管理高校科技产业的指导意见》的要求，积极推进本校的产业规范化建设工作，确保如期完成改革改制目标。

（其培训内容将刊登在“教育部科技发展中心”网站，“科技产业”栏目——http://www.cutech.edu.cn，请查阅下载）。

报：部领导

送：办公厅、发展规划司、财务司、人事司、科技司、直属办、高教司、社政司、纪检组、监察局、审计局

发：各省、自治区、直辖市教育厅（教委），新疆生产建设兵团，部属各高等学校

抄送：国防科工委体改司、人事司，国家民族事务委员会教育科技司，国务院侨办文宣司，共青团中央

教育部科技发展中心××××年×月×日印发

简析

案例 4-2 是一份工作简报。标题开门见山地揭示了主题；正文采用了报道的形式，全文短小精悍，层次清晰，使读者一目了然。此类简报对相关工作能起到及时有效的指导作用。

第二节 计 划

一、计划的作用、特点和类型

（一）计划的作用

计划是单位、部门或个人，对在一定时期内所要做的工作或所要完成的目标及任务，预先加以书面化、条理化和具体化的一种常用的事务文书。计划是一个统称，常见的“规划”、“部署”、“安排”、“打算”、“方案”、“工作纲要”、“工作意见”等，都属于计划范畴。但规划、部署、安排、方案等较为具体，约束力更大，规定性也更强。

制订计划是一种科学的工作方法。古人云：“凡事预则立，不预则废。”任何国家、政党，任何单位和个人，无论做任何事，只有制定详细和可行的计划，才能避免盲目性，减少不必要的损失，从而提高工作效率，预期或提前完成任务，达到目标。

案例 4-3 计划例文

××学校加强安全工作计划

为了切实加强学校安全工作，牢固树立“安全第一”思想，强化全体师生“保一方平安”的政治责任意识和法制观念，根据上级《关于进一步加强各级各类学校安全工作的通知》要求和教育局安全工作会议精神，根据学校实际特制订本工作计划。

一、工作总目标

认真学习贯彻执行教育部颁发的安全工作指示精神及学校有关安全工作的相关规定，建立健全有关学校安全的领导机构和规章制度，按照“谁主管，谁负责”的原则，层层落实签订安全目标工作责任书，做到措施到位，责任到位。经常向家长、学生进行安全教育，教育内容要以交通安全、消防安全（生产安全）和防中毒、防传染病、防盗窃、防爆炸、防侵害、防突发性事故为重点，加强法制教育、自防自救教育与防火防灾教育、食品卫生与健康教育等，增强广大师生员工的防范意识，提前消除事故隐患，提高自我保护和自救能力。

二、具体工作和措施

定期分析学校的事故隐患，加强研究，及时处理有关问题，把事故隐患消除在萌芽之中。

1. 建立健全领导机构和有关规章制度，层层落实责任……（略）
2. 定期对实验室、仪器室里的易然、易爆物品进行全面检查……（略）
3. 对学生进行交通安全教育，预防交通事故的发生……（略）
4. 加强上课安全，完善其制度……（略）
5. 加强学校值班、值宿工作，强化值班人员的责任意识……（略）

6. 后勤人员要加强校园校舍安全检查……（略）

7. 全体教师要重视食品卫生工作，有人专管……（略）

8. 学校少先队要积极配合学校值班、值日教师和公安……（略）

9. 严格执行大型活动审批制度……（略）

10. 贯彻执行《计算机信息网络国际联网安全保护管理办法》，加强学校计算机信息系统的安全管理……（略）

11. 严格管好教师和学生进出入，实行封闭式管理……（略）

12. 加强发生意外事故时师生自我保护教育……（略）

13. 根据教育局精神，严格执行重大情况请示报告制度，凡发生重大事件必须及时报告有关领导和部门。

××学校教务处（盖章）

××××年×月×日

（二）计划的特点

1．预见性

计划是着眼于未来的，是对实现目标的预定，是对工作进程的预见。计划的预见是一种科学的预测，是建立在事实和有关情报、信息的基础上的。

2．可行性

计划的内容应保证切实可行，必须有明确的可行措施和步骤作为保障，使其能够指导具体的工作实践。

3．时效性

计划的有效时限是明确的、具体的，超出其有效时限，计划的约束力就会消失。在实际工作中难免会有在时限内无法完成既定计划，工作却又不能因此终止的情况发生。此时，往往会制定跨时段的补充或后续计划。

4．指导性

计划的指导性主要体现在为未来工作提出科学的、合理的、具体的、可行的工作目标、步骤、措施、方法。因此指导性是计划的根本特性，包含着规定和约束的功能，这一特性主要是由计划的写作目的决定，旨在使有关人员在执行计划、开展工作时有所参照，有所依据，以避免工作的随意性和盲目性。

（三）计划的类型

计划按照其目的、内容和时效可分为若干类型，下面分别进行介绍。

1．按目的分类

计划按目的可分为工作计划、学习计划、经济计划等。

- **工作计划**：工作计划是单位、部门或个人为完成预定工作目标和任务而制定的计划，如：《××省人民政府××××年××工作计划》。
- **学习计划**：学习计划是单位、部门或个人为完成预定学习目标和任务而制定的计划，如：《××研究所关于深入学习××××的部署》。
- **经济计划**：经济计划是有关单位、部门为安排生产任务、销售任务或实现经济效益而制定的计划。如：《××集团公司××××年三季度营销计划》。

2．按内容分

计划按内容可分为综合计划和单项计划等。

- **综合计划**：综合计划是单位、部门对各项工作作出的全面部署和安排。如：《××市工商局××××年工作安排》。
- **单项计划**：单项计划是机关单位对某项具体工作作出的专题性部署安排。如：《××市教委×××实施方案》。

3．按时效分

计划按时效可分为长期计划、中期计划和短期计划等。

- **长期计划**：长期计划也叫长远规划或长期规划，时效一般在五年以上，属于宏观性、纲领性的计划。如：《××省××市"十一五"计划暨××××年发展规划》。
- **中期计划**：中期计划的时效一般在三年以上五年以下，比长期计划更加具体，常用于宏观管理和某些周期较长的工作安排。如：《××省防沙造林工作计划》。
- **短期计划**：短期计划又可分为年度计划、季度计划、月度计划等，是最常用的计划，具有很强的规定性和操作性。如《××厂××××年二季度生产计划》。

二、计划的表达形式与写作模式

（一）计划的表达形式

计划常见的表达形式有以下四种：

- **文章式（文件式、段落式）**：如同一般的文章，由层次和段落构成，以叙述的方式陈述计划，适用于原则要求多而具体指标少的计划，如要点、意见、安排等。
- **条文式**：将计划内容列成条文，分条逐项逐一写清，适用于比较具体的近期计划。条文式是写作计划时最常使用的表达形式。
- **图表式**：将计划项目设计为表格或图形，然后填写具体的计划内容。一些内容较多、性质单一的纯粹业务性的计划，如财务计划、购销计划等多采用这种形式。
- **综合式**：有些内容比较复杂的计划，既有文字的说明，又分条列项表述，还需填写表格、图示。

（二）计划的写作模式

计划的写作模式因表达形式的不同而有所区别，其中文章式、条文式和综合式计划由标题、正文和文尾三部分构成。

1．标题

标题即计划的名称。可分为全称标题、简称标题和文章标题三种类型。

- **全称式标题**：包括制订计划的机关或单位名称、计划的适用时限、计划的内容及计划的种类四项，如《××大学××××年度语文教研组工作计划》。
- **简称式标题**：包括计划的适用时限、计划的内容和计划的种类三项，如《××××年××局党组理论学习计划》。
- **文章式标题**：一般按计划的主题或要达到的目标拟定，多用于政府及主管部门做工作报告使用，如《厚积薄发，为提高××省地区生产总值而努力》。未定稿的计划，应在标题后或下一行用括号注明“草案”、“未定稿”、“讨论稿”、“送审稿”等字。

2．正文

正文是计划的主干和核心，一般由前言、主体和结语三部分组成。

3．文尾

文尾包括单位署名和成文时间。如果单位名称已经在标题或题注中注明，则文尾部分可省略落款，只注明成文时间即可。

此外，与计划相关的一些材料，可在正文后附表、附图说明，并写明附件份数、页数。

三、计划正文的写作

（一）前言

条文式的计划一般都会设置前言，前言主要交代计划的目的和依据，是计划的总纲。

前言一般不设小标题，篇幅不宜太长，通常用简明扼要的语言说明制订计划的指导思想及目的、上级的有关指示及要求。同时，可适当分析前期计划的执行情况、总的任务和要求，以及说明将要制订计划的条件及依据等。

前言写完后，常用“为此，特拟定××计划如下”、“对××工作作如下安排”等惯用语过渡到主体。

（二）主体

主体是计划正文的核心，一般由目标、措施和步骤三部分组成。

- **目标**：目标是计划的中心内容，就是“做什么”。其包括所要完成的任务、应当实现的指标与希望达到的要求。目标的表述应当提出明确的目的、任务和指标，具体规定要完成哪些任务，什么时候完成，数量、质量上的具体要求。
- **措施**：措施是实施计划的具体方法，就是“怎么做”。其包括组织方式，机构设置，对人力、物力、财力的安排，工作方式，所采取的手段等。措施的写作要求具体、得当、切实可行，确保计划能够实施。
- **步骤**：步骤是工作的进程和时序，就是“什么时候做”。步骤就是每个阶段的工作安排。步骤的写作要求清楚、具体、明确，以保证计划的实施具有可操作性。

措施和步骤即可以分开写也可以合并在一起写，分开写时对于措施和步骤的先后顺序没有固定要求。

（三）结语

结语应根据实际情况来写。有的结语用来补充正文，指出在执行计划时应注意的事项、需要说明的问题；有的结语提出希望和号召，以收束全文；有的结语展望计划实现时的前景，给人鼓舞；有些将正文中不适宜写的内容放入结语。若无必要，也可不设结语。

四、计划的注意事项

（一）量力而行

在确立目标任务时，必须要从单位、部门或个人的实际情况出发，切勿好大喜功、急于求成。必须坚持一切从实际出发、实事求是的原则，否则便失去了计划的实际作用。

（二）具体明确

计划中的目标、任务、措施、步骤等不能模糊笼统，应具体、明确，便于执行和检查回顾。

五、案例简析

案例 4-4　×××学校××××年下学期心理健康工作计划

×××学校××××年下学期心理健康工作计划

随着科学技术的飞跃发展，社会经济和文化的迅速变革，成长中的儿童和青少年将面临日益增长的社会心理压力，他们在学校学习、生活和社会适应等方面必然会遇到种种困难和挫折，难免会出现这样或那样的心理问题。如何帮助他们提高心理素质，健全人格，增强承受各种心理压力和处理心理危机的能力，以迎接明天社会的严峻挑战，这是广大教育工作者面临的迫切问题。

本学期，在学校领导的领导下，我们将进一步提高对学校心理健康教育重要性的认识，进一步健全心理健康教育的管理机制，把这项工作放在一个重要位置上，切实加强和重视。

中小学心理健康教育的主要任务是全面推进素质教育，增强学校德育工作的针对性、实效性和主动性，面向全体学生，促进学生形成健康的心理素质；减少和避免对他们心理健康的各种不利影响；培养身心健康，具有创新精神和实践能力的人才。具体计划如下：

一、心理健康教育的主要目标和内容

具体目标包括：使学生不断正确认识自我，增强调控自我、承受挫折、适应环境的能力；培养学生健全的人格和良好的个性心理品质；对少数有心理行为问题和心理障碍的学生，给予科学有效的心理咨询和辅导，使他们尽快摆脱障碍，调节自我，形成健康的心理素质，提高心理健康水平。

小学低年级主要包括：帮助学生适应新的环境、新的集体、新的学习生活与感受学习知识的乐趣；乐于与老师、同学交往，在谦让、友善的交往中体验友情。

小学中、高年级、中学主要包括：帮助学生在学习生活中品尝解决困难的快乐，调整学习心态，提高学习兴趣和自信心，正确对待自己的学习成绩，培养面临毕业升学的进取态度；在班级活动中，善于与更多的同学交往，培养健全、合群、乐学、自立的健康人格，培养自主、自动参与活动的能力。

二、心理健康教育工作要点

1. 认真设计上好每一节心理健康活动课，其原则为：

① 重实践，轻理论，淡化学科体系；② 重专题讲座，轻理论知识的系统性；③ 普遍指导与因人施教相结合；④ 教学手段与模式多种多样。

2. 完善学生心理档案：

① 可让老师了解掌握所教学生的情况，并因材施教 ② 及时发现个别存在心理问题的学生并加以辅导

3. 开展学生座谈会（各年级分开进行）；

4. 利用学校宣传栏、广播站进行心理健康知识宣传；

5. 对有心理困扰的学生进行辅导（个别辅导，团体辅导）；

6. 心理健康教师的专业素质培养和提高。心理健康教师要在业余时间自学，并通过书刊、上网查询等途径提高自身理论水平，加深理解心理学知识，为心理健康教育与辅导打好基础。走出去学习，请进来指导，扩展视野，与时供进。积极积累经验，积极撰写个案、案例和论文。开展乡级心理健康教师培训活动。

7. 定期与家长进行沟通，及时了解学生在家的思想及行为，并对家长进行心理知识的宣传。

×××学校教务处（盖章）

××××年×月×日

简析

案例 4-4 是一份×××学校××××年下学期关于学生心理健康教育的单项工作计划。标题采用的是由制订计划的单位名称+计划的适用时限+计划的内容及计划的种类所构成的全称式标题。正文的第一至三段是前言部分，指明了中心任务，提出总体要求。正文的第四段至结尾是主体部分，其中第一部分是计划的目标和内容；第二部分是措施与步骤。主体部分由于作者采用了序码加小标题和分条列项的写法，所以显得条理清晰，重点突出。最后在落款处注明了制订计划的单位名称和发文日期。

第三节 总 结

一、总结的作用、特点和类型

（一）总结的作用

总结是党政机关、社会团体、企事业单位或个人，对一定时间内完成的某项工作或某一阶段工作进行回顾和检查，并进行全面系统的分析、研究，从而明确已取得的成绩和经验，找出存在的问题和弊端，以指导今后工作的一种事务文体。

案例 4-5 总结例文

在汉部委属高校首届博士研究生联合论坛总结

“在汉部委属高校首届博士研究生联合论坛”旨在推动武汉地区高校之间博士研究生学术交流活动，在历经近半年的筹备之后，今日如期举行了。为了组织这场高水准、高质量的

博士学术论坛，我们广大的组织工作者付出了辛勤的劳动和宝贵的时间。同时，各高校的领导、专家也对此次论坛的开展给予了大力支持。

此次论坛共收到来自在汉部委属八所高校的研究生撰写的论文共60余篇，其中博士生撰写的文章有47篇。内容涵盖文、理科的大部分专业，集中了八所高校的优势学科，具备了较高的学术水平和科研价值。今天到会主讲的各校学生代表所讲的内容涉及了本方向的前沿领域，表现出了很强的学术水平和科研能力；代表了本校研究生的学术水平；体现了当代青年的风采。

“在汉部委属高校首届博士研究生联合论坛”是武汉地区学生群体中层次最高、范围最广的学术交流活动。本次活动的成功举行为广大研究生的学术交流搭建了一个很好的平台；为调动武汉高校广大研究生的主动性和创造性，培养创新意识提供了难得的机会；对武汉地区高校之间的学术活动起到了强有力的推动作用。

本次论坛的不足之处是论题面太广，因而限制了交流的深入进行，这是以后举办活动时要特别注意的。但总的来说，首届论坛的举行是成功的。希望这一代表武汉地区学生层次最高的交流活动能够作为在汉部委属八所高校的惯例活动长期开展下去，也希望今后的活动一次比一次办得更好。最终将此活动办成武汉地区的精品活动向中南地区推广。

（二）总结的特点

1．自指性

总结是以本地区、本单位、本部门或本人为总结对象的，表现的是对自身实践活动本质的概括和认识。

2．客观性

总结是对过去一定时期内的工作或活动进行的分析和研究，是在实践的基础上展开的，它的内容必须真实可靠、客观地反映实际情况，不允许无中生有、主观臆造和任意虚构。

3．实践性

总结必须按照实践是检验真理唯一标准的原则，正确地反映客观事物的本来面目，找出正反两方面的经验，得出规律性认识，这样才能达到总结的目的。

4．指导性

总结是对过去的回顾与思考，其目的在于更好地指导今后的工作。通过对以往工作进行全面系统的检查和分析，从而更好地提高认识，把握规律，进而在今后的工作中做到扬长避短，纠正缺点和错误，将工作做得更好。

（三）总结的类型

根据不同的分类标准，总结可分为不同的类型。

1．按范围分类

总结按其范围可分为班组总结、单位总结、行业总结、地区总结等。此外还有个人总结，但个人总结不属于公文的范畴。

2．按内容分类

总结按其内容可分为工作总结、教学总结、科研总结、思想总结、项目总结等。

3．按时间分类

总结按其时间可分为月份总结、季度总结、年度总结和一年以上时期的总结等。

4．按性质分类

总结按其性质可分为全面总结和专题总结等。

二、总结的写作模式

总结一般由标题、正文和文尾三部分组成。

（一）标题

总结有多种标题形式，最常见的是由单位名称、时间、主要内容和文种组成的全称式标题，如《××市卫生局××××年上半年工作总结》。有些总结的标题省略单位名称，如《××××年思想教育工作总结》。有些经验性、专题性的总结，在标题中不出现“总结”两字，如《技术改造是振兴企业之路》。

还有的总结采用双标题。正标题点明文章的主旨或重心，副标题说明文章的内容和文种，如《抓改革促管理增效益——×××食品厂××××年工作总结》。

（二）正文

总结的正文一般包括引言、主体和结语三个部分，分别写明基本情况、成绩与经验及问题与教训、今后的打算等几方面内容。

1．引言

引言主要用来概述基本情况，包括单位名称、工作性质、时代背景、指导思想，以及总结的目的、主要内容提示等。

2．主体

主体是总结的核心部分，其内容包括成绩和做法、经验和教训、今后打算等方面。这部分一般篇幅较大、内容较多，应注意做到层次分明、条理清楚。主体部分常见的结构形态有以下三种：

- **纵式结构**：按照事物或实践活动的过程安排内容。写作时常把总结所包括的时间划分为几个阶段，按时间顺序分别叙述每个阶段的成绩、做法、经验、体会。这种写法的好处是能清楚说明事物发展或社会活动的全过程。
- **横式结构**：按事实性质和规律的不同，分门别类地展开内容，使各部分内容之间相互并列。这种写法的优点是条理清晰，层次分明。
- **纵横式结构**：安排内容时，即考虑到时间的先后顺序，体现事物的发展过程，又注意内容的逻辑关系，从几个方面进行总结。

3．结语

结语是正文的收束，应在总结经验教训的基础上提出今后的方向、任务和措施，表明决心、展望前景，篇幅不宜过长。有些总结在主体部分已经将这些内容表达过了，就不必再写结语。

（三）文尾

文尾包括单位署名和成文时间，其格式要求与计划相同。若单位名称已经在标题中注明，则文尾部分可省去落款，只标明成文时间即可。

三、总结的注意事项

（一）实事求是

写总结要从客观实际出发，如实反映情况，恰当评价工作。对工作的成绩、缺点、经验、教训等所做的结论合乎客观实际情况。

（二）抓住重点

总结往往要反映几个方面的内容，但各项内容不能平均用墨，而要有所侧重。要根据具体的写作目的和工作状况的特点取舍内容、确定重点，避免面面俱到、泛泛而谈。

（三）总结规律

总结的写作目的就是为了找出工作的规律性，即进行某项工作或活动的经验教训，用以指导今后的实践。通常做到以下两点，便可反映工作的规律性：

- 能够回答和解决本单位、本部门工作或业务工作中的关键问题。
- 能够推动和指导全局工作，对同类工作或业务工作具有普遍意义。

四、案例简析

案例 4-6 ××小区物业管理处××××年工作总结

××小区物业管理处××××年工作总结

一年来，在房产处各级组织和领导的关心和帮助下，在各兄弟单位的理解和支持下，××小区物业管理处经营班子和全体员工经过不懈的努力，实现了年初预定的目标。现将××区物业管理处××××年各项工作总结如下：

一、经营管理情况

完善各项规章制度，建立内部管理机制，管理处经营班子始终把提高物业服务水平、扩大服务范围、由内部服务逐步走向外部服务、争取从市场中获取效益当做今后可持续性发展的必由之路。而要实现这一目标，优质服务是根本的基础所在，为此，我们本着实事求是的原则建立了一系列适应市场经济发展需要和公司发展需要的规章制度，并加大检查落实力度，使各项工作有计划、有方法、有依据、有目的地稳步展开；同时，坚持“以人为本，诚信服务”的原则，改善服务态度，提高服务质量，“想业主之所想，急业主之所急”，各类服务人员认真履行职责，恪尽职守，热情主动，文明礼貌，公正廉洁，及时处理业主报修及投诉等事项，维护业主的合法权益。针对沉陷区业户的特殊情况，制定了一系列服务办法，坚持按照全市最低物业费标准 0.2 元/m^2/月向住户收取费用，并且物业服务费用收支情况公开。对于不在物业管理范围内的维修工作，施工单位维修不到位的，管理处也都无偿给予及时修缮，物业报修电话公开。管理处严格按照物业服务合同约定的内容向业主提供服务，规范物业服务收费，提供质价相符的服务，杜绝“收费不规范、承诺不兑现、服务不到位”等现象，提高行业诚信度。

二、物业管理费用收取情况

管理处上下团结务实，服务意识显著提高，物业公司只有不断提高服务质量，才能最大限度地满足商户和业主的需求，才能稳步提升物业收入，树立良好的企业形象。通过管理处全体员工的汗水浇灌，长新小区上半年的工作扎实而富有成效，2008 年度共收取物业管理费 26 万余元，其中长新小区二期住宅的物业费收取率超过 70%，网点的物业费收取率也超过了 50%，物业管理人员深入到每家每户，认真听取住户的意见与建议，积极采纳并完善。

三、具体维修工作情况

在小区的基本建设及维护方面，管理处维修班积极响应管理处领导和公司的指导方针，努力地把每一项任务完成，认真地对待临时出现的问题。在即将过去的这一年里，管理处办公室的报修电话每天接连不断，然而，维修班的同志们始终怀着一颗火热的心，没有因为休假而停下手中的工作，也没有因为天气炎热而延误工作进程，大家不分上班还是下班，不论白天还是黑夜，都是尽早赶到现场并认真完成。在工作中，他们无论多脏多累，干到多晚，却毫无怨言。一年来，维修班处理各类维修共计 2000 余项，保证了小区业户有一个舒适安全的生活环境。

××××年是公司快速发展、硕果累累的一年，无论是经营效益还是企业品牌，都充分得到社会、市场、业户的认可，公司领导也因为他们卓越的贡献得到社会的高度评价。作为××物业的员工，我们深感自豪和充满信心，当然我们也倍感压力，那就是公司快速发展对管理处的要求、公司品牌对物业管理服务品牌的品质要求。

新的目标、新的任务、新的挑战。面对机遇和挑战，我们有理由相信在公司的支持、关爱、帮助下，通过全体员工的精诚努力，协同奋进，开拓进取，××物业××小区管理处未来发展前程似锦，在跟随公司发展的同时，××物业管理公司以及公司全体员工将得到更大的发展，实现公司和员工价值的最大化，实现公司和员工事业的可持续性发展。

××××年×月×日

简析

案例 4-6 是××小区物业管理处的年终总结。该总结采用了公文式标题，标明了单位名称、时间和文种。正文由前言、主体和结语组成。前言用于交代背景，总述情况；总结的主体部分详细介绍了××小区物业管理处××××年在经营管理、管理费用收取和维修工作方面所取得的成绩及经验；文章最后两段是结语部分，总结了工作所取得的成绩，并提出了新的工作目标。整篇总结条理清晰，层次分明、表意明确。

第四节　调查报告

一、调查报告的作用、特点和类型

（一）调查报告的作用

调查报告是针对某项工作、某些问题或某一事件进行调查研究和综合分析后，提出调研结果的书面报告。调查报告主要在单位内部使用，有时也可在报刊上公开发表。

案例 4-7　调查报告例文

深圳炒房调查

跟眼下的天气一样，阴冷是原本温暖甚至火热的深圳楼市目前的主题。

世华地产市场研究中心最新发布的一份分析报告指出，200×年 12 月，深圳二手住宅市场依旧低迷，成交量、成交均价继续下滑，迎来了下半年的最低点。根据该市国土部门的统计，去年 12 月全市共成交二手住宅 3966 套，环比下降 12.1%，成交面积 36.59 万平方米，环比下降 10.3%。

此情此景，令有“深圳民间投资炒楼鼻祖”之称的邹建民亦感担忧。“大家还在为‘拐点’争论，现在应该讨论大概会跌多少，跌到什么时候才能止住。”近日接受《第一财经日报》采访时，邹建民说。

这个市场太危险

“上帝叫你死亡，必先让你疯狂。”即使在邹建民看来，200×年上半年的深圳楼市也已经是“疯掉了”。

讲起那个时候的楼市，邹建民“心有余悸”，“市场上到处都是挥着钞票要买楼的人，买者当中十有八九是投资客，而投资客的下家也主要是投资客。”

用邹建民的话来说，当时自住型的客户是“恐慌性”买入，投资型的客户是“疯狂性”买入，整个市场已经“失去理性”了。

世华地产的交易统计数据显示，上半年深圳房地产市场火爆的时候，投资性购房比例约占总成交量的八成。一手住宅的数据同样显示，买家多数是投资客。保守估计，上半年一手住宅市场整体投资比例超过 50%，部分楼盘投资比例甚至达到 80%以上。

“这种行情之下，肯定很危险。我告诉自己只卖出，不买进，坚决不买入。”邹建民异常坚定当时自己的判断，他说按照市场的购买力估计，在他投资最为集中、也是当时投资气氛最为浓厚的南山片区，“每一套房子的价格都有虚高（成分）。”

他以南山区的“滨海之窗”和“南山玫瑰园”为例。前者在 2004 年的时候，5000 元/平方米往外卖，一套只赚个 2 万～3 万元都卖不掉。而到了 200×年，炒到了 2.2 万～2.3 万/平方米，好多人都还不愿意卖。后者更加离谱，最先 6000 元/平方米的楼盘，最后竟然炒到 3 万元/平方米。

“这个市场太危险。”邹建民一言以蔽之。

而下半年热潮退去之后，真实的市场显现出来了。在上述两项统计当中，投资性购买一下子下降到了只占成交比例的 10%左右。

炒房炒成房东

200×年下半年，形势果然验证了邹建民的判断，楼市急转直下。整个“十一”黄金周七天之内，曾经威力无穷的深圳房地产市场竟然只有 82 套的成交量。

深圳中原地产的月度交易数据显示，去年 6 月开始，各月新房成交量就逐月下降。住房销售面积也是逐月下降，从 6 月份的 56 万平方米，下降到了 12 月份的 17 万平方米。

二手房成交量的下滑更是厉害。世华地产在 2007 年 8～10 月间的二手住宅成交量大幅下挫，环比降幅分别为 26.3%、43%和 36.8%；成交套数的环比降幅分别为 24.8%、45.2%和 36.8%。最低的 10 月份成交只有 4252 套，不及最高月份的四分之一。

"大部分人被套得很惨。"邹建民介绍，成交量的下滑，使得许多资金不很雄厚的短线投资客一下子被套住，无法脱身。这真应验了那句玩笑话："炒房炒成了房东"。而此前频频出台的楼市调控政策，也已开始彰显威力。

回头来看，在刚刚过去的200×年，央行六次加息，5年以上贷款利率上升到了7.83%，并且有继续加息的压力。这直接导致已贷款投资者们的还款压力越来越大，资金链日益绷紧，产生了提前还贷和断供的现象。

邹建民告诉记者，现实可能比数字上体现的还要严重。"限贷惜贷的气氛之下，由于银行评估系统价格普遍低于实际成交价格，实际上，很多投资气氛高的楼盘，首付款已经要达到五成左右了。"这无疑让投资客手中的物业变得极难出售，投资的成本已经大大提高了。

"我们来看投资、收益比，深圳的许多楼盘已经明显超出了可投资范围，已经没有投资价值了。"邹建民举例说，在深圳，一套价值100万元的房子，租金大概是2000多元/月，如果买的话，就要给银行6000多元/月。

"现在深圳的楼价，已经明显超出了大家的收入水平。"在邹建民看来，"深圳房价只有下降50%，大家才有可能买得起房子——那才是合理的投资价位。"

（二）调查报告的特点

1．客观性

调查报告的写作是由客观事实引起的，调查的过程以及报告所涉及的内容都是以客观事实为依据的。

2．针对性

调查报告是某一情况、某一社会问题、某一成功经验，引起了有关部门的注意，为了进一步把握详情，才需要有人专门对其进行调查、研究，并向有关部门提供报告。因此，调查报告是一种针对性很强的文体。

3．规律性

调查报告的价值不仅仅在于调查和报告，更在于研究。研究的结果就是得出规律性的认识，并把这些规律性认识提供给读者。规律性认识是在大量事实的基础上得出的，又是大量事实的理论归宿。

（三）调查报告的类型

从内容性质分，调查报告通常可分为专题型、综合型、理论研究型、实际建议型、历史情况型和现实情况型几种。

- **专题型**：是针对某个事情或问题撰写的调查报告。主要目的是及时揭露生活中的矛盾，反映群众的意见和要求，研究急需解决的具体的实际问题，并根据调查的结果提出处理意见、对策或建议。
- **综合型**：是以综合调查众多的对象及其基本情况为内容的报告，具有全面、系统、深入和篇幅较长的特点。它与专题调查报告的主要区别就在于它的综合型，使读者可以从报告中看到事物的全貌。
- **理论研究型**：是以学术研究为目的而撰写的报告，它以收集、分类、整理资料并提出问题、报告结论为特点，大多发表在学术刊物上，或载于学术著作中。

- **实际建议型**：是由于实际工作需要而写的调查报告，其主要内容是为制定政策、处理问题等，进行调查所获得的材料及有关的建议。
- **历史情况型**：是根据需要以历史情况为调查对象形成的调查报告。可以供读者了解某一事物或事件的历史资料和历史真相。
- **现实情况型**：是以正在发生、发展的一些现实情况为调查对象而形成的调查报告。用于了解某一事物或问题的客观现实情况，并作为认识其他事物或问题的依据和参考。

二、调查报告的写作模式

调查报告的基本形态由文首、正文和文尾构成。

（一）文首

文首包括标题、署名、提要等要素。

1．标题

标题是调查报告的题目，由报告内容决定，写法灵活多样，其形式一般可分为两种：

- **公文式标题**：常用的公文式标题是由调查机构名称、调查事由和文种组成的全称式标题，如《××乡政府关于农村经济发展突出问题的调查报告》。有些公文式标题不标明调查机构名称，如《城镇贫困居民家庭基本情况调查报告》。
- **文章式标题**：文章式标题有单标题和双标题之分，单标题一般采用概述式标题，即在标题中明确具体地反映出调查单位、调查意向、调查项目、调查地点等，如《当代大学生消费现状调查》；双标题也是调查报告常用的形式，由正标题和副标题构成，正标题揭示文章主旨、思想意义，副标题标明调查事项或调查对象、事由和文种，如《中国移动通信业市场状况浅析——来自消费者的调查报告》。

2．署名

调查报告要求必须署名，可在标题下注明调查机构的名称或调查者姓名，也可将署名放置在文尾落款处。

3．目录

若调查报告的内容较复杂、篇幅较长，可使用目录或索引形式列出报告中的主要章节和附录，并注明标题、有关章节号码及页码，以方便读者阅读。

4．提要

对于篇幅较长的调查报告，可将文中的主要内容摘编在提要中，以方便读者阅读。

（二）正文

正文由前言、主体、结语、附件等构成。

1．前言

调查报告前言的写作方法形式多样、不拘一格，应由作者视调查报告的目的和实际情况来编写，一般常见的有以下三种：

- **简述式**：简要交代写作调查报告的起因、目的、时间、地点、对象、范围、方法、步骤等，说明为什么进行调查，为调查报告的可信度提供佐证。
- **结论式**：把调查研究的结论首先告诉读者，并强调其社会意义，以引起读者的阅读兴趣。

- **提问式**：提出问题，引起读者思考，从而吸引其到正文中去寻求答案。

2．主体

主体是调查报告的核心部分，应将调查到的情况、对情况的分析研究以及得出的观点、结论等在主体中以不同结构方式表达出来。主体常见的结构方式有以下三种：

- **纵式结构**：按时间顺序或事物的发展顺序来组织材料，有利于读者了解事实的来龙去脉和结论的前因后果。
- **横式结构**：按照事物的性质或内在联系来组织材料，使观点鲜明、中心突出，令人一目了然。这种结构常用于大型的调查报告。
- **综合式结构**：将纵式结构和横式结构结合运用，一般在叙述时采用纵式结构，在议论时采用横式结构，纵横交错地组织安排材料。这种结构一般用于综合类调查报告。

3．结语

调查报告因篇幅较长，所以在正文主体之后往往会写段结束性的文字，以增强文章的严密性和完整性。常见的结语形式有以下几种：

- 总结全文，深化主题，提高人们的认识。
- 针对问题提出建议，供领导参考。
- 指出问题或不足之处，引人思考。
- 对事物发展作出展望，提出努力的方向，启发人们去进一步探索。

4．附件

附件是对正文报告的补充或更详尽的说明，可能是一些数据汇报、原始资料、背景材料或必要的调查工作技术说明等。

（三）文尾

文尾一般包括落款（即调查组织的名称或调查者姓名）、成文日期、印章等格式要素。调查报告刊登发表时，应将署名提到标题之下。

三、调查报告的注意事项

（一）材料取舍

调查报告的写作必然会用到大量的材料，但并不是材料越多越好，在对文章谋篇布局时，必须对材料进行分析取舍，多中取精，将最有说服力和最生动的材料写入报告。若不加取舍，随意堆砌材料，便会使报告生涩难懂、冗长乏味。

（二）使用第三人称

在写作调查报告时，一般使用第三人称进行叙述，即以中立、客观的角度说话，不要表现出强烈的主观意图，同时也不要使用模糊的词语，否则容易降低读者对调查结论的可信度。

（三）叙议结合

在写作调查报告时，应以叙述调查获得的事实为主，同时夹以对事实情况的分析议论，叙议结合，有详有略。

四、案例简析

案例 4-8　当代大学生消费现状调查

当代大学生消费现状调查

[摘要]由于中国社会目前出现了贫富差距现象，导致在校大学生的消费也出现了贫富差距的现象。另外，目前社会上认为大学生代表高消费的观点是片面的。

××大学商学院是经教育部审批，由××师范大学利用社会投资按新的机制和新的模式举办的独立学院，属普通高等教育本科层次。目前在校生达9000余人，学生来自于全国各地，因此该校学生的消费现状基本能够代表全国大学生的一些基本消费现状。200×年5月～6月，由笔者指导学生对本校一至四年级的学生消费现状进行调查。选取样本数为200多人，回收答卷后，经过筛选，选取男110名，女90名，共200名学生的问卷，计算得出本调查报告结果。当然，比起北京、上海、广州等大城市，该校学生的消费金额可能偏低，这与××地处边疆，经济不发达有关。下面是通过本次调查得出的一些数据。

一、家庭平均月收入

经调查，家庭平均月收入在1000元以下的学生占18%，1000元～5000元占66%，5000元～10000元占12%，10000元以上4%。其中家庭月收入在1000元以下的学生来自城市的占2%，来自农村的占98%。家庭月收入在10000元以上的学生来自城市的占96%，来自农村的占4%……（略）

二、月平均消费金额

月平均消费金额500元以下的占8.5%，500元～1000元占73.5%，1000元～2000元占13%，2000元以上占5%。由此可见，大部分学生的月平均消费金额为500元～1000元，每月消费金额超过2000元的只占5%，社会上一些舆论认为大学生代表着高消费，代表着奢侈浪费的看法是片面的。

三、每月的生活费

大学生的生活费主要来自于家庭，也有一部分学生通过打工赚取生活费甚至学费。感觉生活费月月有余的学生占6%，感觉刚好够花的占51.5%，感觉不够花的占42.5%。可见接近一半的当代大学生用钱缺乏计划性，缺乏理财能力。感觉月月有余的学生中，大一学生占69%，由此可见大一新生刚进校门时消费项目较少……（略）

四、消费方式

大学生在消费时选择能省则省的占11.5%，有计划消费的占6.5%，想花就花的占36%，选择其他的占46%。可见许多大学生的消费方式比较随意，缺乏计划性，所以导致钱不够花。

五、每月的饮食开支

每月饮食开支在200元以下的学生占8%，200元～400元占37.5%，400元～600元占41.5%，600元以上占13%。每月饮食开支在200元以下意味着每天的饮食开支只有6元多一点，在目前学校食堂一个炒肉3元钱左右的条件下，意味着这样的学生每顿饭只能打一个菜，每天只能吃一顿肉……（略）

六、平常购买学习资料的钱

大学生每学期购买学习资料的钱，10元以下的占41.5%，10元～50元占49.5%，50元～100元占6%，100元以上占3%。可见大学生平时买书的并不多，除了一部分考研、考各种资格证的学生外，一般不买教科书以外的书。

七、每月与恋爱相关的开支

在每月与恋爱相关的开支中，选择50元以下的占12%，50元～100元占4.5%，100元～200元占15.5%，200元以上占22%，另外46%的学生回答没有恋爱。由此可见谈恋爱的学生，每月在恋爱方面要比其他学生平均多支出100元以上。

八、平均每月电话费

平均每月电话费支出在30元以下的大学生占1%，30元～50元占7.5%，50元～80元占43.5%，80元～100元占32%，100元～150元占10%，150元以上占6%。大多数大学生的电话费支出在50元～100元之间。少数学生远程恋爱，煲电话粥，导致每月话费在150元以上。

九、每月用于上网的平均消费金额

大学生每月用于上网的平均消费金额在10元以下的占38%，10元～30元的占21.5%，30元～50元的占29%，50元以上的占11.5%。由此可见大部分学生都只是适当地上网，沉迷于网络游戏的学生并不多。

十、当手中有余钱时最愿意选择的消费项目

29.5%的大学生选择吃喝，24%选择旅游，17.5%选择穿着打扮，16%选择上网吧，7%选择储蓄，5%选择买书，1%选择其他。可见民以食为天，吃喝还是主流。爱美之心人皆有之，大学生们也重视自己的穿着打扮，追求时尚成为部分学生的副业……（略）

十一、想买东西钱不够时怎么办

40.5%的大学生选择先向别人借了再说，38.5%选择向父母要钱，13%选择用自己平时存的钱，8%选择其他（放弃购买等）。可见大学生平时存钱的较少，花钱时向父母要，向同学借的较多。

因此，针对大学生中存在的不合理消费，提出如下建议：（1）做好开支计划，控制自己的消费，养成节俭的好习惯。（2）生活费由父母按月给，不至于开学第一月就“国库亏空”。（3）把握消费时机，学会利用很多大商场换季时衣服的低折扣销售。（4）如果自己是控制不住花钱欲的人，出门前最好根据当天需购品的大致价格带定量的钱。（5）理性消费意识需加强，学会合理利用银行卡，相对限制住自己的盲目消费。（6）不要盲目追求所谓的“高品位”，这会引起高消费，不适合学生的实际。

简析

案例4-8是一篇反映我国当代大学生消费现状的调查报告。在选题上，例文把握了社会热点和社会公众所关注的问题。在调查方法上，主要采用了问卷方式，并结合访谈，增强了调查的科学性。通篇从11个方面阐述了当代大学生的金钱来源、消费状况和消费观念，使人们能较为全面地了解当代大学生的生活情况及思想观念。报告主要采用横式结构，兼用对比方式进行分析比较，并针对部分大学生的不合理消费提出了若干建议。整篇报告条理清晰，结构完整，真实可信，有较强说服力。

第五节 会议记录

一、会议记录的作用和特点

（一）会议记录的作用

会议记录即会议笔录，是由会议组织者指定专人，如实、准确地记录会议的组织情况和会议内容的一种应用性事务文体，经常用于比较重要的会议或正式会议。

案例 4-9 会议记录例文

××公司项目会议

时间：××××年×月×日

地点：公司会议室

出席：张××、李×、姜××、杜××、黄×、陈××

缺席：许×（出差未回来）

列席：公司各部门主任

主持人：马×（公司副总经理）

记录：祁××（办公室主任）

一、主持人讲话：今天主要讨论一下《××××××》软件是否投入开发以及如何开展前期工作的问题。

二、发言：

技术部朱总：类似的办公软件已经有不少，如微软公司的WORD、金山公司的WPS系列，以及众多的财务、税务、管理方面的软件。我认为首要的问题是确定选题方向，如果没有特点，千万不能动手。

资料部祁主任：应该看到的是，办公软件虽然很多，但从专业角度而言，大都不很规范。我指的是编辑方面的问题。如WORD中对于行政公文这一块就干脆忽略掉，而书信这一部分也大多是英文习惯，中国人使用起来很不方便。WPS是中国人开发的软件，在技术上很有特点，但中国运用文方面的编辑十分简陋，离专业水准很远。我认为我们定位在这一方面是很有市场的。

市场部唐主任：这是在众多航空母舰中间寻求突破，我认为有成功的希望，关键的问题就是必须小巧，并且速度极快。因为我们建造的不是航空母舰，这就必须考虑到兼容问题。

各部门都同意立项，初步的技术方案将在10天内完成，资料部预计需要三个月完成资料编辑工作，系统集成约需要20天，该软件预定于元旦投放市场。

散会（××时×分）

主持人：（签名）

记录人：（签名）

（二）会议记录的特点

1．真实性

会议记录的执笔者与其他文章的写作者有一个本质的区别，就是他只有记录权而没有改造权。会议是什么样就记成什么样，与会者发言时说了什么就记下什么，记录者不能加工、提炼，也不能增添、删减。

2．原始性

会议记录是会议情况和内容的原始记录。所谓原始性，是指未经整理，未经综合。会议记录在这一点上与会议简报和会议纪要有很大区别，会议简报和会议纪要也是真实的，但不是原始的，虽然在内容上可能没有太大区别，但在存在形式上，会议记录与会议简报及会议纪差异甚大。

3．完整性

会议记录对会议的时间、地点、出席人员、主持人、议程等基本情况，对领导讲话、与会者的发言、讨论和争议、形成的决议和决定等内容，都要一一记录下来，一般没有什么选择性。

二、会议记录的写作模式

一般的会议记录由标题、正文和文尾组成。

（一）标题

标题由会议名称和文种组成，如《××厂党委第三次会议记录》。若使用的是专用的会议记录本，“记录”二字可省略，只写会议名称即可。

（二）正文

会议记录的正文由会议组织概况和会议内容两部分组成。

1．会议组织概况

主要包括会议时间、地点、出席人、主持人、缺席人、记录人等内容。

- **会议时间**：写明年、月、日，上午、下午或晚上，以及会议具体的开始和结束时间。
- **会议地点**：写明详细地点，如“××会议室”、“××礼堂”等。
- **出席人**：根据会议的性质、规模和重要程度的不同，出席人一项的详略也会有所不同。若与会人员身份比较统一，则可以只写明身份和人数，如“各部门经理”、“各车间党支部书记 12 人”。若与会人员中既有上级领导，又有本单位各部门的主要领导，则必须将他们的姓名一一列出，其他有关人员可分类列出。
- **列席人**：包括列席人的身份、姓名，可参照出席人的记录方法。
- **缺席人**：若有重要人物缺席，则必须作出笔录。
- **主持人**：主持人的姓名、职务，如“王××（公司总经理)”、“副校长李×”。
- **记录人**：包括记录人的姓名和部门，如“赵×（××办公室秘书)”。

2．会议内容

会议内容由会议的进展决定，没有具体的固定模式，一般应包含：会议的议题、宗旨、目的；会议议程；会议报告和讲话；会议讨论及发言；会议的表决情况；会议的决定和决议；会议的遗留问题。

根据会议内容的不同，这些项目的侧重点和先后顺序也会有所不同。

（三）文尾

在文尾处可将主持人宣布的散会一项记入，也可不记入。

最后在主持人和记录人对记录进行认真校核后，应分别签上名字，以示对此负责。

三、会议记录的注意事项

（一）忠实记录发言和有关动态

会议发言的内容是记录的重点。其他会议动态，如发言中插话、笑声、掌声，临时中断以及别的重要的会场情况等，也应予以记录。

（二）突出重点

会议记录应该突出的重点有：

（1）会议中心议题以及围绕中心议题展开的有关活动；（2）会议讨论、争论的焦点及其各方的主要见解；（3）权威人士或代表人物的言论；（4）会议开始时的定调性言论和结束前的总结性言论；（5）会议已议决的或议而未决的事项；（6）对会议产生较大影响的其他言论或活动。

四、案例简析

案例 4-10　××学院爱国卫生运动委员会第×次会议记录

××学院爱国卫生运动委员会第×次会议记录

时间：××××年×月×日下午

地点：院部会议室

出席：李××、姜××、张××、魏××、杨×、赵×

缺席：吴××（因病请假）

列席：各处、室卫生员

主持：李××

记录：姜××

内容：

1. 李××传达省爱卫会会议精神。
2. 讨论我院开展"爱国卫生月"活动的做法和安排。

决议：

为了响应国务院和全国爱卫会的号召，根据省市爱卫会的部署，结合我院实际情况，积极地开展全国首届"爱国卫生月"活动，要求我院人员做好如下工作：

一、积极宣传全国首届"爱国卫生月"，发动群众搞好院容卫生。

1. 结合我院"爱国卫生月"活动重点，张挂五幅大型宣传标语。

2. 决定×月×日、×日、×日三个星期五下午为全院大扫除时间，要求全体动手，搞好院内的环境卫生。

3. 整顿校容，清理不卫生的死角。种植九里香绿篱500米，发动处室讨论大院园林化计划。

二、消灭蚊、蝇、老鼠、蟑螂，预防传染病发生。

1. 从×月×日至×日，重点是组织人力，用药品灭蚊、蝇、蟑螂，把它们消灭在幼发期间。

2. 从×月×日至×日，重点配合全市行动，围歼老鼠。

3. 做好各种传染病预防宣传工作。

三、加强食品卫生管理，严防食物中毒

1. 食堂工作人员要认真学习《食品卫生法》，决定×月×日，全体食堂工作人员进行《食品卫生法》考试。

2. 按照《食品卫生法》的要求，抓好食品采购、保管、制作、出售和公用餐具消毒及食堂工作人员的个人卫生工作。

3. 加强食品卫生监督，由院爱卫会组织人员，每周检查一次。

四、开展健康教育，普及卫生知识，提高学员、工作人员自我保健能力。

1. 开展“世界无烟日”活动，在学员、工作人员中，提倡不吸烟、少饮酒、多锻炼的新风尚。

2. 开展健康教育，普及卫生知识，树立讲卫生、爱清洁的新风尚。

散会（××时×分）

主持人：（签名）

记录人：（签名）

简析

案例4-10所记的内容是事务性的问题，不是重大的原则问题。会议决议只对当时的“爱国卫生月”活动起作用，时效有限，在以后其他的活动中虽然可以参考，但不起指导统一行动的作用。同时，这种关于“爱国卫生月”活动的决议，不属重要决策和重大政治问题，因此采用会议记录的方法是恰当的。

第六节　发言稿

一、发言稿的作用、特点和类型

（一）发言稿的作用

发言稿也称讲话稿，是指在各种会议或集会上，讲话者为了表达自己的主张、见解，交流思想、进行宣传或开展工作时经常运用的一种事务文体。

发言稿一般由文秘人员代为起草，然后经讲话者审阅定稿（有些发言稿是讲话者自己撰写的）。发言稿作为讲话者使用的文字底稿，可以帮助讲话者清楚、准确、完整地表达自己的思想意识，避免讲话的随意性。优秀的发言稿可以使讲话者胸有成竹、从容不迫，使讲话内容主题鲜明、条理清楚、重点突出，从而起到掌握调动会场气氛，与听众之间形成共鸣交流的作用。

案例 4-11 发言稿例文

××中心学校开学典礼教师代表发言稿

（××××年×月××日）

尊敬的各位领导、老师、亲爱的同学们

大家好！

很荣幸，今天能够代表全体教师在这里讲话，一起庆祝××中心学校今秋的开学典礼。

九月，对于学校，对于教师，是个激动人心的季节，因为它是个收获的季节。我为今年我校的毕业生在中考和小六毕业考试中取得的优异成绩感到骄傲，是他们为母校增添了光彩，赢得了荣誉。这成绩来之不易，它是全校师生领导、教职员工共同努力的结晶，但是成绩只能属于过去，未来要靠我们大家一起继续努力拼搏。

新学期的开始，意味着新的希望、新的憧憬和新的征程。作为教师，在新学期里，我们依然会本着“对学生负责”的宗旨，以敬业务实的工作精神开拓进取……（略）

作为教师，我们早已做好准备，我们愿倾我们所有，全力以赴。因为选择了这个职业，就注定我们的梦想荣誉都与你们连在了一起，你们是幸福的，我们就是快乐的；你们是进步的，我们就是欣慰的；你们是成功的，我们才是优秀的。

借此机会，对同学们提出几点希望：初三年级的同学们，你们是××中心学校新的希望，社会、学校、家长对你们寄予很高的期望，希望你们不负众望，从我做起，从现在做起，争分夺秒，刻苦学习，勇于拼搏，运用恰当的学习方法，认真地把握好每一天，从各个方面为学弟学妹作出表率，为母校争光添彩……（略）

良好的开端是成功的一半。一个好的开始，就意味着同学们应该树立起一个远大的理想，就像一棵树，正是有了对阳光的渴望，它才可能直插云霄；就像一只鹰，正是有了对蓝天的向往，它才可能遨游天际。所以，只有有理想的人生才是积极的人生，才能飞得更高，才能飞得更远，才能真正体会到“会当凌绝顶，一览众山小”的境界。

人生非坦途。同学们应该有充分的心理准备，学习中一定会有很多困难。所以，拿出你“天生我材必有用”的信心，拿出你“吹尽黄沙始到金”的毅力，拿出你“直挂云帆济沧海”的勇气，去迎接人生风雨的洗礼，毕竟只有经历风雨，我们才可能见到美丽的彩虹。

新的学期又开始了，在我们每个人的面前都摊开了一张崭新的白纸，那么我们将如何在这张白纸上画出人生的又一幅精彩的画卷呢？同学们，选择了勤勉和奋斗，也就选择了希望与收获；选择了纪律与约束，也就选择了理智与自由；选择了痛苦与艰难，也就选择了练达与成熟；选择了拼搏与超越，也就选择了成功与辉煌！那么就请用我们的勤奋和汗水，用我们的智慧和热情，抓住这宝贵的今天，师生团结一心，雄心壮志树理想，努力拼搏铸辉煌。

最后深深地祝福××中心学校的全体师生，在新的学期里工作顺利、学习进步，祝福我们的中心学校明天会更好！

（二）发言稿的特点

1．针对性

拟制发言稿一定要先搞清讲话的场合、对象，内容要有针对性，抓住听众最关心的问题，予以切合实际的解答。切记空话、套话、打官腔。

2．通俗性

发言稿的语言讲求简明准确、生动活泼，不宜多用书面语，而要突出口语色彩，可适当运用一些典故、成语、俗语，以增强语言效果。

3．鼓动性

发言稿要能够调动听众的情绪，要鼓动听众能够以饱满的热情投入到工作、学习等各项活动中去。

（三）发言稿的类型

发言稿按其作用不同，可分为以下三种：

- **导向性讲话**：会议开始时，就召开会议的背景、缘由、目的、顺利召开会议的要求发表的讲话，多是以会议主持人或执行主席的身份讲话；会议进行中，就讨论过程中提出的问题，结合有关文件精神进行有针对性的讲话，引导与会者根据文件、上级指示精神来统一认识。
- **指导性讲话**：此类讲话是对会议的中心议题作重点阐述，结合实际，向与会者提出应当怎样分析和认识一些具体问题，对某些问题提出具体处理办法，具有明显的指示、指导性质。
- **总结性讲话**：可分为会议阶段性总结讲话和会议结束总结讲话。阶段性总结讲话是在会议转入下一议程之前，对会议已经展开的问题做客观评价，肯定成绩，指出不足；会议即将结束时，对会议全程做出总结，提出贯彻会议精神的意见和要求。

二、发言稿的写作模式

发言稿一般由标题、称谓、正文和文尾组成。

（一）标题

常见的发言稿标题有以下三种形式：

- **公文式标题**：由机关名称、事由和文种构成，如“××省长在全省反腐倡廉工作会议上的讲话”。
- **会议式标题**：由会议名称、事由和文种构成，如“在首都各界庆祝澳门回归祖国大会上的讲话”。这种标题形式有时会在前面添加发言者的姓名、职务，如“总理温家宝发表讲话祝贺神六发射成功”。
- **文章式标题**：文章式标题可分为单行标题和双行标题，单行标题如“如何当好一名称职的乡镇人武部长”。双标题的正标题概括发言稿的主要内容或主旨，副标题指明发言者的姓名、职务、会议名称、文种等，如“认真落实科学发展观为水电建设事业作出更大贡献——在中国水利水电建设集团公司200×年工作会议上的讲话”。

如果讲话人的姓名已经融在标题中，则无需在标题之下注明，否则，讲话人姓名和讲话时间都应注在标题之下。

（二）称谓

应根据与会人员的情况来选择适当的称呼。国内的会议一般用“同志们”、“各位代表”来称呼；国际会议一般按惯例用“各位嘉宾、女士们、先生们”来称呼；如有重要来宾与会，可加上专指性称呼，以示礼貌、尊重。

（三）正文

发言稿的正文由前言、主体和结语三部分组成。

1．前言

前言是发言稿的导入部分，其开头方式多种多样：有的开篇入题；有的介绍内容，即论说讲话题目；有的阐明意义、借题发挥、说明主旨；还有的开篇抒发情感，吸引听众。

总之，发言稿的开头应平直、概括、简短、点明重点，以引起听众的兴趣。

2．主体

主体部分要紧接前言的话题从各方面加以阐述和论证，做到突出重点，分清层次。结构要有张有弛、有起有伏，不能平铺直叙，否则会使听众反感。主体部分应根据讲话内容，选择不同的写作方法，如：报告类发言稿要阐述会议性质、任务、意义，总结前段工作，提出今后任务；致词类发言稿主体多为专题性质，要围绕一个话题展开。

3．结语

结语应是发言稿最精彩的部分，一个令人难忘的讲话结尾，会使听众对讲话者产生信赖感，对讲话内容留下深刻的印象。结语的写法有多种，有的提出希望或要求，有的发出号召，有的表示祝福或祝贺成功，还有的展望前景，坚定信念。也可以用“谢谢大家”等平实的话语结尾，表示对听众的尊重。

（四）文尾

讲话人的署名和讲话时间，都应落在正文右下方，若署名和时间已经落在标题之下，此处可省略。

三、发言稿的注意事项

（一）明确对象，把握分寸

讲话稿的撰写应针对不同的会议场合、不同的听众要求来决定内容的轻重详略，把握讲话的分寸。针对不同的场合和听众，从讲话内容到语言形式都应有所不同。

（二）中心突出、观点明确

这是写作讲话稿的重要原则和基本要求。只有突出中心、观点明确，用观点统帅内容，内容中又渗透着观点，才能使听众对讲话稿表达的内容和观点留下深刻的印象。

（三）语言恰当、得体

发言稿的语言表达方式非常重要，应注意以下几点：

- **恰当选用词语**：尽量选用双音节词，并力求口语化，避免过多使用文言文和书面语言，以增强其适用性。
- **恰当选用句式**：尽量使用短句，避免使用长句和倒装句，以免使人难得要领。
- **恰当使用数字**：尽量少用序数划分段落或层次，以免听众感觉枯燥。

四、案例简析

案例 4-12　××县委书记在××保险公司开业庆典上的讲话

××县委书记在××保险公司开业庆典上的讲话

（××××年××月×日）

今天，××人寿××县公司正式开业了，这是我县保险事业发展史上的一件大事，在此，我代表县人民政府向公司开业表示热烈的祝贺！向公司全体员工表示崇高的敬意！

当前，正值全县上下高举邓小平理论和“三个代表”重要思想伟大旗帜，全面贯彻党的十六大、十六届五中全会精神，深化各项改革，扩大对外开放，扎扎实实地推进各项事业发展，加快小康社会进程的关键时期，我们热忱地欢迎县内、县外的社会各界投资开发××这片热土，我们努力创造方便、快捷的投资环境，优质、高效的政务环境，竭诚服务，实现共同发展的“双赢”目标。公司的开业，必将为我县国民经济和社会发展目标的实现，安定社会生活、造福人民群众、促进经济发展、推动社会和谐做出贡献。

人寿保险是播撒爱心的事业，全县有 43 万多各族群众，近年来，随着经济不断发展，人民群众生活水平的提高，更加注重追求生活质量。在××发展保险事业将具有很大的空间和潜力，希望公司按照社会主义市场经济的发展要求，加快公司制度化建设，实现寿险业务的专业化经营，诚信服务，规范管理，塑造品牌；提高经营水平，开拓服务领域，为广大保险消费者提供优质、高效、周到、热忱的服务。在加快公司自身发展的同时，为推动地方经济发展，建设××县做出更大的贡献。

最后，预祝公司事业兴旺发达。

另外，值此新春佳节即将来临之际，向各位来宾、各位朋友拜个早年，预祝大家春节快乐、身体健康、工作顺利、事业有成！

简析

案例 4-12 是××县委书记在××保险××县分公司开业典礼上的讲话。发言稿开头即点明他是代表县政府讲话，祝贺保险公司开业，并向保险公司的全体员工表示敬意。主体部分表明了县政府创造良好投资环境的决心，肯定了人寿保险的社会贡献，并对保险公司提出了今后的希望。整篇讲话凝练、热情、层次清晰。

思考与练习

一、判断题

1．简报具有汇报性、交流性和指导性作用。（　）

2．简报的按语应放在简报正文的标题下面。（　）

3．“规划”、“部署”、“安排”、“打算”、“方案”、“工作纲要”、“工作意见”等文种，都属于计划范畴。（　）

4．总结是着眼于未来的，是对实现目标的预定，是对工作进程的预见。（　）

5．调查报告、工作总结和工作计划都可以使用双标题。（　）

6．写作会议记录时可适当对讲话进行加工、提炼、增添和删减。（　）

7．发言稿的语言不宜多用书面语，而要突出口语色彩，可适当运用一些典故、成语、俗语，以增强语言效果。（　）

8．讲话人姓名和讲话时间都必须注在标题之下。（　）

二、问答题

1．简报的作用是什么？具有哪些特点？

2．计划有哪些表达形式？

3．总结的正文通常有几种结构形式？它们各有何优点？

4．在写作调查报告时应注意哪些事项？

5．会议记录有哪些特点？

6．发言稿的正文由哪些组成部分？各部分的作用是什么？

三、练习题

试根据自己上月的学习情况写一份个人学习总结。

第五章　经济文书

【本章导读】

经济文书是经济领域中处理财经业务、交流财经情况、反映财经活动、研究财经问题时所使用的各种文书。经济文书的种类繁多，本章将着重介绍市场调查报告、经济预测报告、合同、招标文书、投标文书和商务信函。

【学习目标】

- 掌握市场调查报告的写作
- 掌握经济预测报告的写作
- 掌握合同的写作
- 掌握招标文书与投标文书的写作
- 掌握商务信函的写作

第一节　市场调查报告

一、市场调查报告的作用、特点和类型

（一）市场调查报告的作用

市场调查报告也称商情调查报告，属于调查报告的一个分支。它使用科学的方法有目的、有计划地对市场的有关情况进行调查，并将调查资料进行整理和分析研究，记述和反映市场调查结果，最终提出调查结论和意见。市场调查报告可以为经营决策提供可靠的依据，并指导企业按市场需求组织生产。

案例 5-1　市场调查报告例文

关于四家诗歌刊物的市场调查与分析

女人不问年龄，刊物不问发行。但最忌讳问的东西往往是最要命的东西。在市场经济日趋成熟的今天，作为精神产品的诗歌刊物不可能不问发行。笔者目前在 15 位诗友的帮助下，对三座地级城市的报刊亭进行了调查，在三座城市市面上有售的诗歌刊物有《诗刊》、《诗选刊》、《散文诗》、《星星诗刊》，但四家刊物的市场占有率、市场竞争力反差较大。

一、高贵端庄的《诗刊》

《诗刊》作为惟一的国字号诗歌品牌，上、下半月号在三座城市的五个报刊亭里均有销售，每月均能售完。金汝平等“先锋诗人”曾对有容乃大的《诗刊》发过难，但对其市场占有率与市场竞争力并未造成影响，《诗刊》作为高贵端庄的第一贵妇人仍然在诗歌刊物市场上独领风骚。

二、小鸟依人的《散文诗》

小巧玲珑、小鸟依人、天生丽质的《散文诗》在三座城市的12个报刊亭里留下了倩影，每月均能“嫁”出去，其发行量不知道有没有超过世界发行量最大的《诗刊》，两家刊物的编辑们也许会心中有数。

三、朴素大方的《诗选刊》

朴素大方、价廉诗美的《诗选刊》在三座城市的四个报刊亭里有售，且每月中旬就能畅销完毕。

四、花容失色的《星星诗刊》

在三座城市里，只有两个城市的两个报刊亭里能见到《星星诗刊》，问题是在10月份的两个报刊亭里还能见到6月号的《星星诗刊》。落满风尘的花容失色会不会像它的年龄一样进入了“更年期”？

国内诗歌刊物市场竞争力前四名排位

品牌竞争力:《诗刊》第一、《诗选刊》第二、《散文诗》第三、《星星诗刊》第四。

同质竞争力:《诗选刊》第一、《诗刊》第二、《散文诗》第三、《星星诗刊》第四。

异质竞争力:《散文诗》第一、《诗选刊》第二、《诗刊》第三、《星星诗刊》第四。

排位分析:《诗刊》、《散文诗》、《诗选刊》均保持着较强的品牌竞争力、同质与异质竞争力，在这三个方面《星星诗刊》都处于弱势地位。

在几年前的市场上，《星星诗刊》是仅次于《诗刊》的诗歌品牌，《诗选刊》的前身《诗神》则要排在第四位之后，在三座城市的市面上都无法购得。

《诗神》改成《诗选刊》是一次非常成功的运作，其同质竞争力排位到第一，是因为其容量大却价格低。作为唯一的诗歌选刊，这使得《诗选刊》与其他的刊物区别开来，在异质竞争力上上升到第二位，最终在品牌竞争力上也上升到第二位。

顾名思义，《散文诗》一直刊载散文诗，使其与其他诗歌刊物区别开来，在异质竞争力上一直排名第一，这种优势将会继续保持下去。

《星星诗刊》在运作上出现了经营不善、决策失误、诚信丧失等诸多问题，与几年前相比，其各项市场竞争力均急剧下降。

在20世纪90年代，《星星诗刊》的年发行量还能保持在五万份左右，据说现在已下降到几千份。

15个诗友中，过去都曾在市面上买过《星星诗刊》，现在却主要买《诗刊》、《诗选刊》、《散文诗》。15个诗友中，曾有四个接到《星星诗刊》的用稿通知，最终却有两人未能发表，两人在一年之后才发表。

15个诗友中，有五人从未接到过《诗选刊》的用稿通知，但都有作品被选载过。15个诗友中有两人上过《散文诗》和《诗刊》，作品都是在接到用稿通知的几个月后发表。

15个诗友中，曾有五人接到《星星诗刊》人员帮助订阅的信函，有三个邮购过该刊，但有两人反映《星星诗刊》未能按订阅的份数邮寄，也没有就“少寄现象”作过说明，失信于消费者。这两人过去都曾在市面上买过很多期的《星星诗刊》，现在发誓永远不再看《星星诗刊》。

《星星诗刊》除了经营不善、不讲诚信外，也出现了市场决策失误。《诗神》改成《诗选刊》，市场定位准确。《散文诗》由双月刊改成月刊，水到渠成。《诗刊》由月刊改成半月刊，下半月刊倾向于青年诗坛，市场方向明确。

在《星星诗刊》发行量本来就在下滑的情况下，该刊负责人却不管三七二十一创办了《星星诗刊》下半月刊，打造“中国第一网络诗歌品牌”，结果第一品牌没有打造成，反而进一步削弱了《星星诗刊》的市场竞争力。

200×年改版后的《星星诗刊》下半月刊不伦不类，在市场上依然无人问津，留下了“金玉其外，败絮其中”的坏名声。

《星星诗刊》在市场上已摇摇欲坠，从市面上消失，成为二流诗刊已为期不远。至此，《诗刊》、《散文诗》、《诗选刊》在市面上将三足鼎立，三分天下。

（二）市场调查报告的特点

1．针对性

进行市场调查时，首先要明确市场调查的目标，按照企业的不同需要，市场调查的目标有所不同。如：企业制定经营战略时，必须调查宏观市场环境的发展变化趋势，尤其要调查所处行业未来的发展状况；企业制定市场营销策略时，要调查市场需求状况，市场竞争状况，消费者购买行为和营销要素情况；当企业在经营中遇到问题时，应针对存在的问题和产生的原因进行市场调查。

2．指导性

市场调查报告的写作需要在对市场进行调查研究的基础上，进行分析判断，找出市场发展变化的规律，对经济工作具有现实指导意义。

（三）市场调查报告的类型

常见的市场调查报告一般可分为以下几种：

- **市场需求调查**：此类报告主要是围绕购买力、购买动机和潜在需求三方面对产品需求量和影响需求量因素的调查。其中，购买力调查是消费者实现购买行为的前提；购买动机调查是为了采取各种措施使顾客的购买动机变为购买行为；潜在需求的调查是为了使潜在的需求变为现实需求。
- **市场竞争调查**：此类报告主要是对竞争对手各种情况的调查。通过对竞争对手的调查来判断本企业处于什么地位，以提高本企业产品的市场占有率，确定产品的发展方向和发展战略。
- **经营策略调查**：此类报告主要是调查本企业的产品、价格、广告和销售政策、技术服务政策等，以了解企业的销售能力是否适应消费者需要，企业的销售策略是否合理，以便及时发现问题，想出应对方法。

二、市场调查报告的写作模式

市场调查报告没有固定的统一格式，但一般都由文首、正文和文尾三部分构成。

（一）文首

市场调查报告的文首一般由标题和目录等组成。

1．标题

市场调查报告的标题有公文式和文章式两种类型：

- **公文式标题**：由单位名称、事由和文种组成，如《××公司关于××市羊毛制品需求量的调查报告》。也可以省略单位名称，如《关于××钢铁总厂管理经验的调查报告》，一般不能省略事由部分。
- **文章式标题**：文章式标题又分为单行标题和双行标题两种形式。其中，单行标题可以指出调查对象的状况，也可以揭示调查结论，如《联合之路就是生财之路》；双行标题的正标题一般概括全文主旨，副标题补充说明调查的对象和内容，如《亏损企业的现状不容忽视——关于××市亏损企业的调查报告》。

另外，有些中立的社会调研机构制的调查报告会在文首部分制作一份标题页，将调研题目、委托方、调查方、报告日期等事项打印在标题页中。

2．目录

一些内容简单的市场调查报告可以不设目录，若报告内容复杂、字数较多，为方便读者阅读，应设目录或索引列出报告的主要章节和附录，并注明标题、有关章节号和页码。

（二）正文

市场调查报告的正文通常由开头、主体和结语三部分构成。

1．开头

开头的作用是为主体的展开做铺垫和准备，或使读者对全文有一个大概的了解。开头的形式有多种，但一般会概括说明三方面内容：一是调查工作的基本情况；二是调查对象的基本情况；三是调查研究结论的提示。不同的调查报告，开头内容的基本事项不完全相同，也有的调查报告没有前言部分，起笔直接进入主体部分。

2．主体

主体是调查报告的核心内容，也是对调查研究结果的具体引证、说明部分。其结构形式主要有两种：一种是纵式结构，根据事物的发生、发展和结局来组织材料；另一种是逻辑结构，即根据事物的内在联系，分几个部分来安排材料，各部分可以设小标题，也可用序号标出，各部分之间可以是并列关系，也可以是递进关系。

3．结语

调查报告的结语收束全文，通常与开头相照应，带有结论性质，总结概括全文，提出相关的建议，或对策等。结语要求简明扼要，言尽即止。若无必要，也可不设结语。

（三）文尾

文尾一般要注明撰写市场调查报告的单位名称、作者署名以及成文日期、印签等。

三、市场调查报告正文主体的写作

一般市场调查报告的正文主体应包括调查概况、情况分析和调查结论三部分，下面分别进行解释。

（一）调查概况

即对调查所获得的基本情况进行介绍，是全文的基础和主要内容。该部分内容通常采用叙述和说明相结合的手法，将调查对象的历史和现实情况，包括市场占有情况，生产与消费的关系，产品、产量及价格情况等表述清楚。

在具体写法上，既可按问题的性质将其归结为几类，采用设立小标题或者摘要的形式；也可以时间为序，或者列示数字、图表或图片等加以说明。

总之，调查概况部分要力求做到准确和具体，富有条理性，以便为下文进行分析和提出建议提供坚实充分的依据。

（二）情况分析

即在调查所获基本情况的基础上对市场进行分析，它直接影响到有关部门和企业领导的决策。该部分内容通常采用议论的手法，对调查所获得的资料逐一分析，进行科学的研究和推断，并据以形成符合事物发展变化规律的结论性意见。

撰写情况分析时，用语要富于论断性和针对性，做到析理入微、言简意明，切忌脱离调查所获资料随意发挥。

（三）调查结论

调查结论是在上文调查情况和分析预测的基础上，对市场过去或目前情况的准确说明，或是对未来市场的展望和预测。这是市场调查报告写作目的和宗旨的体现。有些市场调查报告还会在作出结论后提出具体的建议和措施，供决策者参考。撰写调查结论时，要注意建议的针对性和可行性，应使其能够切实解决问题。

四、市场调查报告的注意事项

（一）调查方法要科学

在市场经济中，对于参与市场经营的主体来说，其成败的关键就在于经营决策是否科学，而科学的决策又必须以科学的市场调查方法为基础。因此，要善于运用询问法、观察法、资料查阅法、实验法以及问卷调查等方法，适时捕捉瞬息万变的市场变化情况，以获取真实、可靠、典型、富有说服力的商情材料。在此基础上所撰写出来的市场调查报告，就必然具有科学性和针对性。

（二）数据材料要真实

由于市场调查报告是对市场的供求关系、购销状况以及消费情况等所进行的调查行为的书面反映，因此它往往离不开各种各样的数据材料。这些数据材料是定性定量的依据，因此必须是真实、准确的。

（三）分析论证要充实有力

撰写市场调查报告，必须以大量的事实材料作基础，但写进市场调查报告中的内容决不是这些事实材料的简单罗列和堆积，而必须运用科学的方法对其进行充分有力的分析归纳。只有这样，市场调查报告所作的市场预测及所提出的对策与建议才会获得坚实的支撑。

五、案例简析

案例 5-2 旅游服务市场调查报告

旅游服务市场调查报告

旅游已逐渐成为人们娱乐生活中不可缺少的一部分，人们除了能享受到旅游过程中的惬意与放松，其实更多的是对生活的体味。但随着旅游逐步深入生活，关于旅游的投诉也常见于报端。据最近的一次调查显示，五分之一的受访者对随团旅游表示不满意，不满意的原因主要来自导游和旅行社方面。对于没有随团出游的受访者，旅游费用以及旅行社的信誉仍是主要的影响因素。

该项调查由××××市场调查公司于××××年2月底在北京实施，调查采用电话访问的方法，共完成有效问卷201份，调查对象为年龄在18-60岁之间，家中有电话的北京居民。

随团旅游：不满意

旅游服务一直以纷争不断而出名，从调查显示的结果看，人们对随团旅游的评价的确不高。在有随团旅游经历的受访者中，有五分之一的人对其最近一次随团旅游表示不满意，而表示满意的只有三分之一，近一半的受访者表示服务一般。

导致受访者不满意的主要原因是“导游未尽职责”和旅行社“降低等级标准”。这两项的比例分别达到30.8%。其次是“擅自变更行程安排”占23.1%，“配套设施不完善”占15.4%。

在整个旅游过程中，游客与旅行社的接触更多的在出游前期的报名环节。而在旅行途中，导游则很大程度上充当了旅行社的代表。游客对旅行社服务的不满意在得不到导游的妥善处理后，则很容易转化成对导游的不满。

××××的研究人员认为，旅游作为一个服务行业，消费者花钱购买的是旅行社和导游提供的服务。对服务满意程度的高低是保持回头客的关键所在。对于旅行社来说，其所提供的服务并非杀鸡取卵的短期利益行为，所带来的回报应是长期收益。随着世贸组织的加入，国外旅行社加入竞争，必然会使旅行社的客源结构发生变化。对于某些愿意尝新，或更加信任外国货的人来说，参加外国旅行社出游具有不小的诱惑力。国内旅行社可能会发现，他们所面临的问题很简单，就是服务质量的竞争。

费用和信誉：参团出游的主要障碍

受访者中，有7成的人没有随团出游过。其中，近一半的人是由于“没有时间”，而三分之一左右的受访者则是因为“费用较高”。还有7%的受访者表示不随团旅游是因为“对旅行社不信任”。从这一结果看，费用和旅行社的信誉问题是阻碍人们参团旅游的重要因素。

从交叉分析看，家庭收入越高，有随团旅游经历的人所占比例越大。在家庭月收入低于2000元时，90%左右的人没有随团旅游的经历，而在家庭月收入达到5000元以上时，则超过一半的人有随团出游的经历。由此看来，尽管对旅行社而言，价格的可调节余地不大，但普通工薪阶层对旅游费用的支付能力依然有限。

或许在达到规模效益情况下，价格还可以适当调整，毕竟目前，降价仍是屡试不爽的刺激需求的看家法宝。但对于信誉问题，树立起良好的形象，扭转人们心中已形成的观念则非短时间内即可达到，因为人们更愿意接受与自己观念相近的意见。

假期放飞，出游最宜

调查显示，消费者在选择何时出行方面越来越理智，有可能是吸取十一期间黄山惨案的教训。四成的受访者表示愿意在学生的寒暑假出游，两成的受访者会利用单位休假出游，依然希望在春节、五一、十一等节假日出游的受访者不到15%。

另有相关分析显示，不同年龄的消费者对出游时间的选择有显著差异。年龄在30到50岁之间的人，有50%会利用孩子的寒暑假带孩子出去旅游；而年龄在18到29岁的年轻人则更多的会在单位休假期间出游。

由此可以看出，人们在出行时间安排上都注意避开节假日的高峰期，学生的寒暑假将会是颇受青睐的旅游时期，这也提醒旅行社针对学生组织的旅行团可以成为旅行社经营的另一方向。

潜力巨大的自助旅游

就像自助餐一样，旅游也可以自助。但目前来看，了解自助旅游的人还不是很多，只有30%左右。与没有随团旅游经历的受访者相比，有经历的受访者的了解比例更高一些。但无论是否有随团旅游的经历，当受访者被询问是否希望尝试旅游自助时，一半左右的人表示希望。

相关分析显示，年轻人更愿意尝试自助旅游，随年龄的增加，希望尝试的比例逐步降低。这种差异还表现在家庭收入的差异上：家庭月收入在2000元以上，超过半数的受访者希望尝试，而家庭月收入2000元以下，则只有近三分之一的人希望尝试。

传统的随团旅游，衣食住行不用自己操心，但代价是失去了自由；自己出行有了随意安排的自由，但凡事都需自己操办。自助旅游实现了两者的结合，取长补短。而调查结果也说明这种新型旅游方式潜力巨大，这是否意味着在自助旅游市场上，另一场战争又要开始了呢？

此外，交叉分析显示，希望尝试自助旅游的人有44％将选择寒暑假出行，25％的人选择单位休假出行。研究人员认为，考虑自助旅游的主要消费群是学生，因此开发寒暑假档期的自助旅游更具可行性。

旅游服务的市场细分

××××的综合分析显示，如果不包括单位组织的开会、疗养等团队，个人旅游市场的消费群可以根据其生活形态划分为以下几个群体：

一是“高级灰”，主要由城市中的白领阶层和管理者构成，在周末他们一般选择城市周边游，交通方式以自己备车或租车为主，几个亲朋好友找个有山有水的地方吃、住、玩，目的是换个环境、换个心情。要求环境卫生、安静，对于娱乐设施并不注重，也不在意风景名胜。人均消费一般在300元以内。国内游基本是在个人休假期间，他们大多有一个旅游计划，只要时间允许，一般半年或三个月会参团或自助旅游一次。对于服务价格并不十分敏感，但对服务质量要求较高。他们也是个人出境游的主要消费者。

二是“探险者”，主要由富于冒险精神的学生和年轻人构成，他们的收入有高有低，但酷爱大自然，喜欢行走露宿于荒山野岭之间，向往西藏、新疆等富有传奇色彩的地区。他们充满活力，旅游知识和经验极为丰富，是身边很多人的旅游导师。自助旅游和连锁式的学生旅馆是他们的最爱。事实上，绝大多数的学生出游都属于此类。

三是“拍照留念者”，主要由新婚夫妇、年轻伴侣组成。他们的旅游目的非常明确，即风景名胜，倾向于哪儿人多就去哪儿。作为纪念日的象征，拍照是必不可少的，为此经常穿着高跟鞋和旗袍跋山涉水。他们基本选择国内参团游，对价格和服务都比较敏感，旅游过程中购物也是一大主题。

四是“合家欢”，基本都是全家集体行动，一方面体现对老人的孝心，另一方面可以给孩子开阔眼界。这一群体跟团的不多，基本都是自己安排住宿和交通，而且倾向于借宿亲友家。其消费能力取决于家庭总收入，但传统上的“穷家富路”的观念使其在旅游景区配套服务的消费总量上相当可观。如果旅游社能够给予这种合家欢型的出游者以有竞争力的价格和周到的服务，则这一市场潜力非常巨大。

针对此项研究结果，××××的策略研究员张×先生指出，剧烈的社会经济变革中，人们的生活方式和观念发生了很大变化，人们从寄希望于未来和下一代转变为更加关注自身的生活体验。一方面，在基本的生活需求得到满足后，旅游作为提升生活品质的重要消费被越来越多的人认同；另一方面，中国人传统上就把“游历名山大川”作为提高个人修养的一种方式，因此旅游被很多并不富裕的家长作为子女成长过程中的一种必要投资。

从过去的“单位组织旅游”到越来越个性化的消费选择，尽管在放长假期间的特定时段，旅游服务呈现了供不应求的现象，但旅游服务的供应商（包括旅行社、风景区乃至配套服务机构）正面临如何满足不同消费者的需要以扩大市场的紧迫问题。

认真研究不同消费群体的旅游需要，明确自身的目标市场和服务定位，集中有限的资源在细分市场上，根据顾客需要进行旅游服务的组合设计，借助口碑效应竖立自己的品牌，当是国内旅游服务供应商面对 WTO、未雨绸缪之良策。

简析

案例 5-2 是一份针对国内旅游服务市场的调查报告。文中第一段是调查报告的开头，简单介绍了当前旅游业的现状；第二至第十四段是调查的基本情况，采用逻辑结构，从四个方面介绍了调查对象对国内旅游业的看法和不满；第十五至第十九段是调查机构对于目前旅游业的详细分析；最后几段是调查机构对国内旅游业的现状所做的总结。全文条理清晰，从不同方面分析了当前国内旅游业的现状和弊端，并针对如何充分挖掘旅游业市场的潜力和改善旅游业的经营策略，提出了宝贵建议。

第二节 经济预测报告

一、经济预测报告的作用、特点和类型

（一）经济预测报告的作用

经济预测报告是运用经济预测手段，对某一经济活动的未来状况和趋势作出预测的书面报告。通过预测分析可以为制定正确的经营决策提供科学的依据，并有利于加强企业经营的预见性和计划性。善于运用经济预测，可以提高企业适应市场环境的能力，改善经营管理，提高经济效益。

案例 5-3 经济预测报告例文

200×年医药经济运行预测

日前从工业和信息化部（以下简称工信部）了解到，今年上半年我国医药工业生产、销售、经济效益保持较快增长，在产业结构调整和产业振兴发展的推动下，行业投资加速，但受国际金融危机影响，出口增长速度缓慢，面临较大的国际市场压力。

产销持续增长增幅稍有回落

据有关统计显示，1～6月，医药行业累计完成工业总产值4766.6亿元，同比增长17.8%，高于全国工业平均水平（1.8%）16个百分点，但增幅较一季度下降1.36个百分点；工业增加值同比增长14.0%，高于全国工业平均水平（7.0%）7个百分点。

其中，化学原料药和化学药制剂业分别完成工业总产值909.8亿元和1393.3亿元，同比各增长6.8%和20.8%；中成药制造业和中药饮片加工业分别完成956.2亿元和235.9亿元，同比各增长18.3%和26.2%；生物生化制品业完成403.2亿元，同比增长22.4%；医疗仪器设备及器械和卫生材料及医药用品制造业分别完成425.7亿元和238.2亿元，同比各增长19.6%和26.5%。除化学原料药外，其他6个分行业增速均高于行业平均水平。

1～6月，医药工业实现销售产值4519.9亿元，同比增长17.7%，增幅水平较一季度下降0.6个百分点。其中，化学原料药和化学药制剂业分别完成863.9亿元和1312.5亿元，同比各增长7.1%和18.8%；中成药和中药饮片加工业分别完成891.4亿元和226.7亿元，同比各增长18.5%和26.7%；生物生化制品业完成383.7亿元，同比增长23.1%；医疗仪器设备及器械和卫生材料及医药用品制造业分别完成413.9和231.0亿元，同比各增长20.3%和27.6%。除化学原料药外，其他6个分行业增速均高于行业平均水平。

1～6月，全行业整体产销率94.8%，同比下降0.12个百分点。其中，化学原料药、中药饮片加工、卫生材料及医药用品、中成药、生物生化制品和医疗仪器设备及器械制造业的产销率较上年同期分别提高0.24、0.31、0.87、0.16、0.54和0.52个百分点，化学药制剂产销率较上年同期下降1.59个百分点。

1～5月，医药工业累计实现利润总额344.3亿元，同比增长17.95%，相对于全国工业平均22.9%的负增长，医药工业继续保持较快的增长水平。其中，化学药制剂业实现利润111.6亿元，同比增长16.8%；中成药和中药饮片加工业分别实现利润69.6亿元和11.1亿元，同比各增长27.9%和30.7%；生物生化制品业35.9亿元，同比增长20.7%；医疗仪器设备及器械和卫生材料及医药用品制造业分别实现利润35.2亿元和14.3亿元，同比各增长28.9%和52.1%。卫生材料及医药用品、中药饮片加工、医疗仪器设备及器械、中成药和生物生化制品5个分行业利润增速高于行业平均水平，化学药制剂利润增速略低于行业平均水平，而化学原料药制造业实现利润54.1亿元，同比下降了4.13个百分点，多年来首次负增长。

1～5月，医药行业亏损企业1636家，行业亏损面为19.9%；累计亏损额21.5亿元，同比增长2.4%。

1～5月，医药保健产品出口总额121.9亿美元，同比下降2.77%，出口增长仍然乏力。其中，化学药原料出口64.5亿美元，同比下降10.0%；医疗器械类产品出口42.6亿美元，同比增长4.0%；西药出口4.4亿美元，同比增长2.7%；生化药出口4.98亿美元，同比增长62.2%；植物提取物出口2.53亿美元，同比增长18.8%；中成药出口6130万美元，同比下降9.1%；中药材及饮片出口1.9亿美元，同比下降14.2%。

1~5月，医药行业累计完成固定资产投资总额406.3亿元，同比增长44.2%，较2008年全年累计25.9%的增幅有很大的增长。固定资产投资的大幅增长，带动行业继续保持稳定的增长势头。

发展面临诸多不利因素

随着国际金融危机的蔓延和世界经济的衰退，我国医药外贸发展面临的环境愈发严峻，业内专家们预计，2009年可能是进入新世纪以来最为困难的一年。工信部工业消费品司医药处处长李宏和中国医药企业管理协会会长于明德等专家分析认为：

其一，受国际金融危机影响，医药出口面临较大压力。不少企业反映，国外订单额下降、长单变短单、大单变小单、订单减少、下单仍以老客户为主情况较为普遍，从而导致出口量下滑。另外，受环保标准提高、实施新劳动合同法等政策性因素影响，成本优势逐步丧失。金融危机导致部分国家货币贬值，尤其是我国医药行业最大的竞争对手印度，其货币卢比对外汇率大幅度下调，而人民币升值相对较快，使得我国很多原料药的出口价格被迫抬高，加剧了产品出口压力。

其二，受国际市场影响，化学原料药产值效益增速大幅下滑。在我国医药行业各分行业中，化学原料药出口比重最高，受国际市场影响也最大。1~5月，化学原料药出口额同比下降了10%，比上年全年增幅下降了65个百分点。由于出口受阻，1~5月化学原料药行业工业总产值同比增幅仅为6.6%，而利润总额同比增幅下降了4.1%，产值增速大幅回落的同时，效益增幅出现了多年来少见的负增长。

其三，药品安全存在隐患。今年以来，“双黄连注射液”、“香丹注射液”、“清开灵注射液”等中药注射液品种又接连发生严重不良反应和药品质量安全事件，暴露出我国现有部分注射剂品种研制基础较薄弱，生产工艺有缺陷，质量水平不高，存在一定安全隐患。

其四，环保压力较大。国家环境保护总局于2008年6月颁布了《制药工业水污染物排放标准》，要求新建制药企业必须按新标准设计和生产，老企业则要求在限期内完成整改。由于新标准要求高，企业与地方、园区公共设施之间在废水治理、排放上尚未形成合作配套机制，仅靠企业自身条件，环保治理成本很高，许多企业和地方医药经济发展急需探索新的发展模式。

需求旺盛增长仍可期待

对于下半年行业走势，业内人士普遍充满信心，认为在新一轮医药卫生体制深化改革推动下，国内医药市场需求依然旺盛，拉动医药产业快速发展的主要因素仍未改变，医药行业仍将继续保持较快的增长态势，预计2009年产值增长率保持在20%左右，效益增幅保持在15%~20%之间。

上述乐观的预测主要基于以下因素：国内市场，新型农村合作医疗参合率、城镇居民基本医疗保险覆盖范围的不断扩大，在即将出台的新一轮医药卫生体制改革的推动下，国内医药市场规模的不断扩大为我国医药行业继续保持快速发展提供了有利的外部环境。国际方面，尽管有金融危机的不利影响，但由于医药市场的刚性需求较大，2009年全球医药市场将继续保持增长态势，对我国医药产品的需求也不会发生大的变化，我国在国际市场上占有较大份额的优势产品在短期内不会被其他国家的产品所替代，加之我国政府促进出口发展政策的实施，全年医药产品出口将保持正增长。

从行业方面看，随着《药品注册管理办法》、《制药工业水污染物排放标准》等医药政策和标准的提高，行业优胜劣汰的调整步伐进一步加快，产业资源加速向优势企业集中，在实施医药技术改造专项、加快医药行业结构调整、适时提高出口商品的退税率等产业政策的积极推动下，今年我国医药行业效益水平在调整中将保持较快增长。

（二）经济预测报告的特点

1．科学性

预测报告的写作必须依赖于科学的预测理论和方法，才能完整认识到事物的本质内在规律，从而较准确地预测事物未来的变化趋势。

2．综合性

预测报告的内容往往涉及政治、经济、文化、历史等领域，是市场学、心理学、社会学等多种学科理论知识的综合运用。

3．预见性

预测报告是以预测经济活动未来状况和趋势为目的的报告，故以预测理由、预测结论、预测建议为主要内容。

4．不确定性

预测虽然以大量的客观信息资料为依据，运用科学的方法进行测算，但人的主观思维有其局限性，客观情况也是不断变化的，因此总会有不确定的因素影响预测进程。

（三）经济预测报告的类型

经济预测报告按其内容可大致分为以下几种类型：

- **市场需求报告**：对市场的供求发展趋势以及与其互相联系的各种因素的变化进行调查、分析、预测，包括市场需求总量预测和市场需求结构预测。
- **市场占有率预测**：市场占有率是指本企业某产品的销售量或销售额占市场同类产品全部销售量或销售额的比重（即市场占有率、产品竞争力），是企业改善经营管理，扩大销售量的重要依据。
- **资源预测**：预测企业生产所需原料、能源供应保证程度的报告，是确定企业所需原材料品种、数量、规格和供应单位，制定原材料和能源节约计划的重要依据。
- **技术发展预测**：对同行业技术开发和产品更新及其对市场影响进行预测的报告，是企业制定新产品开发计划，安排产品更新或升级换代的重要依据。

二、经济预测报告的写作模式

经济预测报告的结构与市场调查报告相似，也由文首、正文和文尾构成。

（一）文首

经济预测报告的文首一般由标题和目录组成。

1．标题

较常见的经济预测报告的标题有全称式、简称式和文章式三种。

- **全称式**：全称式标题由测试时限、测试区域、测试对象和文种构成，如《××××年全国劳动就业形式分析预测》。

- **简称式**：省略测试时限或测试区域其中一项，再加上测试对象和文种，如《我国能源生产与消费预测》。
- **文章式**：文章式标题中一般不会出现文种，如《我国家电还有多大市场》。

2. 目录

内容较简单的经济预测报告可不设目录，若预测报告的内容较复杂，字数较多，应使用一页目录或索引列出预测报告所分的主要章节和附录，并注明标题、有关章节号码及页码，以方便读者阅读。

（二）正文

经济预测报告的正文一般由开头、主体和结语构成。

1. 开头

开头应简要说明预测的目的和意义，介绍预测对象的历史和现状，说明预测的方式方法。这部分数据要准确，资料要典型，表述要精炼。

2. 主体

主体是写预测趋势，预测必须建立在对经济现象作科学分析研究的基础上。对材料的组织安排应灵活多样，可用并列式结构，对预测对象归纳几个特点加以阐述；也可用连贯式结构，按照发展顺序写预测的内容；还可用分总式结构，依因果关系来表述。

3. 结语

结语部分应根据预测的结果提出建议和改善经营的办法，力求具体、切实，以供有关部门参考。

（三）文尾

文尾一般应包括撰写经济预测报告的单位名称、作者署名和成文日期等。

三、经济预测报告正文主体的写作

经济预测报告正文主体一般包括预测对象概况、分析和预测以及对策和建议三个部分。

（一）预测对象概况

即预测对象基本情况的介绍，一般由以下两部分组成：

- **预测对象的情况**：将预测对象过去和现在的一些重要数据列出，并用文字或数学模型表述其规律。
- **影响因素**：将可能影响预测对象的各种因素一一列出，并分析说明其影响的方式及作用的强弱。

（二）分析和预测

这是全文的核心部分，是对认真整理和筛选出来的情报或数据，运用科学的方法进行具体的定性或定量分析，从而预测事物未来的发展趋势和规律。此部分应包括预测的结论、预测的依据和预测的方法三方面内容。

1．预测的结论

一般有几个预测结论就分几个段落，并且在每一段中都把经济预测结论都放在理论、实践依据和数学运算模型之前。这种结论在前、论证在后的写作方法，是为了以先入为主的方式加深读者印象，引起决策者的注意。

2．预测的依据

对于预测结论，必须结合数学、经济学、社会学、心理学等，从多学科角度进行多方位的论证，从而使报告具有一定的理论深度，并增强报告的可信性。

3．预测的方法

预测方法可分为定性预测和定量预测两大类：

- **定性预测**：主要是预测目标的性质。
- **定量预测**：是对影响经济变化的各种因素进行数量分析和测算。

定性预测的缺点是主观色彩太严重，定量预测的缺点是它以比较稳定的经济条件为绝对前提。因此，为了取得最佳效果，在实践中，两种预测方法通常是结合使用的。

（三）对策和建议

预测报告的最后，应根据所预测的趋势，提出切合实际的结论和建议。这部分是预测分析的延伸，是在对预测对象的发展趋势作了规律性的判断以后所作出的对策说明。大多数预测报告会将这部分专划一段。

正文主体三部分内容的写作顺序没有固定规定，可根据预测报告的实际需要进行适当调整。

四、经济预测报告的注意事项

（一）资料可靠

准确可靠的资料是写好预测报告的基本前提。要保证材料具体可靠，关键在于认真做好调查，应多方面收集资料并进行科学的分析与比较，从而保证预测结论的准确性。

（二）结构清晰、文辞简洁

预测报告的结构相对固定，写作时应特别注意各部分之间的逻辑关系，一般应采用提出问题、说明问题、分析预测问题、解决问题的顺序。在表达时，应对事实做冷静、客观的说明，力求语言精炼、简洁。

五、案例简析

案例 5-4　当前消费市场形势分析及中长期展望

当前消费市场形势分析及中长期展望

200×年，国民经济继续保持了9.4%左右的较快增长势头，消费品市场呈现稳中偏旺的繁荣景象。初步预计，全年消费品零售额同比增长13%左右，消费需求对国民经济增长的拉动作用明显增强。200×年及整个“十一五”消费增长趋势如何?是关系到我国能否加快经济增长方式转变，实现经济长期稳定快速协调增长的重要问题，扩大消费将成为明年及今后较长一段时期内政府宏观调控的重点。

我们认为，当前消费连续近20个月保持在12%~13%的增长水平，表明消费品市场已经明显进入新一轮快速稳定增长期。根据我国正处于新一轮消费结构升级的中长期趋势判断，200×年及整个“十一五”，国内消费品市场将继续保持高位运行态势，但由于受一些短期和长期深层次问题的制约，明年消费品市场很难突破12%~13%的增长平台。

因此，短期内，宏观调控政策的着力点应重点放在努力增加就业，提高中低收入者收入水平，增加有效供给、扩大政府公共支出等方面；长期看，则重点要从制度和体制入手，努力缩小收入差距，加快解决制约消费增长的长期性深层次问题，从而使消费需求快速增长势头得以持续。

我们预计，到2010年左右，中国将有望真正迎来新一轮大规模消费增长的新浪潮，消费拉动型经济增长的局面有望形成。

一、当前消费品市场基本判断及全年增长预测

自200×年4月我国消费品零售额突破11%的平台、实现12%~13%的增长以来，今年始终延续了这一走势，各月增长率一直稳定在12%以上。前10个月，社会消费品零售额同比增长13%，扣除价格因素实际增长12.1%，实际增幅比上年同期提高2.3个百分点，表明当前我国消费需求已经进入新一轮快速稳定增长时期。

后几个月，在城乡居民收入继续较快增长和预期收入增加的带动下，以及我国消费品市场年末增长较快的特点，消费品市场将继续平稳较快增长，初步预计全年消费品零售额将突破6万亿元大关，同比增长13%左右，扣除价格因素实际增长11.2%，比去年有所回升。消费需求成为拉动今年经济增长最为稳定的因素之一。

当前消费品市场的主要特点表现为：一是消费与投资增幅差距有所缩小，二者增长比例趋于协调。随着经济结构调整力度加大和宏观调控政策效应的不断释放，消费与投资增长不协调的局面有所改善，1~10月消费品零售额增长13%，城镇固定资产投资增长27.6%，二者之间差距由去年同期相差16.4百分点缩小为14.6百分点。……（略）

我们认为，要在当前及今后扩大消费，一是加快经济增长方式转变。目前我国经济增长过度依赖于投资和外需，我国投资率高达43%，比世界平均水平高出近一倍，今年外贸依存度超过了70%以上，这种增长方式是不可持续的。要想延长本轮经济的扩张期，必须要扩大内需，促进消费增长，实现经济增长由投资和外需拉动型向消费拉动型转变；二是从供求关系来讲，新一轮投资扩张，使工业领域形成的大量生产能力有待释放，消费需求如果不能及时跟进，势必导致产能过剩，最终有可能使我国经济再次陷入通货紧缩的境地；三是消费总量需求不足的矛盾虽然明显缓解，但结构性消费需求不足的矛盾较为突出，尤其是城乡消费增长极不平衡，农村消费需求增长依然偏慢，消费水平明显较低。……（略）

现代发达国家的经验表明，健康的经济增长主要依靠消费拉动，消费是现代经济增长的主要源泉。无论从以人为本的科学发展观和全面建设小康社会的要求看，还是从经济增长的可持续性需要不断增加消费需求来看，政府把扩大消费，提高人们的生活水平，作为宏观调控实现短期平衡的重要目标及一项长期战略任务都是非常必要的，也是一种必然趋势。

二、影响当前及中长期消费增长的因素分析和趋势预测

200×年，是我国“十一五”规划的头一年。在以科学发展观统领经济社会发展全局的思想指导下，认真解决广大人民群众最关心、最直接、最现实的问题，将对居民收入和预期收入增加、提高居民消费信心、进一步扩大消费产生积极的推动作用。但随着国内供给能力增加、外部市场需求放缓，明年及中长期我国面临的市场供求矛盾将会更加突出。初步判断明年消费增长仍将会维持在一个较高水平，但其增速可能会比今年有所回落。随着教育、医疗、社保等社会事业改革的加快推进和制度的进一步完善，尤其是就业问题逐步得到缓解，我们估计到2010年左右，中国将有望真正迎来新一轮大规模消费增长的新浪潮，消费拉动型经济增长的局面有望形成。

1. 宏观环境日益朝着更加有利于消费增长的方向发展。200×年是“十一五”规划的开局之年，也是我国进入全面建设小康社会和构建和谐社会的关键时期。……（略）

2. 中低收入者收入水平有望逐步提高，消费需求将会得到明显释放。近年来，城乡居民收入持续稳定增长，特别是农民收入增幅提高，促进了消费品市场的活跃。今年前三季度，城镇居民人均可支配收入同比实际增长9.8%，比去年同期提高2.8个百分点；农民人均现金收入同比增长达到了11.5%，与去年同期基本持平。城乡居民收入持续稳定增加，使城乡市场出现了多年来少有的旺销局面。……（略）

3. 居民消费结构升级呈加速趋势，将为明年及“十一五”消费快速增长提供可靠的保证。随着我国人均GDP迈上1000美元的台阶，我国居民消费结构升级呈明显加速趋势，住房、汽车、旅游、餐饮以及医疗保健、交通通信等消费热点正由少数富裕群体不断向大城市家庭中普及并进一步向中等收入群体扩散。……（略）

4. 国内市场趋于饱和，市场供大于求的矛盾更加突出，调整结构、扩大消费的任务较为艰巨。从总供给与总需求的关系看，影响明年以及中长期我国市场供求关系的主要问题是总供给大于总需求，尤其是工业消费品供过于求的矛盾会非常突出。在商务部监测的600种消费品中，纺织品服装有86.9%的商品供过于求，家用电器有87.7%供过于求，五金电料、鞋等商品全部供过于求。消费品市场上供求平衡的商品很少，没有供不应求的商品。……（略）

总体来看，200×年甚至整个“十一五”消费品市场受宏观环境趋好和新一轮居民消费结构升级加快的影响，可以保持较长时间的稳中见旺态势。初步预计，200×年实现社会消费品零售额68889亿元，同比增长13%左右，名义增长率和200×年基本持平。考虑到受市场供求关系影响，明年商品零售价格总水平可能会比今年进一步回落，因而消费实际增长率会比今年有所提高。城乡消费基本保持今年增长格局，同比分别增长14%和11.2%左右。从中长期看，随着社会主义新农村的加快建设和发展，到“十一五”中后期，农村消费增速有望明显加快，和城市消费增长的差距将明显缩小，由此将带动整个消费品市场进入一个新的增长高峰期。……（略）

三、下一步扩大消费面临的主要问题及对策

虽然从总体来看，明年及“十一五”扩大消费的宏观环境日益趋好，但消费持续快速增长必须建立在居民良好的消费预期和消费信心之上。从短期和中长期看，有四大问题对我国持续扩大消费将形成严重制约。因此，当前及今后一段时间，扩大消费的宏观调控政策着力点应重点放在努力增加就业，提高中低收入者收入水平，增加有效供给，扩大政府公共支出等方面；长期看，则重点要从制度和体制方面入手，努力缩小收入差距，加快解决制约消费增长的长期性深层次问题，促进国民经济均衡、协调、可持续发展。

1. 努力增加就业是当前及今后提高居民消费预期及促进消费增长的关键。就业是影响居民收入及消费预期和即期消费支出的关键性因素，然而，从明年及今后两三年的情况看，我国面临的就业形势依然十分严峻，增加就业的难度进一步加大。……（略）

2. 提高农民收入，扩大农民消费仍将是明年及整个“十一五”宏观调控的重要任务。自200×年以来，农村消费出现了恢复性增长的好势头，这主要得益于粮价上涨和强有力的惠农政策，使农民收入增长较快。但农民增收的基础很不稳固，明年面临的难度进一步加大。虽然今年粮食有望继续丰产，但从供求情况看仍存有一定缺口。在土地紧缺、成本不断增高的情况下，如何稳定粮食产量、使供求达到基本平衡仍是个关键问题。在政策方面，经过连续两年大幅度地减免农业税和增加政府补贴等措施的实施，继续增加农民收入的可操作空间已经很小。……（略）

3. 加快教育、医疗体制改革，加大财政对教育、医疗、社保的投入力度。近年来，居民用于教育、医疗方面的支出大幅度增加，由此造成居民正常的消费支出被压抑，并对消费预期产生了明显不利的影响。……（略）

4. 控制或扭转收入差距扩大趋势，努力提高中低收入者收入水平。当前，我国消费需求不足的矛盾虽然有了明显好转，但结构性需求不足的矛盾非常突出，社会成员之间消费增长极不均衡。……（略）

根据收入与消费关系存在的边际消费倾向递减规律（即：收入越低消费倾向越高，收入越高消费倾向则越低），今后控制或扭转收入差距持续扩大的局面，进一步扩大消费，关键要大力提高中低收入群体的收入水平，让这部分人收入持续稳定增加，并有一个良好的收入预期。

为此，首先要加快工资制度改革，建立健全职工工资长效增长机制。在近年来财政持续大幅增加的情况下，要加大财政工资支出，不断提高职工工资总额占GDP的比重，确保中低收入阶层收入水平不断提高；在严格执行最低工资保障制度、努力维护劳动者合法权益的同时，各级地方政府要逐年提高最低工资保障标准。坚决打击侵害农民工利益的行为，确保农民工工资及时发放；其次，要进一步完善社会保障制度，加大政府对社保的投入力度，不断提高最低生活保障水平，防止低收入人群“因病返贫”；再次要加快垄断行业改革，规范垄断部门收入分配制度，采取有效措施缩小行业间收入分配差距。

简析

案例5-4是一篇宏观市场预测报告。报告为文章式标题，说明了报告内容。报告中指出消费连续近20个月保持增长，说明当前我国消费品市场已进入新一轮快速平稳增长期。但报告又指出，从中长期看由于受一些深层次因素的制约，消费品市场很难突破12%~13%的增长平台。报告进一步分析了影响当前及中长期消费增长的诸多因素，预测了趋势，并给出了对策建议。整篇报告有理有据，分析透彻，结论建立在翔实的分析基础上，说服力强。

第三节 合 同

一、合同的作用、特点和类型

（一）合同的作用

《中华人民共和国合同法》明确规定：“合同是平等主体的自然人、法人、其他组织之间设立、变更、终止民事权利义务关系的协议。”依据这个定义，经济合同应是平等主体之间，为了一定的经济目的，明确权利义务而订立的协议。

案例 5-5 合同例文

果园经营管理承包合同

订立合同双方：

××××县×××乡××村×××组，以下简称甲方；

××××县×××乡××村×××村民，以下简称乙方。

为了发展水果生产，增强农民经营果园的责任心，满足城乡人民生活和对外出口的需要，增加集体和个人的经济收入，根据中央一号文件精神，经村民大会认真讨论。并和甲、乙双方充分协商，特签订本合同，供双方共同遵守。

第一条 承包果园的地点和数量

甲方将座落在××××的果园××亩承包给乙方，其中：苹果树××株；枣树××株；桃树××株；……。土地及果树所有权归甲方，乙方只有经营管理权和承包受益权。在合同期内，乙方家庭成员有承包继承权，但不得买卖和出租。

第二条 承包期限

承包期为×年，从××××年××月××日起至××××年××月××日（阳历）止。

第三条 承包费、交费时间及办法

乙方在承包期内，自××××年起，第一年上交承包费人民币××××元，第二年上交承包费人民币××××元，……。承包费均以现金上缴，甲方收费后应开收据。交费时间均为每年的××月××日（阳历）以前。

第四条 甲方的权利义务

1. 甲方共为乙方提供贷款×××××元，于××××年××月××日以前交清；甲方每年拨给乙方上级分配的化肥指标××公斤，农药指标××公斤，……。

2. 甲方提供果园内守护房××间，供给乙方使用以下工具：××××、××××、××××、××××、××××。

3. 甲方有权监督乙方执行合同规定的义务，但不得干涉乙方的自主经营权。

第五条 乙方的权利义务

1. 乙方必须加强对果园的管理，及时中耕除草、培土、施肥、防治病虫害，所需费用由乙方自负。

2. 加强果树生长期内的修枝抚育，整形修剪、冬季涂白，保持良好的树势树形，以延长果树的结果期。果树修枝材归乙方。

3. 乙方有果园的自主经营权，有水果销售权。如果承包期间国家有派购水果任务，乙方必须优先满足国家的需要。

4. 在承包期间，乙方应加强守护，日夜有专人看守，防止人畜糟踏。如乙方捉住损坏、糟蹋果树的人或畜，由甲方协助处理，损坏或糟蹋一株果树，罚款××元，甲乙双方按×∶×的比例分成。

5. 乙方抓住偷摘水果者，偷摘一个水果，罚款××元，由甲方协助处理，罚款收入归乙方。

6. 在承包期内，果园范围内的空隙地，乙方新种植的果树，结果收益甲乙双方按×∶×的比例分成；承包期满后，由甲方一次性付给乙方新种果树年产价值的××倍（或付给××××元）。

7. 乙方对果树喷洒药物，应提前通知周围群众，以防发生事故。

8. 合同履行期届满，乙方应全部还清贷款并将果园、房屋、工具等物资如数交还甲方。

第六条　违约责任

1. 甲方无故终止合同，应向乙方偿付违约金××××元。

2. 甲方不按合同规定提供贷款和化肥、农药……指标，不提供看护果园的房屋（如果有此条款）和工具，应向乙方偿付违约金××××元。

3. 由于乙方管理看护不善，果树被偷砍或损害一株，应向甲方偿付违约金××××元。

4. 乙方逾期不交承包费，每逾期×天，应向甲方偿付欠交款×%的违约金，并限期×月内交清，如仍然不交，甲方有权收回果园另包。

5. 乙方喷洒药物时，如不按农药使用规定操作，造成人畜中毒死亡，由乙方负责。

6. 合同期届满，乙方如丢失、损坏甲方提供的房屋、工具等，应据实赔偿。甲方提供房屋、工具的自然损耗，乙方不负责任。

第七条　不可抗力

在承包期间，果园如遇不可抗力的自然灾害，致使当年水果绝收，可免交当年承包费；如造成减产，由双方协商，据实递减乙方的承包费。不可抗力造成的果树损害，乙方不负责任。

第八条　其他

××。

本合同自双方签字之日起生效，甲乙双方均不得擅自修改和终止合同。如甲方代表人发生变更，不得变更本合同。本合同中如有未尽事宜，须经甲乙双方共同协商，补充规定。补充规定条款与本合同具有同等效力。合同期满，甲乙双方如愿意继续发包承包，应重新签订承包合同。合同期满后甲方如重新发包，在同等承包条件下，乙方有优先承包的权利。

本合同正本一式二份，甲乙双方各执一份；合同副本一式三份，交村委会、甲乙双方各留存一份。

甲方：××××县×××乡××村×××组（公章）

代表人：×××

乙方：××××乡××村×××村民×××（盖章或签字）

××××年××月××日订

附：果园经营承包费数量及上交时间表

（二）合同的特点

1．合法性

合同的主体必须是具有履行法律能力的自然人或法人，合同的内容必须符合国家法律、法规和政策的规定，合同的订立程序必须遵守国家法律、法规、政策等的相关程序要求。

2．平等性

合同的主体是平等的民事主体，其法律地位是平等的，不允许一方超越另一方的法律地位。另外，双方在订立合同时，应该采取自愿协商的方式来达成，不允许一方将自己的意愿强加给另一方。有失公平，或是乘人之危订立的合同，都是有瑕疵的合同，有被撤销的可能。

3．约束性

合同一经成立，就具有法定效力，各方必须履行，不能擅自变更或终止。如果哪一方违反了合同，就要承担由此引起的法律后果。

（三）合同的类型

日常生活的丰富性和市场经济的复杂性，决定了合同的多样性。依据不同标准，合同有多种分类方式。

1．按时间分类

合同按时间分可分为长期合同、中期合同、短期合同、年度合同等。凡期限在一年以上的均为长期合同。

2．按形式分类

合同按形式分可分为条款式合同、表格式合同、口头合同和书面合同等。

3．按关系分类

合同按关系分可分为国家与企业、企业与企业、企业与个人或集体代表，个人与个人的合同。合同一方为国外法人的，则为涉外合同。

4．按《合同法》分类

《中华人民共和国合同法》将常用的合同按业务性质和内容分为15类，并对其条款作了具体规定。分类如下：

- **买卖合同**：又称购销合同，指出卖人转移标的物的所有权于买受人，买受人支付价款的合同。
- **供用电、水、气、热力合同**：指供电（水、气、热力）人向用电（水、气、热力）人供电（水、气、热力），用电（水、气、热力）人支付电（水、气、热力）费的合同。
- **赠与合同**：指赠与人将自己的财产无偿给予受赠人，受赠人表示接受赠与的合同。
- **借款合同**：指借款人向贷款人借款，到期返还借款并支付利息的合同。
- **租赁合同**：指出租人将租赁物交付承租人使用，承租人支付租金的合同。
- **融资租赁合同**：指出租人根据承租人对出卖人租赁物的选择，出租人向出卖人购买，然后租赁给承租人的合同。

- **承揽合同**：指承揽人按照定做人的要求完成工作，交付工作成果，定做人给付报酬的合同。
- **建设工程合同**：指承包人进行工程建设，发包人支付价款的合同。建设工程合同包括工程勘探、设计、施工合同。
- **运输合同**：指承运人将旅客或货物从起运地点运输到约定地点，旅客、托运人或者收货人支付票款或者运输费用的合同。
- **技术合同**：指当事人就技术开发、转让、咨询或者服务订立的确立相互之间权利和义务的合同。
- **保管合同**：指保管人保管寄存人交付的保管物，并返回该物，寄存人按照约定向保管人支付保管费用的合同。
- **仓储合同**：指保管人储存存货人交付的仓储物，存货人支付仓储费用的合同。
- **委托合同**：指委托人和受托人约定，由受托人处理委托人事务，委托人按照约定支付费用的合同。
- **行纪合同**：指行纪人以自己的名义为委托人从事贸易活动，委托人支付报酬的合同。
- **民间合同**：指民间人向委托人报告订立合同的机会或者提供订立合同的媒介服务，委托人支付报酬的合同。

二、合同的写作模式

无论何种形式的合同，其基本形态一般都由标题、约首、正文和约尾四部分构成。

（一）标题

标题即合同名称，写在合同首页上方居中位置，用以提示合同的性质和种类，一般有以下几种类型：

- 以合同性质和文种为标题，如《买卖合同》、《租赁合同》等。
- 以合同标的和合同种类为标题，如《房屋转让合同》。
- 以合同的有效期和合同种类为标题，如《××××年运输合同》。
- 以单位名称和合同种类为标题，如《××市××公司生产设备租赁合同》。

（二）约首

约首要写明合同当事人的名称或代表人、代理人姓名。当事人名称要写全称，排列顺序主要有左右并列、上下分列和用连词前后连写三种形式。

为使正文叙述方便，当事人各方可用“甲方”、“乙方”、“丙方”代称，或按示范合同文本的格式规定写成“供方”、“需方”，“出租方”、“承租方”，“存货方”、“保管方”等。

约首部分有时还会出现合同编号、签约地点、签约日期等。合同编号没有固定位置，一般位于标题下方右侧；签约地点和签约时间通常写入约尾，但也可写入约首。

（三）正文

合同的正文一般由前言、主体和附则三部分组成。

1．前言

简述双方签订合同的目的，以及双方协商的过程，格式通常为：“为了……，根据《中华人民共和国合同法》及有关政策规定，经双方协商同意签订本合同，以资共同恪守。”

2．主体

主体应包括合同的基本条款，即当事人协商一致的的内容，记录成合同的正式条文。一般情况下，每条都要另起一行书写。

3．附则

说明合同的份数和保存，一般格式为：“本合同一式×份，××方、××方各持×份。”有担保单位和鉴证机关的，应写明为其提供副本。有附件的，则应注明附件的名称和份数。

（四）约尾

约尾一般包括署名、印章、日期和附项等。

1．署名和印章

在合同正文下并列写明合同当事人单位名称、法定代表人姓名，并签名盖章。如需上级主管单位证明或有鉴证机关，还应写明其机关名称、意见、经办人等，并加盖公章。

2．日期

在署名之下注明合同签订日期，关系到合同的效力，必须写清楚具体的年、月、日。

3．附项

如有需要，可以在当事人署名下，写明地址、电话、开户银行、银行账号、邮政编码等信息。

三、合同的基本内容

合同内容由当事人自行约定。为便于当事人拟定合同条款，《中华人民共和国合同法》对合同应具备的基本内容有所规定，概括为八项一般条款：

1．当事人的名称或者姓名和地址或住址

自然人要写明姓名和住所地，法人或其他组织要写明名称及单位所在地。此项条款主要反映在合同的约首和约尾中。

2．标的

合同当事人双方权利义务共同指向的对象，即经济合同所要达到的目标。标的是合同必须具备的首要条款，而且其含义必须明确具体。同时，合同的标的要合法。

3．数量

数量是合同标的的具体化，是标的的计量。合同中必须明确标的数量、计量单位和计量方法，必须用法定计量单位计量。

4．质量

质量是指产品或劳务的优劣程度，是标的内在素质与外观形态的综合指标。如：品种、型号、规格、工程项目的标准等。要求符合《标准化法》和有关质量管理法规的规定。

5．价款或者报酬

价款和酬金是获取当事人的产品、劳务、工作成果所支付的代价。一般情况下，以实物为标的的合同称之为价款，以劳务或劳动成果为标的的合同称之为酬金。签订有偿合同时，必须对标的的价款或报酬协商一致，并在合同上明确标明支付的货币名称、货币数额，以及计算标准、结算方式、支付时间、支付方式等。

6．履行期限、地点和方式

履行期限是合同履行的时间界限，即合同具有法律效力的期限。履行地点是交付或提供标的的地点。履行方式是当事人履行合同义务的方式，包括时间方式和行为方式两方面：

- **时间方式**：如是一次履行完毕还是分期履行。
- **行为方式**：如在货物交付方面是送货、提货还是代运等。

7．违约责任

即对不履行合同义务的制裁措施，包括经济责任和法律责任。

8．解决争议的方法

具体方法有和解或者调解、向仲裁机构申请仲裁、向人民法院起诉。

四、合同的注意事项

（一）符合国家法律

《中华人民共和国合同法》是签订合同的根本依据。同时，合同的订立也必须遵守有关的其他法律、法规、政策等，这样订立的合同才会受到法律的保护。合同的内容也必须合法，不得利用合同进行违法活动，扰乱社会经济秩序，损害国家利益和社会共同利益，牟取非法利益。

（二）格式规范

合同的格式书写要规范标准，尽量按统一标准和样式书写，主要条款要齐全，保证对当事人权利和义务规定明确。文面清洁、清晰，不能任意涂改。

（三）语言精炼、准确

合同一经签订，对双方都有法律效力。所以，签订合同必须以严肃、认真、负责的态度，审慎思考，对合同的内容、条款要字字斟酌，语句用字要准确，反复推敲，避免因措辞不当、词不达意而造成不必要的纠纷。

五、案例简析

案例 5-6　鲜蛋购销合同

鲜蛋购销合同

供　方：××××××××

地　址：×××××××× 邮编：×××××××× 电话：××××××××

法定代表人：××× 职务：×××

需　方：××××××××

地　址：×××××××× 邮码×××××××××电话：××××××××

法定代表人：××× 职务：×××

根据《中华人民共和国合同法》等有关法律的规定，经双方协商，签订本合同，共同信守，严格履行。

第一条 品名、计量单位、数量：

品名：××××

计量单位：××××

数量：××××

第二条 产品质量与标准：

供方出售给需方的鲜蛋应新鲜完整、不破损、不变质，保持鲜蛋表面清洁，不沾附泥污等物。

第三条 包装要求：

自备或向需方租用硬塑箱及木箱，由供方付给需方押金与使用费。

第四条 价格或作价办法：

全年实行季节差价。收购旺季实行最低保护价，鸡蛋每市斤××元，补贴饲料×××斤；鸭蛋每市斤××元，补贴饲料×××斤。

第五条 收购地点：

××××××××

第六条 交货方式及运费负担：

供方鲜蛋送往需方仓库，必须自备车辆、船只或其他运输工具。需方收货后则应按实际数量，每百斤补贴运输费、损耗××××元。

第七条 验收方式与期限：

供方将鲜蛋送到后，需方依次过磅照验，在24小时内验收完毕，逾期验收由需方补贴损耗×%。

第八条 贷款结算方式：

需方通过验收后，应向供方及时支付货款。

第九条 超欠幅度：

交售数量分月在合同规定数量超欠5%以内不作违约论处。

第十条 违约责任：

供方违约每欠一斤鲜蛋，应补给需方损失××××元。需方违约拒收一斤鲜蛋，则补给供方损失××××元。

第十一条 其他约定：

1. 供方现存生产蛋鸡×××只、蛋鸭×××只，若需淘汰更新，须经双方协商同意。

2. 本合同一经签字，即具有法律约束力，双方必须全面履行合同规定的义务，不得单方任意变更或解除。若遇不可抗力不能履行合同时，应及时通知对方，以书面形式变更或解除合同。

3. 本合同正本二份，购销双方各执一份，两份具有同等效力。

4. 本合同有效期自××××年××月××日至××××年××月××日止。

供　方：×××××××××（盖章）

代表人：×××

××××年××月××日

需　方：×××××××××（盖章）

代表人：×××

××××年××月××日

简析

案例 5-6 是一份条款式的购销合同，采用条款式写法。以合同标的和文种为标题，约首注明了供需双方全称及法人和职务，主体条款均为供需双方依据《中华人民共和国合同法》等有关法律的规定协商而定，责、权、利等规定明确，为共同信守打好了基础。例文文字表达准确，落款尤为规范。

第四节　招标文书与投标文书

一、招标文书

（一）招标书的作用

招标书也称招标通告、招标说明书，是招标单位为了达到招标目的，对外公布的有明确招标内容和具体要求的说明性文书。其作用在于招标单位为了选择技术力量强、经济实力雄厚、经营管理经验丰富、足以胜任承包任务的承包单位，而达到进行大型工程兴建和大宗商品及设备交易的目的。在整个招标过程中，属于首次使用的公开性文件，是唯一具有周知性的文件。

案例 5-7　招标书例文

××师范大学成人教育学院教材招标书

招标单位：××师范大学成人教育学院

招标项目：200×年春季成教、自考辅导教材

为了确保教材预订渠道规范，提高使用教材质量，维护学校及广大师生利益，按照公开、公平、公正原则，根据学校纪委、监察处《关于教材图书文献招标采购的暂行办法》（×师纪发[200×]05 号）文件精神要求将 200×年春季教材进行公开招标。

一、教材种类数量

200×年春季教材：总码洋约 20 万元。

二、中标单位数量：1-2 个

三、投标注意事项

1. 竞标书店必须合法经营，有合法的经营证照并具相应实力保证教材按时供应。

2. 若有意竞标的书店请下载《××师范大学成人教育学院教材订购意向合同书》并按要求填写。

3. 竞标书店交《××师范大学成人教育学院教材订购意向合同书》时请附相关资质材料（企业法人营业执照、企业法人证书、中华人民共和国出版物发行许可证、税务登记证等证件的复印件）、书店基本情况介绍和业绩支撑材料。（已交过复印件者不再要求）

4. 招标小组汇总情况，综合考虑竞标书店的资质、服务质量、发行费等因素，最后确定中标书店并与中标书店签订正式合同。

竞标书店请按相关要求将竞标材料密封后于 200×年 11 月 25 日上午 11 时前交××师范大学成教院办公室。过时视为自动放弃。

××成教院教材招标小组

200×年 10 月 31 日

地址：×××××××××
电话：×××××××××
传真：×××××××××
邮政编码：×××××××××
联系人：×××

（二）招标书的特点

1．公开性

招标的根本目的是以最少的投入，获得最佳的经济效益。因此，招标单位要通过招标公告、招标文件等形式将招标内容及其条件和要求，公开告诉投标者，以引入竞争机制，达到降低投资成本的目的。

2．指导性

招标书公开的招标项目、招标内容、招标程序、投标须知等内容，为投标者指明了投标的方向。投标者可以根据这些信息资料，制定可行的投标方案，填制投标文件和编写答辩词等。

3．明确性

明确性是保证招标单位目标得以实现的基础，是投标者填制投标文件的依据，招标书应明确具体地写明招标的目的及基本情况、招标内容及要求、招标程序、投标须知等，切忌抽象笼统或含糊其辞。

（三）招标书的类型

依据不同标准，招标书有多种分类方式。

1．按形式分

招标书按形式可分为招标公告、招标通告、招标启事和招标文件等。其中招标公告、招标通告和招标启事是招标单位通过报刊、广播、电视等公共传媒，以发广告的形式吸引投标者前来竞标。招标文件则是招标单位编制的对外出售的招标书。

2．按内容分

招标书按其内容可分为大宗商品交易类招标书、招聘企业经营者类招标书、工程项目类招标书、科技项目类招标书等。

3．按适用范围分

招标书按适用范围可分为国际招标书、国内招标书和部门系统内招标书等。

（四）招标书的写作模式

招标书通常由标题、导语、主体和文尾四部分构成。

1．标题

招标书的标题一般由单位全称、招标事宜和文种构成，如《××集团公司外购大型设备招标书》。

2．导语

导语也称前言，主要写明招标的根据、目的、工程项目、商品、设备名称、规格及招标范围，也可简要介绍单位相关情况。

3. 主体

按照《招标投标法》第十九条规定，招标书的主体部分应该包括：招标项目的技术要求、对投标人资格审查的标准、投标报价要求和评标标准等所有实质性要求和条件，以及拟签合同的主要条款。不同类型的招标，招标书的主体内容也不相同。

- **大宗商品交易类**：主要由投标须知、需求表、技术规格、合同条款及格式、附件等内容构成。
- **招聘企业经营者类**：主要由招标范围、招标程序、企业基本情况、合格投标者标准、承包期限、承包内容及指标、中标人的权责、中标人的收入、合同变更终止的原则等内容构成。
- **工程项目类**：主要由投标须知、招标工程项目介绍、工程技术质量要求、包工包料情况、合同条款、合同格式及附件等内容构成。
- **科技项目类**：主要由项目名称、任务由来、研究开发内容、经济技术指标、研究开发的进度要求、研究开发成果要求、研究开发经费要求、承包单位的条件及要求、投标截止时间等内容构成。

4. 文尾

在招标书的文尾应写清具体承办招标事宜的单位名称、地址、电话号码、传真号码、网址、联系人等。若是国际招标，还应注明招标范围包括哪些国家、用何种货币、付款方法等。写明制订招标文件的单位名称、日期，并加盖招标单位印章。

二、投标书

（一）投标书的作用

投标书也称标函，是投标者根据招标书提出的条件，对自身的条件进行审核后，向招标单位提出投标意向，供招标方备选的文本。投标书与招标书相对应，编制是否合适，直接关系到投标者能否中标。

案例 5-8 投标书例文

××公司投标书

××集团公司招标公司的诸位先生/女士：

1. 根据已收到的招标编号为××××的××××工程的招标文件，遵照《工程施工招标投标管理办法》的规定，我单位经考察现场和研究上述工程招标文件的投标须知、合同条件、技术规范、图纸、工程量清单和其他有关文件后，我方愿以人民币××××××元的总价，按上述合同条件、技术规范、图纸、工程量清单的条件承包上述工程的施工、竣工和保修。

2. 一旦我方中标，我方保证在××××年××月××日开工，××××年××月××日竣工，即×××天（日历日）内竣工并移交整个工程。

3. 如果我方中标，我方将按照规定提交上述总价 5%的银行保函或上述总价 10%的由具有独立法人资格的经济实体企业出具的履约担保书，做为履约保证金，共同承担责任。

4. 我方同意所递交的投标文件在“投标须知”第 11 条规定的投标有效期有效，在此期间内我方的投标有可能中标，我方将受此约束。

5. 除非另外达成协议并生效，你方的中标通知书和本投标文件将构成约束我们双方的合同。

6. 我方金额为人民币×××××元的投标保证金与本投标书同时递交。

投标单位：××××公司（盖章）

法定代表人：×××（盖章）

日 期：××××年××月××日

单位地址：×××××××

电 话：××××××××

邮政编码：××××××××

传 真：××××××××

开户银行名称：××××银行

银行账号：××××××××

开户行地址：××××××××

电 话：××××××××

（二）投标书的特点

1．针对性

主要表现在两方面：一是必须针对招标项目、条件和要求来写；二是必须针对投标单位自身的实际条件来写。

2．求实性

指投标书的内容必须实事求是，不能夸大，一切承诺都要建立在自己实力的基础上，否则要承担法律责任。

3．竞争性

体现在投标书的内容和语言上，应尽可能显示出投标者所拥有的强大实力和某些优势条件，以击败其他竞争者。

（三）投标书的类型

投标书可从投标方的人员组成，以及投标内容两方面进行分类。

1．按投标方的人员组成分

投标书按投标方的人员组成情况可分为个人投标书、合伙投标书、企业投标书等。

2．按内容分

投标书按其内容可分为工程建设项目投标书、企业租赁投标书、劳务投标书、科研课题投标书、技术引进投标书等。

（四）投标书的写作模式

投标书一般由标题、正文、文尾和附件四部分组成。

1．标题

投标书的标题一般有以下四种形式：

- 由投标单位、投标项目和文种构成，如“×××集团公司××厂房扩建工程投标书”。
- 由项目和文种构成，如“××工程投标书”。
- 由投标单位和文种构成，如“××单位投标书”。
- 只标明文种，如“投标书”、“标书”、“标函”或“投标说明书”等。

2．正文

投标书的正文一般由送达单位、导语、主体和结语四部分构成。

- **送达单位**：顶格写明公布招标者的全称。
- **导语**：以简练的语言说明投标的依据、目的或指导思想，表明投标意愿。
- **主体**：写明投标项目的具体内容和指标，实现指标的具体措施以及其他要说明的应标条件和事项。一般要说明对交纳银行担保书和履约保证金的承诺，申明对招标单位不一定接受最低价和可能接受其他投标书表示理解。标文内容可用条款说明，也可利用表格说明。
- **结语**：在正文的右下方写明投标者的全称、地址、电话号码、传真，并加盖印章。

3．文尾

投标书的文尾包括落款、联系方式、成文日期和印章等。须写明投标单位（或个人）名称、法人代表姓名或授权代表人姓名；单位的地址、电话、传真、邮编等，以便于双方联系；最后还应注明标书的成文日期，并盖章签名。

4．附件

附件内容一般包括：资料审查文件、工程量清单、投标报价表、分项标价明细表、材料清单、技术规格、有关图纸和表格、担保单位的担保书等。附件是和正文相互配合的，如果投标书的内容不是很庞杂，大部分内容可在正文中表述清楚，便可减少附件内容。

三、案例简析

案例 5-9　××商厦建筑安装工程招标书

××商厦建筑安装工程招标书

为了提高建筑安装工程的建设速度，提高经济效益，经市建委批准，××××公司对××商厦建筑安装工程的全部工程进行招标。

一、招标工程的准备条件

本工程的以下招标条件已经具备：

1. 本工程已列入国家××市年度计划；
2. 已有经国家批准的设计单位出具的施工图和概算；
3. 建设用地已经征用，障碍物全部拆迁；现场施工的水、电、路和通讯条件已经落实；
4. 资金、材料、设备分配计划和协作配套条件均已分别落实，能够保证供应，使拟建工程能在预定的建设工期内连续施工；
5. 已有当地建设主管部门颁发的建筑许可证；

6. 本工程的标底已报建设主管部门和建设银行复核。

二、工程内容、范围、工程量、工期、地质勘察单位和工程设计单位（见附表）

三、工程可供使用的场地、水，电、道路等情况（略）

四、工程质量等级，技术要求，对工程材料和投标单位的特殊要求，工程验收标准（略）

五、工程供料方式和主要材料价格，工程价款结算办法（略）

六、组织投标单位进行工程现场勘察（略）

七、报名，投标日期，招标文件发送方式：

报名日期：××××年××月××日；

投标期限：××××年××月××日起至××××年××月××日止。

八、开标、评标时间及方式，中标依据和通知：

开标时间：××××年××月××日。

评标结束时间：××××年××月××日。

开标、评标方式：建设单位邀请建设主管部门、建设银行和公证处参加公开开标、审查证书，并采取集体评议方式进行评标、定标工作。

中标依据及通知：本工程评定中标单位的依据是工程质量优良，工期适当，标价合理，社会信誉好，最低标价的投标单位不一定中标。所有投标企业的标价都高于标底时，如属标底计算错误，应按实予以调整；如标底无误，通过评标剔除不合理的部分，确定合理标价和中标企业。评定结束后五日内，招标单位通过邮寄方式将中标通知书送发给中标单位，并与中标单位在一月内签订××建筑安装工程承包合同。

九、其他（略）

本招标方承诺，本招标书一经发出，不得改变原定招标文件内容，否则，将赔偿由此给投标单位造成的损失。投标单位按照招标文件的要求，自费参加投标准备工作和投标，投标书应按规定的格式填写，字迹必须清楚，必须加盖单位和代表人的印鉴。投标书必须密封，不得逾期寄达。投标书一经发出，不得以任何理由要求收回或更改。

在招标过程中发生争议，如双方自行协商不成，由负责招标管理工作的部门调解仲裁，对仲裁不服，可诉诸法院。

建设单位：××公司

××××年××月××日

地址：×××××××××

联系人：×××

电话：×××××××××

简析

案例 5-9 是一份××商厦建筑安装工程招标书，目的是希望众多投标者前来投标。该招标书内容具体且全面，从九个方面对招标项目作了较为详细的说明。

案例 5-10　××公司投标书

××公司投标书

××进出口总公司的诸位先生：

根据贵方为××项目招标采购货物及服务的投标邀请，签字代表×××经正式授权并代表投标人××公司提交下述文件正本一份和副本一式五份。

（1）开标一览表

（2）投标价格表

（3）货物简要说明一览表

（4）按投标须知第 14、15 条要求提供的全部文件

（5）资格证明文件

（6）投标保证金：金额为人民币××××××元。

据此函，签字代表宣布同意如下：

1. 所附投标报价表中规定的应提供和交付的货物投标总价为人民币×××××元。

2. 投标人将按招标文件的规定履行合同责任和义务。

3. 投标人已详细审查全部招标文件，包括修改文件（如需要修改）以及全部参考资料和有关附件。我们完全理解并同意放弃对这方面有不明及误解的权利。

4. 其投标自开标日期有效期为×××个日历日。

5. 如果在规定的开标日期后，投标人在投标有效期内撤回投标，其投标保证金将被贵方没收。

6. 投标人同意提供按照贵方可能要求的与其投标有关的一切数据或资料，完全理解不一定要接受最低价格的投标。

投标单位：××公司（公章）

投标人名称：×××（签章）

投标人代表性名：×××（签章）

日期：××××年××月××日

地址：××××××××

邮编：××××××××

电话：××××××××

传真：××××××××

简析

案例 5-10 是××公司根据××进出口总公司为××项目所需货物及服务向社会发出的招标书而写的投标书。标题由投标单位名称和文种构成；在正文的导语部分写明了投标的依据以及投标的项目和内容；主体部分按招标文件一一列写，表明态度，并保证各个具体事项的落实；落款写明投标单位名称、地址、授权代表人姓名、电话号码、传真号、邮政编码和投标日期等。

第五节　商务信函

一、商务信函的作用、特点和类型

（一）商务信函的作用

商务信函是在企业与企业之间、企业与有关单位之间进行商务活动时，用以沟通信息、联系业务、洽谈交易、处理问题的经济文书。

案例 5-11　商务信函例文

交易会邀请函

尊敬的××先生：

全国个人新产品、技术成果交易会，定于××年××月××日至××日在××技术市场展厅举行。这次交易会由全国各省、市近 2000 项个人新产品、技术参加展出交易。这些成果大多具有构想精巧、设计新颖、投资少、见效快等特点。涉及机械、电子、建材、轻工、化工、食品、医疗、农林、环保、节能等许多方面，多系“短、平、快”项目，适合中小企业、乡镇企业和广大用户使用。我们诚挚的邀请贵公司光临、参观、交易。

主办单位：全国科技与人才开发交流协作网

承办单位：××地区科技交流中心

地址：××市南门外振兴路 31 号，从火车站乘 3 路汽车在南门外站下车，向西行 200 米即到。

电话：×××××××

传真：×××××××

（二）商务信函的特点

1．使用广泛

企业与企业之间、企业与机构之间在商务往来中，可以用信函的形式沟通信息、处理问题，而且商务信函不但可以在国内使用，还可以在国际间使用，使用范围非常广泛。

2．具有凭证效用

商务信函一经签发，便具有司法凭证的性质，可以作为办理商务的凭证，也可备日后查询。

3．内容单一

商务信函要求一事一函，内容集中单一，行文叙述具体。商务信函内容上的单一性决定了它在结构上的单一性。

4．讲究礼仪

商务信函的往来讲求地位平等、互惠互利，因此在写作商务信函时，虽不用有过多客套的话，但却要注意礼节性用语的使用。

（三）商务信函的类型

商务信函按照不同标准，有多种分类方式。

1．按商务形态分

商务信函按商务形态可分为公函和便函。公函也称正式函电，是格式比较规范，用于重要场所的商务函电；便函也称非正式函电，是格式比较简易的商务函电。

2．按行文关系分

商务信函按行文关系可分为致函和复函。致函是主动发出的商函；复函是答复来函的回函。

3．按发函缘由分

商务信函按发函缘可分为建立关系函、推荐聘用函、商务邀请函、商务确认函、询价报价函、推销订购函、信用调查函、发货催货函、付款索款函、索赔理赔函等。

二、商务信函的基本形式

一般中文的商务信函包括信封、信文和附件三部分。

（一）信封

商务信函的信封一般包括以下几方面内容。

- **收信地址**：国内信封收信人地址写在信封的左上方。依次详细写明省（直辖市、自治区）、市（地区、盟、州）、县（城区、旗）、镇、街道（小区）、门牌号码；详细写明机关、企业、事业单位的全称；详细写明业务部门名称。
- **收信人姓名**：国内信封收信人姓名一般写在信封的中间位置，字稍大。姓名后空二至三字接写称呼，如“××先生”、“××女士”等，后面接写“收”、“启”、“鉴”等字，也可不写。
- **寄信人地址及姓名**：国内信封寄信人地址及姓名写在信封右下方，字迹应小于收信人的地址及姓名，以示礼节。

（二）信文

信文又称信瓤、信笺，用来记载经贸业务的具体事宜，是商务信函的核心部分。

（三）附件

商务信函通常都会带有附件，附件独立于信文。在某些情况下，附件的重要性甚至超过信文。

三、商务信函信文的写作模式

在商务信函中，公函和便函的信文结构有繁简之分。其中，便函的结构可参考普通信函；公函一般由信头、标题、函号、正文、信尾、附件标注、附言等组成。

（一）信头

信头应位于信文首页的上部，在左上方写明收件人地址、单位、职称、职衔、姓名等；在右上方写明发信人地址、法定名称、姓名、电话、传真、电报挂号、E-mail、邮政编码、寄信日期等。不过，国内商函大多没有信头。

（二）标题

标题位于信文首页上方（若有信头，应位于信头之下），居中书写，其内容是发函事由，要求概括出函件的主旨、中心，使收信人通过标题对信文的主要内容有一个大概了解。

常见的商务信函标题有两种形式：

- 一是由事由和文种构成，类似于行政公函的两项式标题，如“关于××××的商洽函”。
- 二是先写“事由”二字，后面加冒号提示，再直接写明该信件的内容，如“事由：货品索赔”。

（三）函号

函号即发函字号或发函编号，中文商函编号有两种常见形式：

- 一种是仿效行政公文发文字号的形式，如“×函[200×]”或“（200×）×函第×号”。
- 二是直接采用编号，如“第11号”。

（四）称谓

称谓是对收信人或收信单位的称呼。称谓的位置在标题或函号的左下方，单占一行顶格书写，后面加冒号。商函比较注重称谓，若收信方是单位，则应写全称或单位内的部门名称；若写给个人，要在公司名称和对方姓名之后添加职务或职衔，以示尊重。

（五）正文

商务信函的正文一般由开头、主体和结语三部分组成。

1．开头

致函开头应直截了当、简单扼要地说明发函意图、缘由。复函则要引述对方来函，以示复函的针对性。

2．主体

主体表达商函的中心内容。一般是根据发函缘由详细陈述具体事项，或是针对所要商洽的问题或所联系的事项，阐明自己的意见。主体的写作要求观点明确、一文一事、文字简明、行文礼貌。

3．结语

结语一般用精炼的词语将主体所叙之事加以简要概括，并提出本函的有关要求，如：“候复”、“特此函达，即希见复”、“特此复函，即请查照”等。有的商函以“此致”、“此复”、“见复”等惯用语结尾。也有的商函不设结语，自然结尾。

一般商函不使用祝颂语，但联系信、庆祝信等个别商函为联络感情或表示礼仪，常在结尾写一些表示祝愿或致敬的祝颂话语，如“顺祝商祺”、“恭祝健康”等。

（六）信尾

信尾一般包括落款、签章、日期等内容。

- **落款**：一般在正文的偏右下位置。以单位名义发出的信函，落款可写单位名称或单位内具体部门名称，也可同时注明写信人的姓名。有负责人姓名的还需注明职衔。

- **签章**：重要的信函为郑重起见要加盖公章。有发函人署名的必须亲手签具名，不能用图章代替手签；打印的信件在打印的姓名前面也必须亲笔署名，因为商函是重要的凭证。
- **日期**：一般写在署名的下一行或同一行偏右位置。发函日期要写明具体的年、月、日（有时还要注明具体时间）。作为凭证，日期是商函非常重要的一项内容，要求书写完整，不可省略、遗漏。

（七）附件说明

附件说明的标注位置可在落款之前，也可在落款之后，靠左侧写“附件：”或“附：”，然后注明附件的名称和件数，如“附件：××果园产量预测表三份”。

（八）附言

信函写完后，若发现内容有遗漏、需要补充说明或必须修正之处，可在落款左下方标写“以及：”、“又启：”、“再者：”、“再启者：”等文字，然后提行予以补叙，交代有关事项。也可以直接补叙有关事项，然后标写“又及”、“又启”等文字。若附言中需要补叙的内容很多，则应重写此函，以示尊重。

提示

> 上述八项中，标题、称谓、正文、信尾四项是每件商函所必备的，而信头、函号、附件标注、附件四项可依实际需要选用或弃用。

四、商务信函的注意事项

（一）开门见山

商务信函是用于业务联系、生意洽谈的经济文书，因此要求开门见山、直述其事，便于接收者迅速明确来函目的，及时进行处理。

（二）集中通俗

商务信函的篇幅一般比较短小，因此其内容应集中、单一，并且要通俗易懂，不能使用易产生歧义的词语。

（三）中肯得体

商务信函是在各企业、单位之间进行业务往来的文书，因此必须要使语气中肯、谦和有礼，措辞得体大方。避免因语气不当，引起对方的不信任感或厌恶感。

五、案例简析

案例 5-12　商务回复函

商务回复函
×××先生您好:
敝公司对贵公司传真询问，非常感激，因为与贵公司为首次接触，可否请贵公司惠示贵公司名称和地址。
敝公司了解贵公司所需集成电路之型态，但不明了所需之规格，如电压，电流等资料，是否能告知此集成电路的用途。
贵公司所传真过来的部分字体不十分清楚，希望能重新传真，但无须传真图片。
盼望能为贵公司提供最佳的服务。
销售部主任：××谨上（签章）
××××年××月××日

简析

案例 5-12 是一封对询问产品规格及价格的回复函。正文首先对对方的询问表示感谢，并询问对方公司的名称及地址；然后询问对方所需产品的用途，并希望对方能再提供一份比较清楚的传真；最后表达了希望加强联络的意愿。

思考与练习

一、判断题

1. 市场调查报告只是单纯对市场情况进行调查，并不对调查结果进行分析和研究。（　　）

2．经济预测报告虽然以大量的客观信息资料为依据，运用科学的方法进行测算，但由于各种因素的影响并不能保证 100%准确。（　　）

3．无论合同是否公平，签订双方是否平等，合同只要一经鉴定，任何人或机关都不能撤销或更改。（　　）

4．招标书的根本目的是引入竞争机制，降低投资成本。（　　）

5．在写作投标书时，能否中标的关键是投标价格的高低。（　　）

6．在写作商务信函时，虽不用有过多客套的话，但却要注意礼节性用语的使用。（　　）

二、问答题

1．市场调查报告的作用和特点是什么？

2．经济预测报告的正文应包括哪几部分？

3．合同具有哪些特点？在起草合同时应注意哪些事项

4．招标书和投标书的作用各是什么？它们各自有哪些特点？

5．商务信函的基本形式和写作模式是怎样的？

三、练习题

天诚公司想向某纺织厂定购一批羊毛衫，但不知道对方的产品规格及价格，请以天诚公司的名义向这家纺织厂写一份索要商品目录的商务信函。在写作过程中应注意内容的简明扼要和语气的礼貌得体。

第六章　法律文书

【本章导读】

法律文书是公安机关、检察院、法院、监狱等国家机关和律师、仲裁机构、公证机构，以及当事人和其代理人在进行诉讼活动或与诉讼有联系的非诉讼活动中，依据法律所制定的具有法律效力或法律意义的文书。法律文书的种类很多，本章将着重介绍起诉状、答辩状、仲裁协议和仲裁申请书。

【学习目标】

- 掌握起诉状的写作
- 掌握答辩状的写作
- 掌握仲裁协议的写作
- 掌握仲裁申请书的写作

第一节　起诉状

一、起诉状的作用、特点和类型

（一）起诉状的作用

起诉状亦称诉状，是指公民或法人因自身合法权益遭受侵害而向人民法院提起诉讼请求时所使用的书状。

案例 6-1　起诉状例文

民事起诉状

原告：马×，女，196×年10月31日出生，汉族，住阜阳市×路3幢801室。

被告：陈×，男，196×年7月11日出生，汉族，住址同上。

诉讼请求：

1. 准予原告马×和被告陈×离婚；
2. 女儿陈××的抚养教育尊重子女本人的意愿；
3. 下列夫妻共同财产由原、被告各半分割：① 座落于××市×路3幢801室房屋一套及房内家具（现值60万元人民币）；② 座落于××市××住宅区1幢506室房屋一套（现值150万元）；③ 牌号为皖K×××××的黑色本田轿车一辆（现值20万元）；
4. 夫妻共同债务15万元由原、被告共同承担。

事实和理由：

198×年3月，原告马×和被告陈×经人介绍认识。198×年3月8日，登记结婚。199×年12月20日，生育一女，取名陈××。

婚后不久，由于原、被告双方性格不合，生活方式极不协调，加之原告从事旅游培训职业，在外面的应酬较多，经常会接触到宾馆、酒店的老总，被告疑心病重，总是捕风捉影，认为原告和他们有不正当关系，进而借机打骂原告，双方经常为此发生争吵。

199×年，原告去夜校学习回来后，被告吵闹着说原告回家晚，不问青红皂白，张口就骂，并一直用台灯直照原告，不让睡觉，从精神上进行折磨。还在深夜12点多给原告父母打电话，吵着要和原告离婚，让他们把原告接回去。可到了第二天，原告要离开时，被告又不让出门。当原告的父母问及此事时，被告保证不再和原告吵闹。原告为了家庭和孩子，只好原谅被告，可被告仍对原告疑神疑鬼。

199×年，被告听原告所在酒店的同事说，酒店老总对原告有好感，被告就大骂要原告说出和老总的关系。原告觉得从事正常工作却受到被告误解，相当委屈。为息事宁人，原告被迫辞去该酒店工作。

199×年，原告因工作需要，准备到日本学习，被告吵着不让原告去，并扬言：要去日本，离婚后再去。当原告的父母看到原告的委屈求全仍不能得到被告的理解和支持时，就劝原告和被告离婚。被告得知后，一反常态，表示不愿离婚，并保证不再和原告吵闹。

200×年11月初，被告朋友邀其一起去饭店吃饭，被告不想去，朋友说："你怎么不去，这个宾馆老总跟你老婆关系不错的"。被告听到后，便对原告不依不饶，又要原告说出和该酒店老总是什么关系，并让原告保证今后不再让被告听到关于原告和男性朋友关系不错之类的传言。由于原告从事旅游培训职业，工作中会经常接触到社会上方方面面的人，但被告认为只要接触男性，就有不正常关系，从而对原告进行精神上折磨。

另外，被告经常检查原告的手机，看是否有男性朋友发送的短信。更有甚者，还派人监视原告的行踪。只要被告发现原告和男性说话，便要原告说清楚，否则晚上就别想好好休息。

结婚二十多年来，原告一直生活在被无端猜忌的阴影中，加之被告性格暴躁，使原告人格尊严受到极大伤害，精神受到很大打击。为早日结束这种毫无人身自由的婚姻生活，根据《婚姻法》、《民事诉讼法》等有关法律规定，特向贵院起诉，恳请依法判决如诉请。

此致

××市中级人民法院

具状人：马×

二〇〇×年五月三十一日

（二）起诉状的特点

1．主动性

起诉状是由当事人提起诉讼时制作的。由于诉讼的提起具有主动性，因此起诉状的制作也具有主动性。

2．特定性

起诉状只能由刑事自诉案件的自诉人或民事、刑事案件的原告制作，其他人无权制作。

3．必备性

无论是刑事自诉程序、民事诉讼程序还是行政诉讼程序，都必须向法庭递交起诉状后才能启动。

（三）起诉状的类型

从案件的性质上分，起诉状可分为刑事自诉状、民事起诉状和行政起诉状三种类型。

1．刑事自诉状

刑事案件的自诉人或他的指定代理人，根据事实和法律直接向人民法院提起诉讼，指控被告人的犯罪行为侵犯自身的合法权益，要求追究其刑事责任时制作的文书。

2．民事起诉状

公民、法人或者其他组织作为原告，在自己的民事权益受到侵害或与他人发生争议时，为维护自身的民事权益，依据事实和法律向人民法院提起诉讼，要求依法裁判时所制作的文书。

3．行政起诉状

行政诉讼的原告认为自己的合法权益受到行政机关和行政机关工作人员的具体行政行为的侵犯，依法向人民法院提起上诉时所使用的文书。

二、起诉书的写作模式

不同类型起诉状的写作模式大同小异，本节以民事起诉状为例，介绍起诉状的写法。民事起诉状一般由文首、正文和文尾构成。

（一）文首

民事起诉状的文首由标题、当事人基本情况和诉讼代理人身份事项三部分组成。

1．标题

起诉状的标题与其他文种不同，一般只由文种构成，如“起诉状”、“民事起诉状”等。

2．当事人基本情况

当事人若是自然人，原告、被告均应写明姓名、性别、出生年月日（若对被告的出生年月日不清楚，可写其年龄）、民族、职业或工作单位和职务、住址。

当事人若为法人或其他组织，应写明当事人的名称、所在地址、法定代表人或代表人姓名、职务、电话。原告是法人或其他组织的还应写明企业性质、工商登记核准号、经营范围和方式、开户银行和账号。

3．诉讼代理人身份事项

当事人有诉讼代理人的，应分别在当事人的基本情况之后，另起一行写明其诉讼代理人的身份事项。法定代理人的身份事项包括姓名、性别、年龄、职业、工作单位和住址。在法定代理人的姓名后面用小括号注明其与该当事人的关系。如“法定代理人×××（原告之兄）”。委托代理人身份事项的具体写法有两种：一是以律师为委托代理人的，应写明姓名和所在律师事务所；二是以非律师为委托代理人的，写法与上述法定代理人身份事项写法相同。

（二）正文

民事起诉状的正文应依次写明诉讼请求、事实与理由、证据和证据来源以及证人的姓名和住址。

1．诉讼请求

写明请求法院依法解决有关权益争议的具体问题，如要求解决损害赔偿、要求离婚、要求履行合同等。

2．事实与理由

包括叙事和说理两层内容。

叙事部分主要写明双方争议的事实或被告侵权行为的具体情况。这是人民法院审查并决定是否受理案件的依据。叙事部分的写作应包括以下三部分内容：

- 首先，应交代清楚原、被告之间的关系，如当事人之间为同事关系、邻里关系等，以便了解纠纷的起因和经过。
- 其次，应写明当事人双方争议的焦点和实质性分歧，这是叙事部分的核心，例如请求解决损害赔偿的起诉状，叙事的重点就在于用有力的事实材料说明被告损害人或物的经过。
- 最后，应说明被告应承担的责任。若原告也应负部分责任，亦应如实说明。

说理部分主要写明认定被告侵权和违法行为的性质、后果、应负的责任和提出请求要求判决的法律依据。可分为两部分进行：

- 首先，针对全部事实从法理角度进行高度概括，以分析纠纷的性质，说明是非曲直，分析危害后果以及应负责任。
- 然后，引用准确、完整、与事实相符的法律条款，如继承纠纷案件，可援引民法通则有关条款。

3．证据和证据来源

事实必须用证据来证实。根据民事诉讼法“谁主张，谁举证”的一般规则，原告对其主张的事实负举证责任。在举证时要求写明证据的名称和来源。

4．证人姓名和住址

有证人进行作证的，要求写明证人的姓名和住所。

（三）文尾

民事起诉状的文尾应写明致送人民法院的名称、民事起诉状副本的份数、起诉人的签名或盖章以及起诉日期。

三、起诉状的注意事项

（一）诉讼请求合理合法

根据案件性质，准确援引法律条款，提出合法的请求。

（二）叙事客观准确

无论是哪种类型的案件，在叙述事实时都应尽可能突出能反映案件特征的要点。

四、案例简析

案例 6-2　经济纠纷起诉状

起诉状

原告人：××市××区××公司

地址：××市××区××路×号

法人代表：×××，系公司经理

被告人：××市××区××商店

地址：××市××区××大街×号

法人代表：×××，系商店经理

案由：追索货款，赔偿损失

诉讼请求：

1. 责令被告偿还原告货款 3 万元。
2. 责令被告赔偿拖欠原告货款 3 个月的利息损失。
3. 责令被告赔偿原告提起诉讼而产生的一切损失，包括诉讼费、请律师费等。

诉讼事实和理由：

原告和被告 200×年 10 月 18 日商定，被告从原告处购进西凤酒 200 箱，价值人民币 3 万元。原告于当年 10 月 19 日将 200 箱西凤酒用车送至被告处，被告立即开出 3 万元的转账支票交付原告，原告在收到支票的第二天去银行转账时，被告开户银行告知原告，被告账户上存款只有 1.2 万余元，不足清偿货款。由于被告透支，支票被银行退回。当原告再次找被告索要货款时，被告无理拒付。后来原告多次找被告进行交涉，均被被告以经理不在为由拒之门外。

根据《中华人民共和国民法通则》第 106 条第一款和第 134 条第一款第七项的规定，被告应当承担民事责任，原告有权要求被告偿付货款，并赔偿由于被告拖欠货款而给原告带来的一切经济损失。

证据和证据来源：

1. 被告收到货后签收的收条 1 份
2. 银行退回的被告方开的支票 1 张
3. 法院和律师事务所的收费收据×张

此致

××区人民法院

起诉人：××市××区××公司（公章）

二〇〇×年十一月二十日

附：1. 本状副本 1 份；

　　2. 书证×份。

简析

案例 6-2 是一份经济纠纷起诉状。在文首介绍了当事人的基本情况；其正文部分案由交代清楚，诉讼请求明确，引用法规正确，人称前后一致。是一篇值得学习的诉状。

第二节　答辩状

一、答辩状的作用、特点和类型

（一）答辩状的作用

答辩状是指民事或行政诉讼的被告、被上诉人或被申诉人，针对起诉、上诉或申诉作出回答或辩驳时所使用的文书。

答辩状是法律赋予处于被告地位的案件当事人的一种权利，有利于保护被告（人）的正当合法权益；有利于人民法院在全面了解案情的基础上，判明是非，做出正确的判决，因此应该对答辩权给予足够重视，积极以答辩状的形式提出答辩。

案例 6-3　答辩状例文

民事答辩状

答辩人（系被告人）：张××，男，31 岁，××公司工人，现住××市××区七里。

被答辩人（系原告人）：李××，女，30 岁，无业，现住同上。

答辩人就被答辩人所诉离婚一案，具体答辩如下：

答辩人认为被答辩人所诉离婚之理由系纯属捏造的不实之词。答辩人不能同意被答辩人离婚的要求。理由有三：

一、被答辩人诉称答辩人不务正业，对家务事不管不问，经常在外赌博，致使被答辩人生活困难，连买衣服都得回娘家要钱等情况，确系捏造。事实是：答辩人单位工作制度系三班倒，答辩人下夜班后还干包工活，根本没有赌博之事。答辩人将挣来的钱交给被答辩人支配，现被答辩人有 3 千元储蓄，根本不存在买衣服回娘家要钱之事情。

二、被答辩人诉称近三四年来，答辩人对被答辩人张口就骂，举手就打，经常夜不归宿，在外赌博，被答辩人稍加询问，便对被答辩人进行毒打，逼得被答辩人曾两次自杀，经抢救脱险等，更是不符合事实的。答辩人从未打过被答辩人，除夜班外，答辩人都在家住。至于被答辩人两次自杀，与答辩人毫无关系，只不过是为其离婚创造条件而已。

三、应当指出的是，被答辩人生活作风不正派。曾于××年跟×××乱搞两性关系，答辩人发现后，由于被答辩人和×××苦苦哀求，并表示悔改，答辩人才勉强把事情压下去。事情过后，被答辩人迄今并未有悔改表现，但答辩人考虑到两个女儿幼小，愿等待答辩人悔改过来，重归于好。故答辩人请法院对合法婚姻予以保护，对被答辩人的不法行为给予教育，对其无理要求给予驳回，作出公正判决。

此致！

××市××区人民法院

答辩人：张××
××××年×月×日

（二）答辩状的特点

1．被动性

答辩状的制作以法院受理原告起诉或上诉人的上诉为前提。因此答辩状的制作具有被动性，当事人只能在收到人民法院发送的起诉状副本或上诉状副本后，才可能制作相应的答辩状。

2．时限性

民事答辩状的提交时限为当事人收到民事起诉状或民事上诉状之日起15日内。行政答辩状的提交时限为当事人收到行政起诉状或行政上诉状之日起10日内。逾期不提交答辩状的，视为放弃答辩的权利。

3．针对性

答辩状是针对起诉状或上诉状中观点进行的驳斥，说理论证具有明确的针对性。

（三）答辩状的类型

答辩状根据案件的性质可分为民事答辩状和行政答辩状。

1．民事答辩状

是指民事诉讼的被告、被上诉人或申诉人针对起诉、上诉或申诉作出回答和辩驳时所使用的文书。

2．行政答辩状

是指行政诉讼的被告、被上诉人或申诉人针对起诉、上诉或申诉作出回答和辩驳时所使用的文书。

二、答辩状的写作模式

答辩状通常由文首、正文和文尾构成。

（一）文首

答辩状的文首由标题和答辩人基本情况组成。

1．标题

若为第一审案件答辩状，标题应为“民事（行政）答辩状”；若为上诉案件答辩状，标题应为“民事（行政）被上诉答辩状”。

2．答辩人基本情况

被告人是公民的，就列写答辩人姓名、性别、年龄、民族、籍贯、职业和住址。有代理人的，接着另起一行列写代理人，并标明是法定代理人、指定代理人，还是委托代理人，并写明其姓名、性别、年龄、民族、籍贯、职业和住址。若是法定代理人，还应写明他与答辩人的关系。如委托律师代理，只写明其姓名和职务。

被告人是企事业单位、机关、团体（法人）的，先列写答辩人及其单位全称和所在地。另起一行列写该单位的法定代表人及其姓名、职务。再另起一行，列写委托代理人及其姓名、职务。

对方当事人的情况可不用单独列写，在下面的答辩理由说明起诉人和上诉人是谁，起诉或上诉的案由是什么。

（二）正文

第一审案件答辩状和上诉案件答辩状其事由的写法不同。现分别说明如下：

第一审案件答辩人是被告人，正文由“因××（案由）一案，现提出答辩如下：”一句引起答辩的理由；上诉案件答辩状的答辩人是被上诉人，正文由“上诉人×××（姓名）因××（案由）一案不服×××人民法院××年×月×日×字第×号×事判决（或裁定），提起上诉，现提出答辩如下：”一句引起答辩的理由。

答辩状正文应针对起诉状或上诉状中那些与事实不符、证据不足、缺少法律依据的内容，进行重点突出的辩驳。与此同时，要申诉自己的理由和观点，提出证据，阐明法律依据，从事理、法理两方面反驳对方观点，确立己方理由。

答辩理由一般分以下三个层次展开论证：

（1）针对被控事实或上诉理由明确表态

对被控事实符合实际的要予以承认，也可以回避不谈。

（2）针对不符合实际的事实、证据等分别予以辩驳

根据起诉状或上诉状的具体情况，可在答辩状中做以下处置：

- 对于事实、理由、请求都合理合法的，可放弃答辩。
- 部分事实或证据是虚假的，应针对虚假事实予以驳斥，并以真实情况进行纠正。
- 事实客观存在，但曲解法律，请求不合法的，应以相应的正确法律条款加以反驳。
- 事实和证据全是虚假、歪曲的，则应根据事实逐一澄清。

除了事实、理由、请求都合理合法的情况可以放弃答辩、寻求和解外，其余三种情况都要进行答复或辩解。答辩时可首先扼要地摘引对方原话，即抓住诉讼中错误之处作为反驳的论点，然后进一步列举实情，并以此为论据进行反驳。在反驳的过程中，应注意事理与法理相结合，形成一个严密的逻辑论证系统，力求无懈可击。

（3）争取提出反诉

答辩理由部分还应充分考虑有没有可以提起反诉的内容，若有则应在反驳的同时，着重指出不是被告、被上诉人或被申诉人侵犯了原告、上诉人或申诉人的合法权益，而相反是原告、上诉人或申诉人侵犯了被告、被上诉人或被申诉人的合法权益，然后提出具体的反诉要求。如能达到抵消、排斥、吞并对方诉讼请求的目的，效果会更好。反诉要求可分项列出。

（三）文尾

写明送达机关、附项和签署。除答辩人称谓变化外，其余同民事起诉状。

三、答辩状的注意事项

（一）针对要害进行反驳

在制作答辩状之前，应认真研究诉讼状的事实、理由和请求，针对诉讼状中的要害深入

分析，集中反驳。

（二）避免无理狡辩三分

答辩人在论述己方观点时，要遵循实事求是的原则，不可强词夺理。

四、案例简析

案例 6-4　劳动仲裁答辩状

答辩状

答辩人：××捷成通用机械有限公司，法定代表人：俞×，董事长。

被答辩人：楚×，男，1951年3月3日出生，汉族，住××区龙潭一巷××号。

答辩焦点：

1. 被答辩人与答辩人不存在劳动关系。被答辩人与答辩人既没有书面劳动合同，也不存在事实劳动关系。

2. 被答辩人系××市通用机械厂的职工，企业破产后，破产资产的买方是××捷成白鹤木工机械有限公司，卖方是××市经贸委，职工的社保费用应当从破产资产的出卖所得中支出，最后由政府兜底解决。

3. 答辩人系企业法人，××捷成白鹤木工机械有限公司亦系企业法人，企业法人的民事行为由行为主体独立承担民事法律责任，答辩人不应承担他人的行为责任，除非自愿。

事实及理由：

被答辩人原为××市通用机械厂职工，该厂于200×年9月4日被宣告破产，被答辩人与原××市通用机械厂解除劳动关系，答辩人是破产资产收购方××捷成白鹤木工机械有限公司联合数股东新成立的公司，××捷成白鹤木工机械有限公司拥有股份的7%。××捷成白鹤木工机械有限公司曾与××市经贸委签订协议，根据协议，××捷成白鹤木工机械有限公司在200×年8月31日前，负责缴纳符合用工条件且签订劳动合同后未上岗工人的社会保险费。

被答辩人与答辩人不存在事实劳动关系。所谓事实劳动关系就是存在为单位工作的事实，答辩人从未安排被答辩人从事过任何工作。××捷成白鹤木工机械有限公司与被答辩人之外的任何主体签订的任何协议都不能形成被答辩人与答辩人的劳动关系。答辩人于200×年10月11月通知被答辩人领取工龄补偿金是受××捷成白鹤木工机械有限公司委托代为其履行与××市经贸委的投资协议，替××市经贸委支付拖欠的原××市通用机械厂职工解除劳动合同补偿金，这对于被答辩人与××捷成白鹤木工机械有限公司或答辩人，均非劳动法律关系。

对于被答辩人个人来讲，确实需要得到补偿，但这个补偿的主体绝不应当是答辩人。

综上，请依法驳回被答辩人对答辩人的仲裁申请。

此致

××市劳动争议仲裁委员会

答辩人：××市捷成通用机械有限公司

200×年12月20日

简析

案例6-4是一份劳动仲裁答辩状。在文首处介绍了答辩人与被答辩人的基本情况；在正文部分首先针对被答辩人所控事实分条进行了表态，然后又以具体事实进行了澄清和辩驳，并提出了己方观点。此答辩状通篇条理清晰，表意明确。

第三节 仲裁协议

一、仲裁协议的作用、特点和类型

（一）仲裁协议的作用

仲裁协议亦称仲裁契约，是指双方当事人在自愿、协商、平等互利的基础之上将他们之间已经发生或者可能发生的争议提交仲裁解决的书面文件，是申请仲裁的必备材料。

案例6-5 仲裁协议例文

仲裁协议

甲方：内蒙古××公司 住所：呼和浩特市西路××号 法定代表人：王××，男，45岁，系该公司总经理

乙方：北京××局××公司 住所：呼和浩特市北路××号 法定代表人：李××，男，38岁，系该公司经理

双方于××××年3月1日签订并经呼和浩特市公证处公证了松散型联营汽车运输煤炭业务的《联营协议书》，联营的1年期限已经届满，双方未获得利润；又实际联营半年多，仍未见利润。有鉴于此，双方一致同意选择呼和浩特仲裁委员会确认联营业务终止，解除联营协议，分割联营投资购置的固定资产，分担债务，分享债权，彻底清算双方的联营业务。双方一致接受呼和浩特仲裁委员会依据我国《仲裁法》和国家的示范仲裁规则以及该委员会自己的仲裁规则，对上述纠纷所作的一次性终局裁决结果。

甲方（盖章）： 乙方（盖章）：

法定代表人：王×× 法定代表人：李××

××××年10月28日签订于××市××区

（二）仲裁协议的特点

1．自愿性

仲裁协议是双方当事人将争议提交仲裁的共同意愿的体现，仲裁协议的签订必须建立在双方当事人自愿、平等和协商一致的基础上。《仲裁法》第四条规定：“当事人采用仲裁方式解决纠纷，应当双方自愿，达成仲裁协议。没有仲裁协议，一方申请仲裁的，仲裁委员会不予受理。”

2．同一性

签订仲裁协议的双方当事人享有同样的权利，也负有同样的义务。在发生争议时，任何一方均有将争议提交仲裁的权利，同时有不得向法院起诉的义务。

3．效力范围复杂性

仲裁协议效力可涉及的主体不仅包括当事人，而且包括仲裁员及法院。仲裁员在受理争议后，应接受仲裁协议的约束，按协议规定的要求采用约定的方式，在协议约定的范围内行使仲裁权，并作出裁决。同时，法院在当事人之间存在有仲裁协议的情况下，也不得行使约定争议的管辖权。

（三）仲裁协议的类型

仲裁协议可从存在形式和订立时间两方面进行分类。

1．按存在形式分

从仲裁协议的存在形式看，仲裁协议可分为以下三种类型：

- **仲裁条款**：是指双方当事人在合同中订立的，将今后可能因该合同所发生的争议提交仲裁的条款。这种仲裁协议的特点是当事人就他们将来可能发生的争议约定提交仲裁解决，而且是在合同中用一个条款来约定。该条款作为合同的一项内容订立于合同中，是合同的组成部分。
- **仲裁协议书**：是指当事人之间订立的，一致表示愿意将他们之间已经发生或可能发生的争议提交仲裁解决的单独的协议。这种仲裁协议的特点是：它是单独的仲裁协议，是在合同中没有规定仲裁条款的情况下，双方当事人为了专门约定仲裁内容而单独订立的一种协议。
- **其他文件中包含的仲裁协议**：在民事、经济活动中，当事人除了订立合同之外，还可能在相互之间有信函、电报、电传、传真、电子数据交换、电子邮件或其他书面材料的往来。这些往来文件中如果包含有双方当事人同意将他们之间已经发生或可能发生的争议提交仲裁的内容，那么，有关文件即是仲裁协议。

2．按订立时间分

从仲裁协议订立的时间来看，仲裁协议可分为争议发生前达成的仲裁协议和争议发生后达成的仲裁协议两种。

二、仲裁协议的写作模式

仲裁协议一般由文首、正文和文尾构成。

（一）文首

仲裁协议的文首一般由标题和当事人身份事项组成。

1．标题

仲裁协议的标题一般只包含文种，在上方居中写明“仲裁协议”。

2．当事人身份事项

当事人是自然人的，应写明姓名、性别、出生年月日、职业、工作单位和职务以及住址；当事人是法人或其他组织的，应写明当事人的名称、所在地址，并另起一行写明法定代表人或代表人的姓名和职务。若有委托代理人的，应参照当事人身份事项内容，写明委托代理人的基本情况。

（二）正文

一份完整、有效的仲裁协议必须具备法定的内容。根据我国《仲裁法》第16条的规定，仲裁协议应当包括下列内容：

1．请求仲裁的意思表达

指各方当事人必须明确表示同意以仲裁的方式解决已经发生的或可能发生的争议，这是仲裁协议的首要内容。当事人在表达请求仲裁的意思时需要注意以下四个问题：

- 仲裁协议中当事人请求仲裁的意思表达要明确。请求仲裁的意思表示不明确的仲裁协议无法判断当事人的真实意思，仲裁机构也无法受理当事人的仲裁申请。
- 请求仲裁的意思表达必须是双方当事人共同的意思表示，而不是一方当事人的意思表示。不能证明是双方当事人的意思表示的仲裁协议是无效的。
- 请求仲裁的意思表达必须是双方当事人的真实意思表示，即不存在当事人被胁迫、欺诈等而订立仲裁协议的情况，否则仲裁协议无效。
- 请求仲裁的意思表达必须是双方当事人自己的意思表示，而不是任何其他人的意思表示。如上级主管部门不能代替当事人订立仲裁协议。

2．仲裁事项

指当事人提交仲裁的具体争议事项。在仲裁实践中，当事人只有把订立于仲裁协议中的争议事项提交仲裁，仲裁机构才能受理。同时，仲裁事项也是仲裁庭审理和裁决纠纷的范围。即仲裁庭只能在仲裁协议确定的仲裁事项的范围内进行仲裁，超出这一范围进行仲裁，所作出的仲裁裁决，经一方当事人申请，法院可以不予执行或者撤销。因此仲裁协议应约定仲裁事项。

3．选定的仲裁委员会

根据《仲裁法》第六条的规定：“仲裁委员会应当由当事人协议选定。仲裁不实行级别管辖和地域管辖。”因此仲裁协议必须明确写明受理争议事项的仲裁委员会。

三、仲裁协议的注意事项

（一）仲裁事项必须明确

根据《仲裁法》的规定，仲裁协议对仲裁事项没有约定或者约定不明确的，当事人可以补充协议。达不成补充协议的，仲裁协议无效。

（二）使用规范名称

除中国国际经济贸易仲裁委员会、中国海事仲裁委员会外，依据国务院办公厅颁发的《重新组建仲裁机构方案》的规定，新组建的仲裁委员会的名称应当规范，一律在仲裁委员会之前冠以仲裁委员会所在市的地名，如北京仲裁委员会、上海仲裁委员会等。

四、案例简析

案例 6-6　建设工程仲裁协议

仲裁协议

甲　　　方：××建筑工程公司
住　　　所：××省××市××区××路××号
法定代表人：王××　　董事长
委托代理人：刘××　　　××市××律师事务所律师
　　　　　　许××　　　××建筑工程公司项目经理
乙　　　方：××机械总公司
住　　　所：××市××区××街××号
法定代表人：赵××　　　总经理
委托代理人：张××　　　该公司总经理办公室主任

上述双方当事人曾于××××年××月××日就综合楼工程签订了《××市建设工程施工合同》（合同编号为：××××）。现双方一致确认凡因该施工合同所引起的或与该合同有关的任何争议，均提请××仲裁委员会按照该委员会仲裁规则进行仲裁。仲裁裁决是终局的，对双方均有约束力。

上述合同中对争议解决方式的约定如与本协议有不一致之处，以本协议为准。

本协议签订地点为××省×市。

本协议自双方委托代理人签字并加盖公章之日起生效。

甲　　方：××建筑工程公司（加盖公章）　　乙　　方：××机械总公司（加盖公章）
委托代理人：刘××（签字）　　　　委托代理人：张××（签字）

××××年××月××日

简析

案例 6-6 是一份以独立形态出现的建设工程仲裁协议。全文虽短，但在正文部分明确写明了请求仲裁的意向、仲裁事项和选定的仲裁委员会等因素，是一篇十分规范的仲裁协议。

第四节　仲裁申请书

一、仲裁申请书的作用和特点

（一）仲裁申请书的作用

仲裁申请书是平等主体的自然人、法人和其他组织之间发生合同纠纷或财产利益纠纷时，当事人根据双方自愿达成的仲裁协议，向仲裁协议中所选定的仲裁委员会提出仲裁请求，要求该仲裁委员会通过仲裁解决纠纷的文书。

案例 6-7　仲裁申请书例文

仲裁申请书

申请人：赵××，男，48岁，住××县××乡××村5组。

委托代理人：王××，××律师事务所律师。

被申请人：××市××建筑工程有限公司。

法定代表人：吴×，公司经理。

公司地址：××市三里堡90号。

申请请求：1．请求裁决被申请人赔偿申请人医疗费15690.5元，伙食补助费756元，交通费1000元，停工留薪期间工资13650元，护理费5178元，后续治疗费6000元，以上共计：42283.5元。

2．赔偿申请人伤残补助金、伤残津贴、工伤医疗补助金，上述具体数额待鉴定结果出来后确定。

事实与理由：被申请人于××××年承包了××小区1号楼施工工程，申请人自××××年10月8日开始为被申请人施工，××××年3月19日晚9时许，被申请人强令申请人冒险施工，致申请人从三楼坠落，造成申请人趾骨骨折和右跟骨骨折。

申请人于××××年7月向开封市劳动和社会保障局申请工伤认定，9月被认定为工伤。

从事故发生至今，被申请人拒绝赔偿任何费用，无奈向贵院申请仲裁。

综上所述，申请人因工受伤，依法应享受2份待遇，请贵院支持申请人的申请请求，以保护农民工的合法权益。

此致

××市劳动仲裁委员会

申请人：赵××

××××年9月24日

（二）仲裁申请书的特点

1．申述性

即经济仲裁申请书具有陈述经济纠纷事实、申述理由的特性。

2．参证性

经济仲裁申请书提供的事实和理由，能为仲裁机构开展协商、调解，提供参考依据。

3．启动仲裁程序性

递交仲裁申请书本身就是对仲裁程序的启动，是产生仲裁程序的条件。

二、仲裁申请书的写作模式

仲裁申请书一般由文首、正文和文尾构成。

（一）文首

仲裁申请书的文首一般由标题、申请人身份事项和被申请人身份事项组成。

1．标题

仲裁申请书的标题一般只包含文种，在上方居中写明“仲裁申请书”。

2．申请人身份事项

包括申请人的姓名、性别、年龄、职业、工作单位和住所。申请人是法人或其他组织的，应写明单位全称、住所和法定代表人或主要负责人的姓名、职务。如有委托代理人的，应在下一项写明委托代理人及其身份事项。

3．被申请人身份事项

与申请人的各项相同，若仲裁申请人或被申请人为两人以上的，应依照上述内容分别写明。

（二）正文

仲裁申请书的正文一般由申请依据、仲裁请求、事实和理由以及证据和证人组成。

1．申请依据

即申请仲裁所依据的仲裁协议的内容。

2．仲裁请求

申请人通过仲裁委员会向被申请人提出实体权利的具体要求，即通过仲裁所要解决的具体问题和所要达到的具体目的。

3．事实和理由

事实包括当事人之间的争执如何形成，双方当事人争执的具体内容和焦点，在此基础上，结合仲裁请求和有关的法律条文阐明理由，重点论述被申请人应承担的法律责任及仲裁请求的合理性和合法性。

4．证据和证人

为使仲裁申请更具说服力，应注明证据来源、证人姓名和住所，并分项列写具体的证据。

（三）文尾

仲裁申请书的文尾应包括致送仲裁委员会名称、仲裁申请人签名盖章、仲裁申请时间，并在附项中注明仲裁申请书的份数、提交证据的名称和份数。

三、仲裁申请书的注意事项

（一）事项清楚

仲裁请求事项应当一一列出，既要明确、具体，又要言简意赅，不能模棱两可。

（二）事实和理由言之有据

事实和理由是仲裁申请书的核心内容，应当表述清楚，言之有据。

四、案例简析

案例 6-8　追讨欠款仲裁申请书

仲裁申请书

申请人：××食品工业（集团）股份有限公司

住　所：××省××市××区××号　　邮编：××××××
法定代表人：赵××　　职务：董事长
委托代理人：刘××　　工作单位：××律师事务所
　　职务：律师　　电话：×××××××××
　　联系地址：××省××市××区××街××号
　　邮编：××××××
被申请人：×××食品总公司
住所：××市××区××街××号
法定代表人：李××　　职务：总经理
委托代理人：张××　　工作单位：××食品总公司
　　职务：总经理办公室主任　　电话：×××××××××
　　联系地址：××省××市××区××街××号
　　邮编：××××××

请求事项：

1. 被申请人应向申请人支付所欠货款269000元（人民币，下同）；
2. 被申请人应按照人民银行有关延期付款的规定支付逾期付款违约金；
3. 仲裁费用由被申请人承担。

事实和理由：

××××年4月3日，申请人与被申请人签订一份《购销合同》（见附件1），主要内容是申请人自××××年4月起至12月向被申请人提供××牌方便面，数量为每月××××箱，价格由申请人确定。付款方式是供方货到、发票到付款。购销合同还规定了产品质量、运输费和双方的权利、义务。签约后，申请人陆续发货，被申请人陆续接货并支付货款。但××××年4月27日，被申请人提货6500箱（见附件2。每箱单价为23元，总计149500元）及××××年5月4提货6500箱（见附件3。单价为23元，计149500元），两次合计13000箱，折合人民币299000元，被申请人当时未付货款。经多次催促，被申请人还货款30000元（见附件4），尚欠269000元。根据双方当事人签订的《购销合同》中的仲裁条款，申请人特就被申请人拖欠货款事项向××仲裁委员会提请仲裁。

此致

××仲裁委员会

申请人：××食品工业（集团）股份有限公司（加盖公章）

××××年8月23日

附件目录：

1. 购销合同；
2. 被申请人××××年4月27日提货凭证；
3. 被申请人××××年5月4日提货凭证；
4. 被申请人已付款凭证。

以上材料各一式五份。

简析

案例6-8是一份追讨欠款的仲裁申请书。在文首处写明了申请人和被申请人以及双方法定代表人和委托代理人的身份事项；在正文处首先列出了请求事项，然后用精炼的语言叙述了争议形成的过程；最后在附件处提供了充足的证据，增加了仲裁申请书的可信度。

思考与练习

一、判断题

1．起诉状只能由刑事自诉案件的自诉人或民事、刑事案件的原告和被告制作，其他人无权制作。（　　）

2．无论是刑事自诉程序、民事诉讼程序还是行政诉讼程序，只有向法庭递交了起诉状，才能启动相应的诉讼程序。（　　）

3．民事答辩状的提交时限为当事人收到民事起诉状或民事上诉状之日起10日内。（　　）

4．签订仲裁协议后，当事人双方有不向法院起诉的义务。（　　）

5．只能将已经发生的争议写入仲裁协议，而不能写入还未发生，但可能发生的争议。（　　）

6．只有递交了仲裁申请书，才能启动仲裁程序。（　　）

二、问答题

1．起诉状的正文应包括哪些内容？

2．答辩状的作用是什么？有哪些特点？

3．仲裁协议的作用是什么？有哪些特点？

4．仲裁申请书的正文应包括哪些内容？

三、练习题

小王在一家私营公司工作，由于公司经营状态不好，所以已经拖欠了小王两个月的工资，因此小王向公司领导提出辞职，并要求其结算所欠工资。公司领导头口同意了小王的辞职，并让其回家等候通知。半个月后却通知小王由于他无故旷工，所以将其辞退并扣两个月工资作为违约补偿。

根据《中华人民共和国劳动法》规定，用人单位辞退员工必须提前30日通知员工，否则应多付一个月工资作为经济补偿金。劳动者要求解除劳动合同，应当提前30日以书面形式通知用人单位，但并不需要单位的批准。当用人单位未按照劳动合同约定支付劳动报酬或者提供劳动条件的，劳动者可以随时通知用人单位解除劳动合同，不受提前30天通知的约束。

请以小王的名义向法院写一份起诉状，要求上述公司偿还所欠工资（人物姓名、公司名称以及时间可自定）。

第七章　新闻写作

【本章导读】

自17世纪近代意义的新闻事业诞生以来，新闻写作经历了漫长的发展过程，形成了一套独有的文体形式。新闻文书的种类很多，本章将着重介绍消息、通讯、专访和新闻评论的写作。

【学习目标】

- 掌握消息的写作
- 掌握通讯的写作
- 掌握专访的写作
- 掌握新闻评论的写作

第一节　消　息

一、消息的作用、特点和类型

（一）消息的作用

消息指的是新闻报道中写作手法简洁明了，能迅速反映现实生活中新近发生的重要事件的纪实性文书。它是新闻文体中最基本，使用量最大的文种。

案例 7-1　消息例文

俄准备帮印度制造先进雷达

【《印度教徒报》网站9月21日报道】在争夺印度空军采购126架战斗机的竞标进入飞行测试的关键阶段之际，俄罗斯提出帮助印度制造先进雷达。这将使印度一下跨入最尖端国防设备制造国的行列。

法佐特龙公司负责人维亚切斯拉夫·季先科说："我们已经准备与印度联合开发一种新型先进雷达。"该公司制造了俄罗斯第一部有源电子扫描阵列雷达，是为米格-35战斗机所造。俄罗斯以米格-35战斗机参与印度空军的中型多用途战斗机竞标。两架米格-35战斗机将于下月前往印度，进行飞行评估测试。

参与竞标的机型还有美国的F-16和F-18战斗机、法国的"阵风"战斗机、瑞典的"鹰狮"战斗机和欧洲的"台风"战斗机。技术转让是中型多用途战斗机竞标的主要要求，但就雷达而言，俄罗斯似乎完全满足需求。法佐特龙公司首席设计师尤里·古西科夫说："在世界上拥有雷达制造技能的六七个国家中，只有俄罗斯和美国两国在国内生产雷达的所有部件。"

（摘自2009-9-23《参考消息》）

（二）消息的特点

1．时效性

消息注重时效，时效性越强的消息价值就越大，满足社会需求的程度就越高，就越受到受众的欢迎。某些西方的新闻学者曾说过：“今天的新闻是金子，昨天的新闻是银子，前天的新闻是垃圾。”

2．新鲜性

消息报道的是那些最近发生、发现或正在发生、发现的新问题、新情况、新动态、新思想和新经验等。得不到及时传播的消息，便失去了新闻价值。

3．简明性

为了迅速成稿，消息要求篇幅短、文字简，主要用概述方式将最主要、精彩的内容反映出来，一般不宜超过1000字。

（三）消息的类型

消息按其篇幅长短及内容，可分为以下几种类型：

- **简讯**：大致在200字以内的简明新闻，主要用来报道最重要的新闻事实，往往只取新闻事件发展过程中的一个侧面、一个片段或一个阶段，一般不提供背景资料，也不在新闻事件的时空上做较大延伸。
- **动态消息**：以报道单一事实为主的，能够显示某一事实的最新动态或发展趋势的一种消息类型。动态消息最能迅速及时地报道刚刚发生或正在发生的新情况、新变化。动态消息一般有五六百字，可以“一事一报”，也可“一事数次连报”。
- **综合消息**：以综合反映全局情况为主要内容的消息形式，是许多动态消息的总结和综合。它从不同角度或事物发展的不同阶段，去表现一个共同的主题，既有广度又有深度。
- **述评消息**：又称新闻述评或记者述评，以一种记叙为主，议论为辅的方式分析形势，阐述重大事件，揭示问题本质。它介于新闻和评论之间，即报道新闻事实，又评论分析事件。

二、消息的写作模式

消息一般由标题、电头和署名、导语、主体、背景和结尾六个部分组成。

（一）标题

标题是消息内容的高度浓缩，是新闻价值的集中体现。消息的标题有单一型和复合型两种。

1．单一型

单一型标题只有一个主标题，以叙事为主，是消息内容的高度概括，如：

今冬最寒冷天气来袭　京津暴雪学校停课

2．复合型

复合型标题由主标题和辅标题构成。其中辅标题有两种形式：一是引题，在主标题之前，用来交代消息产生的背景或说明主题的由来；二是副题，在主标题之后，用来补充说明或解释主标题。复合型标题通常有以下几种形式：

- 由引题和主题构成，如：

外交部发言人在回答记者提问时表示（引题）

中方坚决反对达赖在国际上进行活动（主题）

- 由主题和副题构成，如：

中国军舰赴索马里海域护航（主题）

15世纪以来海军首度远征（副题）

- 由引题、主题和副题构成，如：

胡锦涛在全国思想宣传工作会议上发表重要讲话强调（引题）

坚持用“三个代表”重要思想统领宣传思想工作

为全面建设小康社会提供科学理论指导和强大舆论力量（主题）

温家宝、曾庆红、吴官正等出席 李长春作报告 刘云山讲话（副题）

（二）电头和署名

1．电头

电头是消息的重要标志，它有两种形式：

- 一是由消息来源、消息时间和“电”字组成，如“新华社9月3日电”，时间只标月和日即可。
- 二是只由消息来源构成，如“本报讯”等。

2．署名

消息署名大都置于电头之后、导语之前，以“（记者××）”的形式出现；也有的消息将署名置于正文之后右下角。

（三）导语

消息导读被称为新闻导语，有明显的段落标志（一般为第一个自然段或头几个自然段）。导语用极其简洁的语言将新闻中最主要的事实思想概括出来，使读者迅速了解报道的中心内容。较为常见的导语有以下四种。

1．叙述型

这种类型的导语采用直接叙述的方法，以开门见山、一语中的的陈述方式见长，是我国新闻报道中应用最普遍的导语形式，如：

7日，武昌杨先生带着2岁的女儿到市儿童医院看病，没想到看一个“咳嗽”就要花1000多元。因此，他于昨日投诉到本报新闻110。（第13届中国新闻奖1等奖消息作品《看个“咳嗽”要掏1065元》的导语）

2．描写型

对消息中事实的情节、场面、细节等作生动、精简的描写，以此突出消息所报道的人物或事物的特点。在描写手法上可使用白描、特写或比喻等，如：

昨天，一场纷纷扬扬的春雨，泪水似地撒落在银河革命公墓公安坟场的烈士墓碑上，令近在咫尺的豪华墓园与黄土一堆的烈士坟形成了强烈的反差，扫墓者不禁为之心碎。（第8届中国新闻奖2等奖消息作品《寂寂烈士坟，纷纷春雨泪》的导语）

3．设问型

在消息开头将消息的主要内容以提问方式提出，然后再加以解答。这种导语可以对新闻事实起到强调作用，同时引起读者的兴趣，如：

大学生就业难，企业又难以找到合适的人选，人才市场的供需错位如何对接？湖北经济学院和武汉中百集团共同探索出实用型人才培养的新模式——订单式教育。（《“菜单”模式培养实用型人才》，《光明日报》2006年2月19日）

4．议论型

在消息的开头对新闻事实发表评论，或写出相关结论，以引起读者对新闻的重视和关注，有利于揭示新闻主题以及事件的本质和意义，如：

记者在工会法执法检查中了解到，部分跨国公司在我国的企业无视我国法律，公开抵制组建工会。（第15届中国新闻奖2等奖消息作品《部分外企无视中国法律拒建工会》的导语）

（四）主体

主体是承接导语来展开内容的关键部分。对导语中所涉及的内容，主体部分进一步阐释和说明；对导语没有提及的要素，主体要进行补充。

消息主体的写作应紧扣时间、地点、人物、事件、原因、结果这六个要素。常见的结构形式有以下三种：

- **“倒金字塔”结构**：按新闻事实的价值来安排先后顺序，将最重要的内容放在最前面，比较重要的内容随后安排，不重要的内容放在最后。这种结构不但便于阅读，也便于编辑和写稿，是目前最常用的结构。
- **“正金字塔”结构**：按时间的先后顺序和情节展开的过程依序安排材料。其优点是脉络清晰，符合事物发展过程；缺点是不能一眼看到报道中最有价值的部分。
- **“倒金字塔+正金字塔”结构**：先将最有价值的内容写入导语或稿件开头，再按照时间顺序陈述事件的发生过程。这种方法是“倒金字塔”结构与“正金字塔”结构的结合，使二者取长补短。

（五）背景

背景即背景材料，包括历史背景、社会背景、人物背景等，是对新闻事实产生的历史、环境、条件、原因以及与周围事物联系的说明。通过揭示背景材料，可以深化新闻内容，帮助读者了解新闻的来龙去脉，增加消息的信息量以及广度和深度。

背景材料可以是句段、句群或句子，可以穿插在消息的各部分当中，比较简短的消息可不用背景材料。常见的背景材料有以下几种：

- **对比性材料**：现在和过去、正面和反面、先进和落后等都可以构成鲜明的对比，在对比中可以看出差别，在差别中可以突出事物的特征。
- **说明性材料**：介绍与所反映事物相关联的政治、经济、历史、地理、人际关系、生产条件等方面的情况，以使读者了解事件产生的原因、环境和条件。
- **注释性材料**：对于一些大众不太了解的专业术语、技术问题及新生事物等，都应用通俗的语言适当加以注释，以帮助读者充分理解消息内容，增长知识。

（六）结尾

结尾的作用有两个：一是为了使消息的内容具有完整性和逻辑性；二是为了加深读者的感受，引人联想。消息常见的结尾方式有以下几种：

- **概括式**：将消息的内容作一概括的小结，使读者更加明确报道的目的，起到画龙点睛的作用。
- **评论式**：对消息内容作出合理的评论或评析，使读者了解所报事件的本质，增加读者的认识深度。
- **展望式**：写出消息所报道的事件的发展趋势，以引起读者的关注。
- **引语式**：引用人物的语言做结尾，以揭示消息内容的中心或主旨。

结尾并不是消息写作的必有结构，有些消息不设结尾。

三、消息的注意事项

（一）不能照搬原文

在引用现成的文字材料作为背景时，要重新改写，不能全部原文照搬，使得写作风格前后不连贯。

（二）确保要素齐全

虽然消息报道的事件各种各样，但无论报道什么内容，都必须保证时间、地点、人物、事件、原因、结果这六要素的齐全。若六要素不齐全，读者在理解时就会产生问题，消息也就无法达到新闻传播的目的。

四、案例简析

案例 7-2　欧洲阿丽亚娜火箭成功发射两颗通信卫星

欧洲阿丽亚娜火箭成功发射两颗通信卫星

新华网巴黎 10 月 29 日电（记者李学梅）格林尼治时间 29 日 20 时整（北京时间 30 日 4 时整），欧洲阿丽亚娜 5－ECA 型火箭携带两颗通信卫星，从法属圭亚那库鲁航天发射中心发射升空。

据欧洲阿丽亚娜空间公司电视直播报道，这枚特大推力火箭搭载的是卫星运营商 SES 环球天空公司的 NSS－12 通信卫星和挪威电信公司的电视直播卫星 THOR6。升空约 26 分钟后，NSS－12 卫星率先脱离火箭进入临时轨道；31 分钟后，THOR6 卫星也完成了相同的操作。按计划，它们将在几天后进入地球同步轨道，两颗卫星的使用寿命均为 15 年。

据介绍，NSS－12 由美国劳拉空间系统公司制造，重达 5.7 吨。在投入使用后，它将为欧洲、中东、非洲、亚洲和澳大利亚用户提供电视直播服务。THOR6 卫星由泰雷兹·阿莱尼亚航天公司制造，重约 3 吨，它将为挪威和中欧国家提供电视直播信号。

这是阿丽亚娜火箭今年的第六次发射，前 5 次发射均获得成功。

简析

案例 7-2 是一则典型的倒金字塔式结构的简讯。导语部分主要写出了欧洲阿丽亚娜 5—ECA 型火箭携带两颗通信卫星发射升空这一新闻事实；主体部分则进一步展开介绍火箭和卫星的具体信息、发射过程等。此简讯结构清晰，短小精悍。

第二节 通 讯

一、通讯的作用、特点和类型

（一）通讯的作用

通讯是运用叙述、描写、抒情、议论等多种手法，具体、生动、形象地反映新闻事件或典型人物的一种新闻体裁，其内容相对于消息，更加详尽、细致。

案例 7-3 通讯例文

“卧龙”何以腾飞——化工部第二胶片厂成功之路探秘

本报记者 夏桂廉 通讯员 恭永梅

“伏牛”出山，“卧龙”腾飞。70 年代建在河南省伏牛山深处的化工部第二胶片厂，今天神奇般屹立在南阳市的卧龙岗下，成为我国印刷感光器材生产的基地、河南省利税百强企业。在社会主义市场经济的大潮中，他们越战越强的秘诀是什么？

企业要有一种精神

记者在这个厂采访时，干部职工介绍了他们如何适应市场需求调整产品结构；如何狠抓产品质量促销售；如何狠抓科技进步……但更令人振奋的是，职工们高昂的精神面貌和他们经常提到的企业精神：艰苦奋斗，团结进取。

70 年代初期，二胶厂的建设者们开进了伏牛山。他们住的是简易房，吃的是红薯面窝头，在人迹罕至的深山，万名建设者忍着冬天的奇冷，冒着夏天的酷热，硬是在 4 年中建起了一座座现代化厂房。二胶厂的许多职工经历了那段日月，创业的艰难磨炼了他们，艰苦奋斗、努力进取的企业精神也像刀刻石雕般印在了这一代建设者的心中。

进入 80 年代，电影胶片市场趋于饱和。二胶厂的领导们审时度势，决定转产工业用印刷胶片。新的生产线怎样建起来，是完全靠国家贷款引进国外设备，还是主要靠自己的力量进行技术改造？二胶厂选择了后一条路。几年来，他们对关键设备拉幅机先后进行了 4 次大的改造，使其能生产 0.175 毫米厚的涤纶薄膜，填补了国内空白。对涂面机进行了多项改造，实现了微机控制、双机计量等，使生产的车速由 18 米／分提高到 28 米／分，控制精度由百分之一提高到千分之零点五。

对国外的先进设备二胶厂并不排斥，适于厂情的或技术改造中的关键设备也要买。他们分别从美、英、日引进了三条生产线和关键设备。这样技术改造的结果是：产品质量上去了、生产成本降低了、同时还锻炼出一批技术过硬能打硬仗的队伍。

1991 年，该厂被列为《三线企事业单位“八五”调整规划方案》之中，开始了由山沟到南阳的搬迁工作，除山区暂设分厂外，主要生产机构全部搬出。在搬迁中，该厂只用了6000万元，还比原计划的40天提前了5天。拉幅机搬迁后一次试车成功，工人们精细地拆装，忘我地工作，为国家节省了大量资金，被国务院三线办评为搬迁的典型。

转入市场经济后，许多工厂的供销人员成了先富起来的人。然而二胶厂的供销公司仍然有一支不计名利、朴实能干的队伍。公司经理是个血气方刚的中年汉子，在二胶厂已工作20多年。他很为他的同事自豪，他说："我们这80多人常年奔波在祖国各地，只要一说有任务，买张车票就走，出门在外吃住全不讲究，小旅店、小饭馆即可。当然，看到有的单位供销人员拿高奖金，花钱大手大脚，我们也有想法，但我们这支队伍艰苦奋斗的企业精神一直没有丢。"

在二胶厂，一线工人勤恳耐劳，他们很为自己的工厂自豪。迁入南阳后电源不足，对生产有影响，今年春节，工厂决定避开用电高峰照常上班，大家没有怨言，高高兴兴地完成了任务。

企业精神从何而来

二胶厂的成功，与职工们的精神面貌有重要关系，他们的企业精神从何而来？

二胶厂的多数职工都有一段在艰苦环境下创业的历史，他们对工厂有很深的感情，这是很重要的一条。但从干部职工的谈话中，他们十分信赖自己的企业领导，对他们充满信心，也是一条重要原因。

以"全国优秀化工企业领导人"李相权为带头人的领导班子，在工厂中深孚众望。李相权专业知识功底扎实，从企业基层干起，有丰富的实践经验，与二胶厂一起成长，又决定了他有较强的社会责任感和艰苦奋斗干大事业的气魄。

在二胶厂参观，厂房是新的，高水平的设备让行家们眼热，但厂领导的办公室则很普通，他们只是借用了厂科研楼的两层。为工人和科研人员创造最好的工作和生活条件，自己则决不讲排场。春节，工人们加班，李相权和其他领导大年初一的早晨也来到车间，和大家一起工作。

在从计划经济向市场经济的转化中，企业领导人正确的决策是十分重要的。李相权对行业状况、发展趋势、竞争对手的情况都了解甚深，因而有很强的市场驾驭能力。二胶厂的产品转向、技术改造、狠抓质量、开拓市场都渗透着他和领导班子的心血。一个能带领职工沿着正确的航向在市场经济的大潮中拼搏的厂长，自然会得到群众的信赖。当职工看到企业美好前景，个人生活不断得到改善时，谁还会不努力工作呢？

（二）通讯的特点

1. 内容详细

通讯从篇幅上看，要比消息长，内容也更为详尽、具体和完整。通讯并不像消息是一事一报，或只报道事件的某个片段，而是关注事件全程，或某个局部的全部情节。在对一些重大事件进行报道时，通常采用消息和通讯配发，或者先发消息，通讯跟进的方式。

2. 表现手法丰富

通讯借用文学中的形象处理法，通常是叙述、描写、议论、抒情等表达方式的综合运用，相比消息手法更自由灵活，变化也更多样。

3．主题鲜明

消息是直接对事实的陈述，讲求客观地报道事实，对事实、人物往往不作评价，新闻的倾向性通常隐藏在事实后面。而通讯不仅要客观、真实、准确地报道事实，而且还必须从事实中提炼出鲜明、突出的主题思想。

（三）通讯的类型

通讯的类型多种多样，通常可从内容和表现形式两方面来分。

1．按内容分

通讯按其内容可分为以下几种类型：

- **人物通讯**：以报道社会生活中的先进、典型人物或人群为主的通讯。着重描写人物的精神面貌，以及人物的成长、生活经历。
- **事件通讯**：报道那些突发的、影响较大且大众普遍关心的新闻事件的通讯。它的任务是充分而全面地陈述事实发生发展的起因、经过、结果，以及影响和意义。在具体报道中，根据特定的要求，既可以报道事件的全过程，也可以只突出报道事件的某个片段。
- **工作通讯**：报道社会各个领域工作中的新经验、新成果，探讨工作中存在问题的通讯。它通常为配合党和政府的方针政策、思想路线的宣传而发挥作用，具有较强的针对性和指导性，是引导舆论的重要方式。
- **风貌通讯**：描绘现实生活中的风土人情、精神风貌、社会现状、时代特色及新风尚、新人物等的通讯。它不仅起到沟通信息的作用，还能帮助受众开阔眼界、增长见识、把握时代发展脉搏。

2．按表现形式分

通讯按其表现形式可分为以下几种类型：

- **记事通讯**：所报道的新闻事实情节较为完整，材料详实、具体、新闻性较强，是报纸媒体最常见的通讯形式。
- **访问记**：又称专访，是以记者的采访为线索，对新闻事件的人、事及问题等作专题采访的一种通讯。访问记多以问答或第一人称的形式来完成报道，现场感较强。
- **侧记**：从新闻事件的某个侧面来进行报道的通讯。侧记具有较强的灵活性，不去报道事件的全过程或全貌，只是抓住受众关心的某个“点”来展开陈述和议论。
- **散记**：把所见所闻、所想所感记录下来，然后连缀成篇的一种通讯。散记长于描写，加之用散文化的笔调写成，轻松舒展，兴致盎然，对受众有较强吸引力。
- **纪行**：以记者的活动行踪为主线，把所见所闻加以记录和描绘，期间也穿插抒情和议论。
- **采访札记**：又称记者来信，是记者以第一人称的写法，就采访中的人、事、问题等提出个人见解的通讯。
- **评述**：介于通讯和评论之间，利用通讯的写法陈述事实，情节较完整，形象性较强，在对事实的陈述过程中还伴有较充分的议论，提升主题思想，有一定针对性和指导性。
- **集纳**：将多个相关通讯的内容集纳在一个具有明确主题思想，并按一定形式发表的通讯。

二、通讯的结构

通讯的结构多种多样，没有固定的格式，在写作中主要依据具体内容和主题要求来安排结构。但从宏观上看，通讯的结构形式可分为纵式、横式和纵横式三种。

（一）纵式结构

凡全篇的层次与层次之间呈现纵深发展态势的，都是纵式结构。具体来说，纵式结构又可分为两种基本形态。

1．以时间为顺序的结构形式

这种结构形态可以简称为时间结构，其基本特点就是以时间为脉络，沿着时间的长链，把事件的发生发展区分为若干个不同的阶段，每个阶段形成一个层次，几个层次构成整篇内容。

2．由浅入深的结构形式

这是一种“递进式”的纵式结构。特点是从浅层到深层，从现象到本质，或从感性到理性。层次与层次之间呈现逐层深入的态势。

（二）横式结构

层次与层次之间呈现相互并列关系的，就叫横式结构。它又可细分为空间并列式、人物并列式和侧面并列式三种类型。

1．空间并列式

空间并列式的特点是把发生在不同地区或不同单位的具有相同性质的新闻事实组织在一起，形成一篇完整的通讯。每一次空间的变换，就形成一个新的层次。如新华社记者一篇报道除夕之夜在一些平凡的工作岗位上，劳动者仍在兢兢业业工作的通讯，写了五个部分，分别是：

在中央电视台：不笑的人们
在长途电话大楼：传递信息和问候
在红十字急救站：救护车紧急出动
在北线阁清洁管理站：“城市美容师”的话
在妇产医院：新的生命诞生了

五个不同空间，五种不同行业，共同构画出了普通劳动者忘我劳动、无私奉献的高尚境界。运用这种结构方式写作的通讯常被人称为“集纳通讯”。

2．人物并列式

人物并列式是在集中报道几个同类型的人物时采用的结构方式。每个人物的事迹相对独立，形成一个层次。若干个人物的事迹共同合成为一篇完整的文章，揭示一个深刻的主题思想。

3．侧面并列式

事物总是由不同的侧面组成的，通讯安排结构也可以按照不同的侧面相互并列地组织在一起 。这样的结构在人物通讯和工作通讯中占有较大的比例，因为人物的思想境界是可以区分为不同侧面的，工作中的成就或问题通常也会被条分缕析地区分为几个不同的方面。

例如《北京日报》发表的《岗位作奉献真情为他人——记北京市21路公共汽车售票员李素丽》，就采用了侧面并列式结构。作者精心选取了李素丽的几段话，然后围绕这几段话来安排层次。所引的几段话分别是：

“我为我的职业、我的岗位自豪，是它给了我每天都能向他人奉献真情的机会，让我每一天都感到充实”

“用力去做只能达到称职，用心去做才能达到优秀。普通平凡的事情要往好里去做，是没有止境的”

“车厢是一个流动的社会，售票员要在乘客之间穿针引线，调节情绪，营造一个美好的空间”

“每一条公共汽车的线路都有终点站，但为人民服务没有终点站。我永远属于我的乘客，属于我的岗位”

全文分成四个部分安排在这四段话之后，使这四段话成为全文内容的点睛之笔。这四个部分，属于李素丽精神境界的几个侧面。

（三）纵横式结构

在一篇通讯中既采用纵式结构，又采用横式结构，就形成了这种纵横结合式结构。使用这种结构形式可使通讯的写作手法更富变化，更灵活，更有利于安排体裁较大、内容复杂的报道内容。

三、通讯的写作模式

一篇完整的通讯通常由标题、开头、主体和结尾四部分构成。

（一）标题

通讯的标题不同于消息的标题。消息的标题要求直接揭示新闻事实，写法比较固定；而通讯的标题跟一般记叙文的标题比较接近，它可以直接揭示新闻事实，也可以曲笔达意。

在写法上，通讯的标题可实可虚、可直可曲、可长可短、可庄可谐，没有定规，作者可以充分发挥自己的创造性。在形式上，通讯一般只有一个标题，也可以用破折号引出一个副标题来，副标题大多是实述的写法，主要是交代报道的对象和新闻的来源。

（二）开头

通讯的开头不拘一格，自由度较大，有直起式和侧起式两大类型。直起式 包括开门见山直述其事其人，直接抒发感情或者直接发表见解等。侧起式是利用铺垫的方法远远说起，娓娓道来，到适当的时候才进入正题，如先讲故事、传说，先引诗词、 谚语、名人名言等。将其归纳后，可分为以下几种基本类型：

- **开端进入情节**：在一些事件通讯和人物通讯中，通常采用开端就叙述事件的写法。处于开端位置的可以是整个事件的开端、结局或某一精彩段落。这样写可以强化通讯的情节性，用生动的故事吸引读者。
- **起笔刻划人物**：在人物通讯中，常常一开始就展开对人物形象的刻画，先让笔下的人物给读者一个清晰的印象，有利于下文的展开。
- **场景描写在先**：人物、情节、环境，是记叙文的基本内容，通讯当然也可以从环境着手切入，然后铺展开事件和人物。在风貌通讯和工作通讯中，在开头之处先作一番场面描写或风光描写的写法很常见。
- **先作抒情议论**：开篇先作一番抒情或议论，给读者以情绪的感染或理性的启迪，为下文叙述的新闻事实定好一个基调。

- **引经据典开篇**：引用典故、诗词、谚语、名人名言来作开头的通讯，有较强的文化意味。

（三）主体

通讯的主体是对报道对象全面、深刻、细致、完整的描述，可以根据报道需要采用纵式、横式或纵横交错式等结构形式。在表现方式上，可以综合运用叙述、说明、抒情、议论等多种表达方式。在语言运用上，要力求生动、形象。此外，不同类型的通讯在主体处的写作要求和侧重点也不相同：

- **人物通讯**：要善于通过主人公的语言、行动来表现人物个性，要注重反映人物的精神风貌和时代精神。
- **事件通讯**：要注意选材的典型性和代表性，叙事时要注意事件的完整性与形象性，要善于“大中取小，以小见大”。
- **工作通讯**：要求提出的问题具有现实性，切合当前工作需要，阐述问题和经验力求具体透彻。
- **风貌通讯**：要善于观察，抓住特征，要着力描“新”写“变”，还可以适当穿插引用一些背景、典故等知识，以增加文章的趣味性。

（四）结尾

通讯的结尾可以随着情节的发展自然结束；也可以对全篇进行总结，揭示主题思想或将事件提升到一定高度；还可以有意将一些新闻事实留到最后再作补充交待，当事实似乎已经说尽的时候补上一笔，使文章“清音有余”。

四、通讯的注意事项

（一）材料真实

无论是人物、事件，或是工作情况、社会风貌等，都必须是真实的，不允许虚构或合理想象，而且报道对象应该具有必须的思想性和典型意义。

（二）简洁明了

通讯的语言应尽可能做到简洁明了，但必须要准确规范，避免口语化，不能使用缩略语，杜绝出现语病。另外还要具有一定的文学色彩，可以运用描写、抒情、比喻、象征、拟人等修辞手法。

五、案例简析

案例 7-4 杨丙潞：从“罪人”到“英雄”

杨丙潞：从“罪人”到“英雄”

事故发生后，曾有犯罪记录的村民杨丙潞率领众多村民投入伤员救助。仅他一个人就救起近 20 名伤员。

4年前，因铁路征地拆迁补偿问题，他率领村民上访维权，最后村民们在一次冲突中堵了胶济铁路。杨最终获刑三年。

"4·28"列车相撞事故发生后，伤员救治是头等大事。事发地的王村镇，位于山东省滨州市、济南市和淄博市三市交界地带。由于王村镇属山东省淄博市管辖，救治工作也主要由淄博市承担。由于伤员太多，淄博市各大医院均被住满，一些伤员被送至距离事发地点近一百公里的县，有的甚至被送到治疗条件较差的工厂医院。而距离事发地点更近的济南市章丘县和滨州市邹平县的大医院，却鲜有伤员入住。

相形之下，当地村民的表现则赢得伤员及家属的赞许。

由于事发时正值凌晨，有关部门无法及时到达，最早前往现场救助、为伤员提供棉被衣物的，是铁路沿线的前坡村与和家村的村民们。而表现最为突出者之一，却是一名曾有犯罪记录的村民，他便是和家村村民杨丙潞。

4月28日清晨5时，杨丙潞听到救护车响赶到事故现场，发现救护人员严重不足，而先期到场的村民却被眼前景象吓得发呆，遂招呼大家一起参与抢救。

在T195列车第四节、第六节车厢之间，杨发现一名被甩出车外的伤员，是一个40岁左右的妇女，满头是血，正向和家村一名女村民小声呼救。由于没有担架，杨和女村民一起用床单将伤员裹起，抬至数百米远的救护车处。救护车当时共有十辆左右，由于一车一次只能拉走三人，车下已躺有十几名伤员。此时一辆救护车恰好还有一个空位，杨丙潞遂将他救起的伤员送至车上。

在陆续抬完几个车外伤员之后，杨丙潞从顶部进入侧翻的第三节车厢中，发现一名被别住腿的幸存伤员，遂将其托上去。另有一名男性伤员在被他救起后，念及自己的皮夹，杨丙潞遂又折身回去替他找到。

铁道上尚有几节未倾覆的车厢，旅客们透过车窗，一直注视着救助现场。忽然间有人发出惊呼：有小偷。杨丙潞这才发现，一名十五六岁的少年拿着从死者身上翻出的一美元钞票。现场警察发现后遂予以制止。车厢里的旅客群情激愤，发出"打死他"的呼声。警察问少年是哪个村的，少年回答是"和家"，杨丙潞情急，"我就是和家的，怎没见过你？"对方终于承认是另一村庄。在警察进一步询问其姓名时，杨丙潞制止，"他还是个孩子，不要让这事影响他一辈子。"

上午9时左右，在抢救一段时间后，更多救助人员赶到，出于旅客财产安全方面的担心，遂将参与救助的村民排除在外，有村民为之生气，杨丙潞不为所动，仍坚持抢救，由于其先前表现赢得人们赞许，有关方面允许其继续参与救助。

一直到筋疲力尽，杨丙潞方返回家，他算了下，自己共救了近20人。他也为此付出了代价，右腿被磕破流血。

43岁的杨丙潞当过兵，曾经参加过对越战争，当过一届村干部。2004年，胶济铁路改线，规划之初，新线从和家村中间穿过，被拆迁房屋的最高补偿标准是240元/平方米。和家村村民对此不能接受，遂多次与铁路方面发生冲突。新当选村党支部委员的杨丙潞成为"维权"村民中最为突出者。

2004年7月8日，在一次冲突之后，上百名村民冲上胶济线，导致全线停运长达近两小时，惊动铁道部。杨丙潞后以"扰乱交通秩序"为名获罪，被判刑三年。之后，拆迁最高补偿标准提高到350元/平方米。被判刑的杨丙潞因此反而在和家村拥有了更高威信。

救人当天晚上，杨丙潞即在电视里看到自己，在外地的朋友也打来电话祝贺。他第一次以“正面形象”出现在媒体的视角中。在为村民“维权”期间，他曾试图找到当地媒体求助，结果没有记者理会。后来因堵铁路事件被判刑之后，他成为当地最大的“反面典型”之一。

杨丙潞承认，他参与救助伤员，是为了向当地政府官员证明自己并不是一个“坏人”。“我一直不认为自己有罪，我是为自己和和家村百姓争取合理利益进监狱的。”杨丙潞说。

不过，他的行为一度并不为当地有关部门所理解。在救人当天下午，当地警察就找上门来，当时事故原因未明，有人认为其中有“人为”因素，而杨丙潞则成为首选的怀疑对象。

由于新胶济线的开通给和家村带来的伤痛，“4·28”事故发生后，有其他村民戏言“和家村出了一口恶气”，不过杨丙潞对此并不认可，“乘客是无辜的，他们是最大的受害者。”

有细心人士注意到，在整个救助前后，当地村子小卖部的矿泉水一直卖两块钱。“从这点就可以看出当地老百姓的素质。”该人士说。

（摘自 2008 年 05 月 01 日《南方周末》，作者：柴会群，丁补之）

简析

案例 7-4 是一则报道突发事件中典型人物的人物通讯。文章中基本上找不到正面称赞新闻人物杨丙潞的字眼，但读完全文，杨丙潞的形象清晰地呈现在读者眼前，好坏留给读者评说。

第三节 专 访

一、专访的作用、特点和类型

（一）专访的作用

专访是记者请新闻人物就专门性的问题进行解答的一种方式，是记者带着目的性对有关人士进行专门的采访，是以记者同人物的谈话为主取得直接材料，并穿插背景材料而成的一种特殊通讯。专访要比一般的通讯更加详细、生动。

案例 7-5 专访例文

以我为主 同进共赢

——中国物流与采购联合会副会长、中国物流信息中心主任蔡进访谈

“任何现代国家的发展都缺不了物流行业！”作为中国物流行业的知名专家，蔡进毫不吝啬对自己所从事行业的赞誉：“美国西部大开发做的第一件事情是什么？修铁路！”

物流业是主导产业

“也许物流业还不能算支柱产业，但绝对算主导产业。”蔡进认为这个主导性至少有三大特点。

其一，不可或缺性。要实现区域快速发展，先进的物流方式必不可少。商品生产的发展很大程度取决于其流通速度。如果商品卖不出去，任何价值都等于零。

其二，先行性。第一次工业革命发端于蒸汽机的改进。正是火车、轮船等运输工具的变化引起了生产领域乃至经济、思想领域的革命。

其三，可增值性。举个例子，雷诺汽车为了将供货时间从15天缩减到7天，把汽车音响之类的个性化需求全部放在流通环节操作。这就是第二产业第三产业化，从生产链条放到服务环节，流通环节也因而增值。

发展物流事半功倍

蔡进认为地方政府可以通过发展物流事半功倍地解决许多问题。“要想富，先修路”并不只在农村有效。通过科学规划，注重物流基础设施，如道路、仓储、配送中心的建设，可以大大优化投资环境，从而增大对资本、企业的吸引力，带动整个产业的发展。如果有倾向地发展物流业，还可以引导结构调整。

物流业发展的主体是企业，但要形成好的环境，不仅需要物流企业有所作为，还需要生产企业本身增加相应投入，更需要政府的大力支持。蔡进的建议是，减轻甚至减免流通环节的营业税，降低燃油税，并且为这些企业提供资金支持。流通企业大都是中小企业，通过种种手段刺激其经营活力，可以加速生产、消费之间的沟通，进而加速经济社会的发展。

对扩大内需，物流业也可起到举足轻重的作用。物流是劳动密集型产业，可以增加就业；可以构建良性发展环境，降低成本。这些都会促进内需扩大和增长持续。虽然借着扩大内需的东风，许多项目上马会减少阻碍，但仍要注意重复建设的问题。蔡进表示，在扩内需、保增长、调结构之外，也应该将“重民生”作为决策的重要依据。

以我为主同进共赢

虽然如此看重流通，但谈到SPAR这样的国际物流企业进入太原，蔡进却表示谨慎乐观。“这是经济全球化的必然结果，也适应了我们改革开放的潮流。”他说：“引进先进技术、管理经验、资金为我所用，尤其是在金融危机的大势中，是较有意义，也较为务实的举措。”这样的举措有利于提升本地连锁业的服务水平，并可以此带动内需扩大。同时，SPAR进入太原，还将配送中心放在太原，会很大幅度推进城市物流体系的完善。

但是，“谁控制了物流，谁就控制了经济命脉。”他引用一位欧洲政治家的话来说明自己的忧虑：“发展流通必须得考虑产业安全的因素，要以我为主，把网络节点牢牢抓在手中。”目前，地方企业、地方政府并不特别重视这一点。“流通不同于生产。生产什么、卖给谁、先卖哪种商品等，决定权最终掌握在流通企业手中。”国内企业与国际企业的竞争力还有差距，所以更要做到风险共担，未雨绸缪，才能同进共赢。

（摘自2009-01-09《太原日报》，作者：史鹏程）

（二）专访的特点

1．针对性

专访比一般通讯更强调一个“专”字，内容更集中，构思上更具有特色，内容更富有吸引力。

2．时效性

专访比一般通讯的时效性更强，它要根据现实社会生活的发展变化，以及本地区受众在不同时期，特别是近期内的需要和兴趣，选择采访对象，并在进行采访后予以及时报道。

3．写作方式自由

专访在写作上比一般意义上的通讯更自由，它即可以像写消息那样简洁、明快地进行表述，也可以借用散文、随笔的手法进行写作，还可以采用谈话的形式进行专题记述。

（三）专访的类型

专访按其内容可分为人物专访、事件专访和问题专访三种类型。

- **人物专访**：是以读者普遍关注的、有权威性的或有某项专长的特定人物为采访对象，而写出来的专访。人物专访以报道人物的经历、贡献或对某些问题的见解为主要内容，侧重于记叙人物的言谈、回忆，充分展现采访对象的思想和精神风貌。
- **事件专访**：以一件具有特殊意义的新闻事件为主要采写内容的专访。这种专访主要介绍新闻事件的原因和意义，以事件为中心，再现记者的访问过程。它与人物专访的不同之处在于，人物专访中出现的事件，是为突出人物特性和表现专访主题服务的；而事件专访中出现的人物则是为表现事件和访问主题服务的。
- **问题专访**：是记者带着广大读者十分关心的某个问题去采访有关人员，让他们对这个问题发表意见，然后由记者整理成专门性报道。问题专访的重点不是写人，也不是写事，但是在围绕专访的主题提出问题、展示问题和解答问题的过程中，会涉及人和事。

二、专访的写作模式

专访一般由标题、开头、主体和结尾四部分构成。

（一）标题

专访的标题一般由正题和副题构成。正题表明专访的中心内容、体现主旨，副题则交代采访对象。专访的标题有一个显著的特点，就是它的副标题一般都标明“访×××”或“×××访问记”，如：

新左派经济学的旗手——著名经济学家左大培访问记

有的则写明“×××答记者问”或“×××作答”，如：

就《国有企业领导人员廉洁从业若干规定》的颁布实施
中央纪委负责人答本报记者问

（二）开头

专访的开头没有固定格式，针对不同的情况可以采用不同的写法。比较常见的有以下几种：由介绍被采访者的概况起笔；以介绍采访对象的某一突出成就起笔；以对对采访现场进行描绘起笔，将读者带入采访对象的活动现场；直接引用采访对象的某句精彩言语；交代访问的意图和目的；由一个读者普遍关心的事件或问题引发等。总之，专访的开头应根据情况灵活处理，写得新颖，有吸引力，以吸引读者读完全文。

（三）主体

这是专访最重要的部分，是专访体现新闻价值的关键所在。访谈主要在这一部分展开，采访对象的言语、思想、观点是这一部分的主要内容。在写作时应注意以下几个问题。

1．突出专题性

专访的内容是专一的，形式也应该是专题式的，如访某人，谈某件事或某个问题；访某单位，谈某种情况等。从标题到行文方式都应显示出“访”的形式来，让受众知道这是专访。

2．注重纪实性

专访是就特定的采访对象进行专门访问的纪实性报道，因此应着重写好谈话纪实。专访对人物的谈话有两种表达形式，一种是问答式，另一种是记者用自己的语言进行转述。专访要注意尊重采访对象的个性风格，以记者的语言转述被采访者的谈话内容时，应注意不可歪曲采访对象的谈话本意。注重纪实性不仅关系到采访的真实性，还体现了记者的职业道德。

3．恰当运用背景材料

专访对人或事一般不会作全貌式的表现，而是选择特定的场合和时机，通过与采访对象的访谈展示主题。因此，采访对象及访谈内容对有些受众来说是陌生的，不甚了解的。记者应在专访的恰当部分穿插背景材料，如介绍人物身份、经历，介绍事件的相关情况、历史资料等。若背景资料运用得当，可增加专访的知识性、趣味性，起到烘托主题的作用。

（四）结尾

专访结尾的写法多种多样，大体有：以作者的抒情和评论作结；以采访对象的希望和要求作结；抓住采访现场一个难忘的瞬间，以情景交融的描写作结；以采访对象的情况补充作结等几种。

三、专访的注意事项

（一）筛选采访对象的语言

虽然专访要求纪实性，但也不能把采访对象的话语一股脑全放入文章中。对那些重要、深刻、清楚、有较高新闻价值的语言，我们要写进文中，其他的则应舍弃。有些明显辞不达意的地方，可以在不违背对方原意的前提下作一些调整，但一定要谨慎。

（二）写出现场感

专访是一种现场采访，整个对话过程是在一个特定的时间和空间之中进行的，有着特定的氛围和特定的人物对应关系，有具体的表情和口吻。这些虽不是专访的核心内容，但是缺少了这些内容，专访就会枯燥而且缺乏真实感。像下面这样的句子：

她微微叹了口气，稍稍沉思之后告诉我：……

她性情特别开朗。她和我交谈时，闪动着机灵的大眼睛，滔滔不绝地讲述她的信仰和崇拜……

这些有声有色的描绘，为专访增添了不少生动性和真实感。

四、案例简析

案例 7-6　创业是事业，不是就业——访国际金融贸易学院副院长孙建

创业是事业，不是就业

——访国际金融贸易学院副院长孙建

在全球金融危机背景下，以往的大学生就业难问题如今更是雪上加霜。当下，国家采取了多项措施“以创业带动就业”。那么，在如此时代背景下，大学生究竟该不该创业？创业

对初出茅庐的我们有多大风险？大学生创业的资本又是什么？为此，记者拜访了我校金融学院副院长孙建。

创业的本质是事业

记者：您怎么看待国家新出台的创业政策？

孙建：鼓励大学生创业从战略上看，对国家、经济和大学生本身都有益。目前，我国创业大都从农民出发，而另一方面，中小型企业对国家而言又非常重要，所以我说国家扶持大学生创业在“战略上”是有利的。但大学生因为就不了业便去创业，这在观念上有所混淆。因为创业的本质是一项事业，而不是就业。

记者：创业是什么？

孙建：在我国大学生这么多年来所形成的择业观、就业观下，我不知道大学生究竟是如何认识创业的。创业不同于就业，你要准备做一辈子，是一个非常艰苦的过程。若你不把它当成事业做，而仅仅将它当作一种就业的途径，那你在创业的路途上是走不远的。

记者：创业需要哪些心理准备？

孙建：首先要对创业有一个清晰认识，把公司当作生命的一部分，下定决心“我要一直经营下去”。至于今后换什么品种，再开一家公司等则另当别论。如果因为创业失败了就去就业，就业失败了再重新开公司，这样就业、创业都没有做好。所以，创业对每个人的人生规划而言都可以提升到战略高度，必须充分分析方方面面的因素。

创业过程环环相扣

记者：大学生创业从哪里做起？

孙建：大学生刚毕业，一无人脉，二无经验。尤其是文科生，对产品一无所知。所以首先要做市场调查，决定做什么产品，这是无论公司大小都必须首要考虑的因素。其次要知道自己为什么做，自己的优势、劣势、机会、危险分别在哪里，看清自己的财力、物力、人力。然后，具体的行政申请又是一个漫长的过程，我们对此必须做好充分的思想准备。这几个步骤可能就要花上三五年时间。

记者：大学生创业必备的素质是什么？

孙建：就创业的前期过程而言，农民和大学生都是一样的。但暂且不说产品，在管理方法上，大学生的想法相对来说较有知识含量。此外，敢于冒险、善于与人沟通、对新事物有敏锐感觉，这些性格方面的优势也很关键。最重要的是有足够坚强的意志：三五年不成功，九年十年一定会成功。即使钱没了，房子卖了，周围人都反对，自己还能坚持理想，继续做下去。这一点很少有人能够做到，所以并不是每一个创业者都能成为马云。

人无我有，人有我优

记者：如今很多大学生开始以格子铺、开网店的方式创业，您对此怎么看？

孙建：这是一种新的商业模式，可能比较适合大学生，因为它投入的资金、时间和精力都较少。同学们可以从小处做起，看看自己是否具有这方面的天赋和忍耐力，把它作为一种锻炼。但是，商场上有一大忌，就是人人都做，我也做。有句话说：“人无我有，人有我优”，所以必须找准差异性。即使是格子铺这样的小事，要做好也要付出一定时间和精力，在商品选择上下功夫。

抓住有利条件，尝试一番

记者：总的来说，在现在的政策背景下，您认为大学生该不该创业？

孙建：我想，对于那些目前手上的确有好项目的大学生，趁这个时机下下海也不错，虽然也会不可避免地“呛呛水”。

现在国家推出了零首付，即需在两年内还清注册资本。但很有可能两年之后，这50万赚不回来，公司被注销。如果失败了，就把它当作一次锻炼，熟悉一整套行政流程也很重要。当然，并不能盲目地把注册公司当成游戏，零首付并不代表零成本。关键是，如果你真的有打算在三五年之后自己创业，那么现在可以试试看。

需要强调的是，注册公司和运作公司是两码事。政策支持的是注册，但是运行还是相当困难的。由于资金限制，创业一般是以合伙形式组成公司必需的市场、资本运作和产品开发三部分。要学会货比三家，把每一分钱当成几分钱来花。当然，还有很多东西是需在锻炼中积累的。

（摘自 2009-06-11《上外青年》）

简析

案例 7-6 是一则对大学生创业问题的专访。专访的主标题是对受访者所表达的中心思想的提炼；在开头部分交代了访问的意图和目的；在主体部分将整个访问分为四个部分，从不同方面分析大学生创业的优势和必要条件；在最后的结尾处以对大学生创业这个问题的补充说明作结。整篇专访条理清晰，分析透彻，针对性很强。

第四节　新闻评论

一、新闻评论的作用、特点和类型

（一）新闻评论的作用

新闻评论是在报纸、电视、广播等新闻传播媒体上，社会各界对新近发生的新闻事件所发表的言论的总称，是一种议论性的新闻文体。

案例 7-7　新闻评论例文

迪拜：过于倚重房地产的经济体必然走向崩溃

迪拜危机震惊了世界。

它对中国的全部意义在于：以自己的现身说法，警示中国：任何一个过于倚重房地产的经济体都必然走向崩溃。

中国房地产业与金融的捆绑，比迪拜更严重。根据央行发布的报告，截至今年6月末，商业性房地产贷款余额为 6.21 万亿元，如果算上房地产业的社会集资，数额更大。而刺激经济计划所耗用的庞大资金更为惊人。国内学者研究认为，2010 年，我国地方债务的总额将超过 10 万亿元，而国内的研究机构则认为可能超过 13 万亿元——这仅仅是地方政府的债务，还没有计算中央的债务。

对照历史，这是一个令人毛骨悚然的数字。

回首上个世纪 90 年代，密集的基本建设投资后，留给了银行超过 3 万亿元的坏账，大型国有银行处于破产边缘——而那个时候的基建规模比现在要小得多。中国为了解决这 3 万亿元坏账，付出了巨大代价。先后通过发行特别国债补充资本金、成立四大资产管理公司剥离商业银行不良资产、外汇储备注资等方式，最终使这些大银行摆脱危机，并包装上市。令人痛心的是，贱卖资产，低价引入的海外战略投资者最终成为投机者——他们在赚取巨额利润之后溜之大吉，而中国不得不重新面对未来的危险。

中国现在最大的一个隐患是：严重依赖房地产，严重依赖民生行业的发展——推动 GDP 增长最快的力量居然来源于民生领域，而民生领域恰恰是政府应该做好公共产品和公共服务的！这正是 GDP 虽然快速增长而民众生活压力日益增大的根源所在。

要豪华的数字，还是要民生；要表面的奢华，还是要民众的幸福……这不是哈姆雷特要面临的问题。当中国的物价绝对水平超过欧美，以挤压民生为代价支撑起来的增长模式还有多少空间可施展？这种畸形的发展模式还能持续多久？

当财政部规定“企业按月按标准发放或支付的住房补贴、交通补贴或者车改补贴、通讯补贴，应当纳入职工工资总额”时，实际上开创了对福利征税的一个恶劣先例。当几元钱的饭补也成为征税的目标，实际上在预示着为了完成基建投资而对资金筹集的迫切和焦灼。

迪拜，以自己的惨痛给了中国一个警示，但中国未必买账。

（摘自 2009 年 12 月 01 日《经济参考报》时寒冰）

（二）新闻评论的特点

1．新闻性

新闻评论是以新闻事件为基础的，发表的观点和看法也具有新闻价值。

2．时效性

新闻评论是对最近发生的新闻事件予以评论的，若评论时间滞后，便不能体现其新闻价值。应紧密结合当前的形势，及时提出问题，不失时机地对某些重要事件和问题作出反应或表明态度。

3．政治性

新闻宣传总是代表一定的阶级、政党或政治集团的利益，总是要反映一定的观点和倾向。新闻评论的政治性主要表现在它针对那些具有政治意义问题的发言，围绕重要的政治事件以及在贯彻党的方针政策过程中出现的各种问题，进行事实求是的分析，阐明党的立场和主张。

4．公众性

新闻评论的内容，应当是广大群众最关心和最感兴趣的。它提出的问题应当是同人民群众的切身利益密切相关的，是能反映人民群众的要求和呼声的。即使是专业性的新闻媒介，在宣传上也要尽可能面向更大范围的受众，以求更充分地发挥作用。

（三）新闻评论的类型

新闻评论按照其评论规格，可分为以下几种类型：

- **社论**：代表报社、通讯社或新闻社发表的对当前重大问题进行权威性评论和议论的文章。
- **评论员文章**：是新闻评论的常见形式，是针对新闻事件或新闻报道配写的重头评论，旨在体现编辑部的立场、观点和态度，是仅次于社论的重要评论。此外，还有一种特约评论员文章，是邀请社外著名人士所写的。

- **编者按语**：依附于新闻主体由编者对新闻报道所作的说明和批注。编者按语是一种最简短、最灵活的新闻评论体裁。
- **短评**：是针对所报道的某个新闻事实进行分析、评述的短篇文章。短评有署名和不署名两种。重大题材不能用短评。
- **述评**：又称记者述评或新闻述评，兼有新闻报道和新闻评论的特点。它即报道事实，又对新闻事实作出必要的分析及评价，边述边评，但重点在于评，述是为评服务的。

二、新闻评论的写作模式

新闻评论一般由标题、开头、主体和结尾四部分构成，其写作要求遵循一般议论文的规律。

（一）标题

新闻评论的标题应紧扣评论内容，明示作者的观点。常见的新闻评论标题有以下三种：

- 以评论内容的高度压缩、中心思想或观点为标题，如：《北京网吧工作人员本月起持证上岗》、《房价失控问责领导更像一把无刃剑》等。
- 以评论人或评论单位加评论观点为标题，如：《贺军：小心国际市场“围猎”中国并购》、《中国青年报：结束“一胎政策”为时尚早》等。
- 以文种加评论观点为标题，如：《评论：“带病提拔”的恶性循环必须斩断》等。

（二）开头

新闻评论的开头具有点题、引出主题、吸引读者了解评论内容的作用。常见的开头方式有以下几种：

- **提出问题式**：提出要评论的问题，使受众一开始就了解评论的中心。
- **列举新闻式**：摘要新闻事件，从而引出评论的内容。
- **引用言论式**：引用重要言论，表现评论的重要性。
- **亮出结论式**：将作者对问题的结论放在开头，然后再在下文中对新闻事件进行详细评论。

（三）主体

新闻评论的主体部分主要针对新闻事件中反映的某些问题，展开详细评述。常用的结构方式有以下几种。

1．递进式

对新闻事件由表及里、由浅到深地层层推理，最后触及问题的核心，对问题的论述呈现一种逐步深入的趋势。运用这种方式组织文章内容，逻辑严密、论证性强，能够带领读者认清问题的实质，从而接受评论的观点。

2．并列式

围绕中心论点在多个侧面展开论证，然后在文章最后作结论性总结，各层次之间呈现一种平行并列的关系。运用这种方式能拓宽文章的广度，有利于对问题进行综合的分析。

3．归纳式

从材料到观点，先分论后总论。这种结构由个别到一般，由具体到概括，顺应事物的发展规律和人们认识事物的基本方法，说服力强。

4．演绎式

从观点到材料，先总论后分论。这种结构符合人们的说理习惯，有利于突出中心论点。

（四）结尾

新闻评论的结尾应起到总结全文、加深读者的印象、引起读者的联想、回味和深思的作用。

三、新闻评论的注意事项

（一）注意筛选评论对象

新闻评论首先要对评论的对象进行选取，应重点选取那些在现实生活中普遍存在的，受大众关注而又切实需要加以解决的问题，或者选取那些有社会意义的、发人深省的问题，也可以揭示某些被掩盖的真相。

（二）以理服人

即是评论，就不能只注重新闻事件本身，而应从多个方面进行分析评价，以引起读者的共鸣。

（三）语言生动

新闻评论应使用生动活泼的语言去揭示新闻事件的深刻意义，适当采用多种修辞方法，如比喻、拟人、对比、引用、名言警句等去增强语言的感染力。

四、案例简析

案例 7-8 温家宝总理“抑制投机性购房”是个信号

温家宝总理“抑制投机性购房”是个信号

据证券时报报道：28 日至 29 日，国务院总理温家宝到上海、江苏考察工作，温家宝在上海要求抑制投机性购房，促进房地产业健康发展。

今年 5 月以来，国内房价节节攀升，土地资源的有限性使得房地产具备了消费品和投资品的双重属性，人们对于房价的普遍上涨预期刺激了房地产投资和投机。温家宝在上海要求“抑制投机性购房，促进房地产业健康发展”的重要指示，所传递出的明确信息应当引起人们的高度重视。笔者有以下理解：

其一，抑制投机性购房，可预防高房价下滋生资产泡沫和潜在风险。房地产业牵涉到上下游的众多行业，犹如“多米诺骨牌”，牵一发而动全身。房价的过度上涨必然积聚资产泡沫，未来一旦泡沫破灭，房价大幅下滑，不仅会影响与建筑有关的众多实体行业，冲击就业，影响经济增长；资本市场的危机同样难以避免，首当其冲是银行“房贷”风险，再波及到其他金融领域，最后是实体经济。

其二，抑制投机性购房，可预防高房价危害内需启动和阻碍经济增长的转型。金融危机在一定程度上割断了我国出口导向的增长路径，经济增长模式由外需向内需的转型迫在眉睫。然而，启动内需除了需要转变居民消费习惯外，另一个重要的条件就是要增加居民的可支配收入。而高房价至少会在两个方面抑制消费，一是高房价让多数人沦为房奴，在沉重的房贷压力下，消费无法增加；二是高房价改变了人们的预期，增加了预防性储蓄需求，人们不敢消费。

其三，抑制投机性购房，可预防高房价影响城市化进程的推进，从而冲击经济增长。房地产的繁荣对于我国城市化的发展是功不可没的，它不仅仅带来了人口的积聚，服务业的发展，以及城市规模的扩展和环境的优化；同时带动了巨大的投资，相关产业的发展，政府收入增加从而刺激基础设施建设和社会保障的完善。依靠房地产带动城市化是我国经济增长的一条重要渠道，未来的发展空间仍然很大，而目前房价上升过快，会严重削弱人们的需求能力，阻碍城市化进程的推进。

其四，抑制投机性购房，可预防高房价带来盲目和过度投资，造成资源浪费和产能过剩。脱离实际需求的畸形房价带来的后果是扭曲资源配置，诱发房地产投资冲动，过度的投资行为又会引起建筑等相关行业的盲目扩展，产能过剩，结果是资源和生产能力浪费。同时，较高的房价意味着高昂的土地和办公租金成本，实体经济运行的商务成本增加，尤其对高端的现代服务业和金融贸易以及商业等产业的影响为大。这不仅不利于利润微薄的劳动力密集型出口产品的发展，也会损害高端服务业和创新产业在我国的发展。

温总理“抑制投机性购房，促进房地产业健康发展”，要求具体而明确，但却任重而道远。从当前我国的房地产市场实际情形看，炒房之势业已形成，房价虚高摆在眼前，房地产凸显的泡沫毋庸置疑，这要求政策层面上必须有所行动和控制，重点在打压地产泡沫和投机、改革土地拍卖制度等方面做到防患于未然。“迪拜危机”中的房地产泡沫破灭所引发的全球影响，给我们再一次敲响了警钟。

简析

案例 7-8 是一则典型的评论员文章。在开头部分采用了引用言论的方式，通过引用温家宝总理的讲话，强调评论的重要性；在正文部分采用并列式结构，从四个方面对总理的讲话加以评论，使读者了解抑制投机性购房的必要性和重要性；在评论的结尾，对整篇文章进行了深刻的总结，引人深思。

思考与练习

一、判断题

1. 消息是新闻文体中最基本，使用量最大的文种。（　　）

2. 描绘现实生活中的风土人情、精神风貌、社会现状、时代特色及新风尚、新人物等的通讯属于事件通讯。（　　）

3. 专访必须注重纪实性，对采访对象的谈话不能做任何修改。（　　）

4. 新闻评论是对最近发生的新闻事件予以评论的，如果评论的是过时的新闻，便不能体现其新闻价值。（　　）

二、问答题

1．消息的作用和特点是什么？
2．相对于消息，通讯有哪些不同？
3．专访的正文主体应注意哪些问题？
4．有哪些类型的新闻评论？

三、练习题

加拿大总理斯蒂芬·哈珀于 2009 年 12 月 2 日抵达北京，开始对中国进行为期五天的正式访问。请以此为题材，写一则简讯。

第八章　大学生实用文书

【本章导读】

大学生在校期间或毕业后寻找就业单位时，必然要接触和使用相关的应用文书，如毕业前需要撰写实习报告、毕业论文等，求职时需要撰写求职信和简历，被单位录用后还要签订劳动合同等。本章将这些文种编排在一起，以方便大学生学习和使用。

【学习目标】

- 掌握实习报告的写作
- 掌握毕业论文的写作
- 掌握求职信和简历的写作
- 掌握劳动合同的写作

第一节　实习报告

一、实习报告的作用、特点和类型

（一）实习报告的作用

大学生在校期间通过学校安排或个人联系，到工作岗位参加社会实践的过程称为实习。在实习结束时，对实习的过程、结果以及体会用书面文字总结出来的材料，便是实习报告。

此外，有些高职院校除了学期中组织学生实习并编写实习报告外，还要求学生在毕业前写出三千字以上的毕业实习报告。

案例 8-1　实习报告例文

暑假实习报告

计算机应用专业 05 级二班　　李××

【摘要】:（略）

在 09 年的 7 月份，我结束了学习生涯，怀揣着实现自我价值的渴望来到×××工作。转眼间，两个月的实习期即将过去，回想自己这段时间的经历与收获，我深深感到，对于我今后的发展，××给予我的是一笔多么宝贵的人生财富！

单位给我的工作定位是从事网络部基础工作以及一些网站建设、网络程序开发等。在此思想的指导下，我承担了园区网络的维护等基础工作，包括线路检修、交换设备更换。新用户入户等。总体而言，这方面工作并不难，我很快掌握了其中的原理和方法。

回顾从学校学到的理论知识到这一段时间的实践工作，其中的角色转变离不开单位各级领导以及同事们的帮助和指导。

尤其值得一提的是，在网站建设方面，我和两位同事共同进行了××网站的改造，开发了全新的后台，从而使××网站的功能更加强大，管理更加有条理和方便，取得了不错的社会效应。

此外，我还积极参加单位组织的各种活动，包括保龄球、乒乓球、羽毛球比赛，并代表网络部参加了单位组织的篮球和各项文艺活动。

我还参加学习了网站建设培训，学习了网站建设的基本思想和方法，并在实践中掌握了××网站建设软件的使用方法。

总而言之，经过过去两个月的实践和实习，我对未来充满了美好的憧憬。在以后的日子里，我将努力做到以下几点：

一、继续学习，不断提升理论素养。

在信息时代，学习是不断地汲取新知识，获得事业进步的动力。作为一名年轻同志更应该把学习作为保持工作积极性的重要途径。走上工作岗位后，我将积极响应单位号召，结合工作实际，不断学习理论、业务知识和社会知识，用先进的理论武装头脑，用精良的业务知识提升能力，以广博的社会知识拓展视野。

二、努力实践，自觉进行角色转化。

理论是灰色的，生活之树常青，只有将理论付诸于实践才能实现理论自身的价值，也只有将理论付诸于实践才能使理论得以检验。同样，一个人的价值也是通过实践活动来实现的，也只有通过实践才能锻炼人的品质，彰显人的意志。

从学校走向社会，首先面临的问题便是角色转换问题。从一个学生转化为一个单位人，在思想的层面上，必须认识到二者的社会角色之间存在着较大的差异。学生时代只是单纯地学习知识，而社会实践则意味着继续学习，并将知识应用于实践；学生时代可以自己选择交往的对象，而社会人则更多地被他人所选择。

诸此种种的差异，不胜枚举。但仅仅在思想的层面上认识到这一点还是不够的，必须在实际的工作和生活中潜心体会，并自觉地进行这种角色的转换。

三、提高工作积极性和主动性

回首过去，短短的暑假实习期很快过去了，是开端也是结束。展现在自己面前的是一片任自己驰骋的沃土，也分明感受到了沉甸甸的责任。在今后的工作和生活中，我将继续学习，深入实践，不断提升自我，努力创造业绩，继续为中心创造更多的价值。

最后，感谢单位领导和部门领导以及同事对我的支持和帮助，我会继续努力的。

2009年9月1日

（二）实习报告的特点

1．感受性

在写作实习报告时，最重要的是要写出自身在参加实习时经历了什么，将理论应用到实践中所获得的收获和感受，这是实习的目的和意义。

2．自身性

实习报告是参加实习的人对自己实习过程中所取得的收获和体会的报告，而不是对他人实习过程的汇报和概括。

3．客观性

写作实习报告时应对实习情况进行客观的记录，对自己的失败和成功进行客观的总结，必须杜绝凭空想象、任意虚构的作法。

4．概括性

在实习报告中记录实习过程时，不能事无巨细，连琐碎的小事都记录下来，而是应该有目的、有侧重地进行记录，用概括的语言总结实习的过程，反映将知识转化为能力的过程。

（三）实习报告的类型

实习报告按实习单位和实习时间的不同，可分为多种类型：

- **按实习单位分**：可分为酒店实习报告、会计实习报告、营销实习报告等。
- **按实习时间分**：可分为阶段实习报告、暑期实习报告、寒假实习报告、毕业实习报告等。

二、实习报告的写作模式

实习报告一般由标题、署名、内容摘要和正文四部分构成。

（一）标题

实习报告的标题有多种形式，既可以以文种直接构成，即“实习报告”；也可以由实习时间或实习单位加文种构成，如“寒假实习报告”、“酒店实习报告”等；还可以由正标题和副标题构成，其中正标题是对实习报告主旨的提炼，副标题由实习时间或实习单位加文种构成。

（二）署名

实习报告的署名应位于标题之下，除姓名外还应注明专业和班级。

（三）内容摘要

在实习报告的内容摘要中，应简要概述实习的基本情况，如时间、地点、实习单位、任务安排，或将实践感受、实习结果用高度概括的语言反映出来。内容摘要并不是实习报告的必有元素，有些实习报告没有内容摘要。

（四）正文

实习报告的正文一般应包括实习过程及实习内容、实习体会、未来展望三部分内容。

1．实习过程及实习内容

这是实习报告的重要组成部分之一，包括实习中所承担的工作任务、工作环节、具体做法等。阐述实习内容时，应重点阐述怎样将所学的知识理论运用到实际工作中；还应注意阐述自己周围的人是如何工作的，他们的工作态度、方法、工作作风是怎样的，对自身有何启示等。总之，要将自己实习期间的所见所闻条理清晰地写出来。

2．实习体会

对实习的内容和过程做理性分析，总结出自己所获得的收获、体会等，还应客观地认识自己的不足之处。

3．未来展望

在实习报告的结尾处应针对自身的不足提出努力方向，或提出自己今后的打算和愿望。最后还应对提供自己实习机会的学校、单位、同事或领导表示由衷的感谢。

三、实习报告的注意事项

（一）注意收集材料

想要写出好的实习报告，必须广泛收集资料，并通过工作日记等形式记录下来。例如，专业知识是如何在工作中灵活运用的，周围同事是如何处理问题、解决矛盾的，工作单位是如何落实上级指示精神的等。这些都是写好实习报告所需的素材。

（二）突出重点

实习报告和工作日记不同，不能事无巨细，什么都写，必须对所做过的工作和所见所闻进行有目的的筛选，所选取的材料必须围绕报告的主旨，能够突出重点。

四、案例简析

案例 8-2 会计实习报告

会计实习报告

××大学会计专业05级一班 赵×

会计是个讲究经验的职业，工作经验是求职时的优势。为了积累更多的工作经验，经过学校和朋友的努力，在××××有限公司获得了一次十分难得的实习机会。实习期间，我努力将自己所学的会计理论知识向实践方面转化，尽量做到理论与实践相结合。此外，在实习期间，我能够遵守工作纪律，不迟到、早退，认真完成领导交办的工作，得到公司领导及全体工作人员的一致好评，同时也发现了自己的许多不足之处。

湖南××××有限公司是一家事业单位下属的小型公司，其主要业务是种苗和农药的销售。每年的业务不是太多，因此财务室只设有会计、出纳各一名。该单位采用电脑记账，使用的是三门财务软件。

此次实习，我的主要工作岗位是会计，因此主要任务是了解公司的会计科目设置及会计处理方法，同时对出纳的工作也有了具体的了解。

在实习中，我参与了整个2到4月全部的会计工作，从审核原始凭证、编制记账凭证、登账到编制会计报表。认真学习了标准的事业单位会计流程，应前辈的教诲还认真学习了《公司法》、《税法》和《会计法》，以及三门财务软件的使用方法，真正从课本走到了现实中，从抽象的理论来到了现实的实际工作中。

实习期间，我利用此次难得的机会，努力工作，严格要求自己，虚心向财务人员请教，认真学习会计理论、会计法律和法规等知识，掌握了一些基本的会计技能，具体包括了以下几点：

1. 原始凭证的审核方法及要点；
2. 记账凭证的填写及审核要点；
3. 明细账、总账的登记及对账；
4. 财务报表及纳税申报表的编制与申报；
5. 会计档案的装订及保管常识。

从而进一步巩固自己所学到的知识，为以后真正走上工作岗位打下基础。更让我感动的是，领导让公司的前辈教会我处理公司的综合事物，例如，营业执照的办理、税务登记的有关事项、一般纳税人的申请，以及企业合理避税的方法等……

通过实习，我发现会计是一门实务与理论结合性很强的学科，尽管我学过这门课，但是当我第一次和公司的同事操作具体业务时，觉得又和书上有所不同，实际工作中的事务是细而杂的，只有多加练习才能牢牢掌握。

实际上，这次实习最主要的目的也是想看看我们所学的理论知识与公司实际操作的区别和相同点在哪里、内部控制如何执行、如何贯彻新的会计政策、新旧政策如何过渡，以及一些特殊的账户如何处理等。带着这些问题，我在这一个月里多听多看，不懂的地方就请教领导同事，从而让我对这些问题有了一定的了解，达到了这次实习的目的。

通过实习，我除了学习了与专业相关的知识外，还了解了许多在课堂上学不到的东西，如：公司是如何运作的、员工之间的团队合作精神、处理业务的过程、规章制度执行情况、企业的管理等。另外，我也看到公司存在的一些漏洞，例如内部控制制度不严，其中主要包括现金收支制度执行不好，在执行国家政策法规方面也不容乐观，这些问题在现实的小规模私营企业中可能普遍存在。

作为一名会计实务人员，通过这次实习也更加让我看清自己今后的努力方向。我要增强自身的实务能力、应变能力、心理素质和适应能力等。除此之外，拥有一颗上进心也是非常重要的。

总而言之，在工作中仅靠我们在课堂上学到的知识远远不够，我们要在其他时间多给自己充电，在学好本专业知识的基础上，也要拓宽学习领域。同时，在实际的工作中遇到问题时要多向他人请教，从而强化自己的人际沟通能力。如何与人打交道是一门艺术，也是一种本领，在今后的工作中不能忽视。

马上就要进入社会的我们要面临正式的实习了，我想每一次的经历都是一种积累，而这种积累正是日后的财富。在工作上，在学习上，我们要让这些宝贵的财富发挥它的作用，从而达到事半功倍的效果。

经过这次实习，让我学到了许多许多，无论是专业知识上，还是为人处世上，受益匪浅，感谢××××有限公司提供了这次实习机会。

2009年8月27日

简析

案例8-2是一篇会计专业学生的实习报告。文章将全文分为单位简介、实习内容、实习体会和今后的努力方向四个部分。本篇报告的特点是：虽然实习内容讲述得很简单，但是讲述实习体会时却十分详尽，更加突出了实习的意义。

第二节　毕业论文

一、毕业论文的作用、特点和类型

（一）毕业论文的作用

毕业论文本质上属于学术论文的一种，是经过教师指导，由高等院校毕业生本人在学业完成前所撰写的，记录其在校期间科学研究工作的过程、方法及成果的学术论文。

案例 8-3　毕业论文例文

浅论网络时代高校爱国主义教育的新审视

作者：孟静雅

【内容提要】网络文化一方面给人们生活、学习、娱乐等方面带来积极影响，另一方面也对人们尤其是大学生的爱国主义情怀产生了一定的负面作用。它在一定程度上弱化了大学生的民族国家意识、民族自信心、民族振兴意识，造成大学生民族价值观的迷茫。

过去，我们在对青年大学生进行爱国主义、中华民族优良传统和文化、理想信念等教育中，都取得较好的效果。但要应对网络时代的挑战，高校爱国主义教育必须有新的视角。要注重加强新的国家主权意识、国家安全意识、全球意识和科学理性教育。

在网络信息时代，整个世界范围内文化冲突、观念碰撞、思想互渗、价值并行，高校爱国主义教育必须紧紧把握住时代的脉搏，以一种全新的观念和策略去处理好独立性与开放性，民族自尊与民族忧患、民族责任与自我发展的关系问题，并加强政治理论课教学的改革、创建丰富多彩的校园文化和网络文化，建立、健全教育网络系统，充分利用网络技术搭建爱国主义教育平台。

【关键词】网络文化　高校爱国主义教育大学生

社会进入网络时代，网络已经深入到社会生活的各个领域，网络文化深刻地影响着人们，尤其是青年大学生的思想观念、价值取向和民族意识，这给高校爱国主义教育带来了新冲击和新挑战。认识、分析这种挑战，探索应对的策略和方法，是高校思想政治教育在新形势下面临的新课题。

一、网络对大学生爱国意识和情感的新挑战

（一）“网络信息社会”弱化了大学生的民族国家意识。互联网缩小了世界各国间的时空距离，出现了“地球村”现象。在这种背景下，“全球主义”、“超民族主义”等西方社会思潮蜂拥而至。不少大学生接受外来思潮的“趋同论”，相信社会主义与资本主义的矛盾和对立将不复存在……（略）

（二）西方网络强权削弱了大学生的民族自信心。大学生的民族自信源于对本民族文化的认同感和优越感，是在对民族文化充分了解基础上的对民族文化的肯定和赞许，是对民族文化的未来充满信心的体现，它是自觉维护民族尊严，推动中华民族发展的心理基础。但在全球网络文化的交流与对话中，英语信息占 90%，法语占 5%，其他信息占 5%，而中文信息还不到 1%。正如尼葛洛庞帝在《数字化生存》一书中所说：“在互联网上没有地域性和民族性，英语将成为标准……（略）

（三）网络文化多元造成大学生民族价值观的迷茫。以前的青年大学生，往往会在历史给定的民族价值体系中抉择自己的行为目标和行为方式。而在网络信息时代，固有的民族目标和方式体系被网络多元文化所冲击，代之而生的是形形色色陌生的民族价值观和行为方式。如网上不时出现种族歧视、宗教仇恨、法西斯主义、暴力凶杀及利己主义、功利主义等价值取向，给青年大学生的民族意识和民族价值观造成不可低估的危害……（略）

（四）网络“垃圾文化”弱化了大学生的民族振兴意识。爱国主义就本质而言，最终体现在为本民族的振兴而产生的的物质动力上，这是中华民族生生不息的根本所在。大学生是祖国的未来，承担着振兴本民族的责任和使命。但在网络信息时代，网络“垃圾文化”渗透着“黄色”诱惑、享乐主义、颓废主义等社会意识，使部分缺乏健康思想情操和坚强意志品质的青年大学生失去为民族振兴而艰苦奋斗的进取精神……（略）

二、网络时代高校爱国主义教育的新视角

（一）新的国家主权意识教育。主权是一个国家独立自主地处理国内外事务、管理自己国家的最高权力。没有主权就没有民族的团结和统一。捍卫中国国家主权，维护祖国统一是每个公民的义务和起码的道德规范[2]。但在信息、经济全球化的当代，全球性的交往、合作、竞争活动更加频繁和普遍，因此，高校应教育青年大学生坚持以发展的观念来认识国家主权和利益，不能把国家主权、利益静态化，教条地固守传统的国家主权观和利益观……(略)

（二）新的国家安全意识教育。互联网虽然缩小了世界各国间的空间距离，但决不就是“大同世界”、“无国界世界”时代的到来。信息的沟通、经济的融合并不代表政治、文化的完全融合，社会主义与资本主义两种制度仍在较量。和平发展的世界并不意味着绝对安全，

战争和恐怖主义活动依然存在……（略）

（三）全球意识教育。过去我们讲爱国精神和强国意识，多局限于国家和民族内部的范围，缺乏全球视野，极少思考把爱国与如何走出国门到世界大家庭中去谋取国家和民族的利益的时代课题联系起来。而互联网时代要求各国要有全球意识，因为互联网推动了世界各国的政治、经济、文化的交流与合作。同时，当今威胁人类生存的许多问题，如环境、能源、疾病、人口等，也需要国际社会共同关注和解决。因此，我们要立足本国，用一种崭新的思维方式认识当代世界，从世界发展的角度去观察思考和研究问题……（略）

（四）科学理性教育。互联网带给世界上任何一个角落新的观念和生活方式。多样的信息文化，使得追逐感官愉悦的情感在很大程度上左右了人们的信仰，从而削弱人们的理性思考，导致思想和行动上的盲从。因此，加强爱国主义教育还应着力培养大学生的“科学理性精神”……（略）

三、网络时代高校爱国主义教育应处理好的新问题

（一）独立性与开放性的关系问题。在网络背景下，中国民族文化应该保持自己的独立性，只有弘扬民族自主意识和主体精神，才能保持人们对自己民族的认同感。有了民族的认同感，一个民族才可能具有向心力和凝聚力……（略）

（二）民族自尊与民族忧患的关系问题。民族自尊是任何时期任何爱国者必须具备的情感，它能增加我们自主向上的恒心。邓小平曾说：“像我们这样的第三世界的发展中国家，没有民族自尊心，不珍惜自己民族的独立，国家是立不起来的。”[6]但在走向世界的今天，过分夸大我们与西方国家的差距，容易出现民族自信心不足，而妄自尊大的排外意识又不适应今天的时代。大学生要正确认识自己国家的历史文化和现实状况，树立民族自尊心和自豪

感，我们对祖国要有民族自尊心，并不意味着可以没有危机意识……（略）

（三）民族责任与自我发展的关系问题。与网络“亲密”接触，极大地激发了大学生张扬个性，展现自我的自主意识。当代青年大学生追求个性、追求自我发展的意识普遍强烈。可一些青年学生在突出自我发展时，国家观念淡化，民族振兴的责任感正在减弱。高校对人才的培养不仅是教会学生知识和能力，更主要的是教会他们如何做一个有社会责任和民族责任感的人。信息社会越发展，就越需要青年摆脱各种诱惑，更多地去关注社会、国家和人类的发展前景，要始终把个人对社会的贡献作为衡量一个人价值大小的唯一标准……（略）

四、网络时代高校爱国主义教育的新空间

（一）建立、完善教育网络系统，占领网上新空间。网络是一块自由的空间，它连接不同国度的人们，西方可以用它来传播资本主义的价值观，我们当然也可以用它来宣传社会主义的意识形态和中华民族精神，所以建立网络教育体系的重要意义不言而喻。目前，我们已建立多个爱国主义教育网站，如“九·一八网”、“中国共青网”等，其中有许多珍贵的照片和鲜为人知的爱国主义教育史料……（略）

（二）利用校园网，构建爱国主义教育平台。目前，各高校都建有自己的校园信息网络系统。校园网不仅是教师的教学工具，也是学生获取信息、自主学习、提高能力的有效手段。学校应充分利用校园网这一平台进行爱国主义教育……（略）

（三）改革“思想政治理论课”教学，利用网络技术进行爱国主义教育。一是在教学内容上要理论联系实际，根据学生热衷上网的特点，在思想政治网站上载中华民族传统文化的精华，如儒、释、道等内容。同时，上载马列主义、毛泽东思想、邓小平理论著作，以及党的方针政策内容，宣传好人好事，既注意理论深度，又贴近现实生活……（略）

（四）加强对网络信息的监控和掌握，堵防有害信息。面对鱼龙混杂、汹涌而来的信息潮流，有必要通过技术、行政、法律等手段，控制信息来源，以达到正本清源，给信息空间一片“蓝天”的目的。一是应建立国家级“信息海关”，采用先进技术手段，严密监控和检测国际互联网入口，对所有国家的信息进行严格的“过滤”；二是加强对国内所有的骨干网、局域网、校园网的管理，完善规章制度，规范网络运作，进一步防止有害信息进入校园；三是积极推进加强信息技术与信息产业的立法工作，以强大的法律武器打击信息网络犯罪活动。四是高校要利用网络，随时在网上了解学生和家长的要求、建议，特别是平时不易暴露的思想和言论，以便有的放矢地进行教育和达到对网络信息的监控与掌握。

【参考文献】

［1］尼葛洛庞帝. 数字化生存[M]. 海口：海南出版社，1997，216.

［2］肖佳灵. 国家主权论[M]. 北京：时事出版社，2003，184.

［3］梅萍. 经济全球化与民族精神的重塑[J]. 云南社会科学，2003，（5）.

［4］中共中央文献研究室. 社会主义精神文明建设文献选编[C]. 北京：中央文献出版社，1996，402.

［5］王丽梅. 论全球化进程中民族精神的弘扬和培育[J]. 内蒙古民族大学学报，2004，

［6］邓小平文选：第3卷[M]. 北京：人民出版社，1993，331.

（二）毕业论文的特点

1．理论性

理论性是毕业论文的主要特点。写作毕业论文时，要求将复杂、丰富的材料进行分析、综合，找出带有普遍意义的规律并加以论述，是从现象到本质，从感性升华至理性的认识过程，因此具有理论性。

2．创造性

毕业论文不是简单地重复别人的观点，而必须要有自己独到的见解，否则论文就没有实际意义。

3．专业性

毕业论文是学生根据自己所学专业，对某一科学领域或某一问题进行的专题探讨，在内容上具有很强的专业性，其使用的语言也会包含很多专业术语。

（三）毕业论文的类型

毕业论文根据学科、研究方法和体式的不同，可分为多种类型：

- **按学科分**：毕业论文按不同学科专业可分为文学论文、语言学论文、历史学论文、哲学论文、经济学论文和教育学论文等。
- **按研究方法和论文体式分**：毕业论文按研究方法和论文体式可分为论证型论文、评论型论文、考证型论文、诠释型论文和综述型论文等。

二、毕业论文的写作模式

毕业论文一般由标题、署名、摘要、关键词、正文、注释和参考文献以及致谢词七部分组成。

（一）标题

毕业论文的标题是表现论文主题，反映论文主要内容，体现作者写作意图的重要标志，要求要准确、简明、规范、醒目。

毕业论文的标题可包括总标题、副标题和分标题三类：

- **总标题**：总标题是文章总体内容的体现，一般起揭示论文主要内容、限定论文范围的作用。
- **副标题**：副标题的作用是点明论文的研究对象、内容和目的，并对总标题加以补充说明。
- **分标题**：分标题是清晰显示文章层次的小标题，当文章较复杂、包含若干部分时，应标识分标题。

（二）署名

毕业论文的署名位于标题之下，一般包括作者的专业、班级和姓名，供发表的论文在署名时还应注明作者的地址、邮政编码等相关信息。

（三）摘要

毕业论文的摘要也称内容提要，是对全文内容的简短概括，是论文中不可或缺的一部分。毕业论文的摘要应指出论文写作的目的和重要性，研究的范围、主要任务和前提条件，文章的基本观点及研究方法，课题的工作程序，研究之后的新发现、新成果，以及所得出的重要结论等。本专科的论文摘要在300至500字之间即可。

毕业论文摘要的形式一般有以下两种：

- 一是单独成文，放在封面后面，在第一行居中位置注明“摘要”或“内容摘要”，再另起一行，空两格书写摘要的正文。
- 二是独立成段，置于标题之下、正文之上，在段首书写“摘要”或“内容摘要”，并用方括号括住。

（四）关键词

关键词是根据文章内容归纳出的能够概括和体现论文主题概念的词，一般是名词。一篇毕业论文通常有3至5个关键词。

关键词一般位于内容摘要之下、正文之上，在段首注明“关键词”三个字，并用方括号括住，每个关键词之间空一格。

（五）正文

毕业论文的正文一般由绪论、本论和结论三部分构成。

1．绪论

绪论也称引言、前言或引论，一般用于交代写作的缘由、需要论证的问题，阐明写作的目的和意义，通过回顾相关领域的研究情况，简要说明研究工作的目的范围、目前的进展和存在的问题，以及本次研究工作的学术价值等。绪论应尽量简短。

2．本论

本论是毕业论文的主体部分，是对绪论中提出的问题进行具体、细致的分析和论证。要求广泛引证材料，深入分析事实，以形成严密的逻辑结构。

本论的结构形式一般有以下三种：

- **并列式**：分别用不同侧面、不同角度的几个分论点对主要论点进行论证，分论点之间呈现一种平等、并列的格局。
- **递进式**：提出主要论点后，几个分论点由浅入深地对主要论点进行论证，各部分的论述呈现一种逐步深化、层层推进的逻辑关系。
- **综合式**：在并列式中穿插递进式，首先从事物的不同侧面展开论点，然后透过事物的表面深入事物的核心，层层深入地揭示事物的本质，使论述更有深度。综合式一般用于篇幅较长、结构较复杂的论文。

3．结论

结论是对整个研究工作进行归纳和综合而得出的结果，应明确指出本研究内容的创新性观点和理论，与已有结果进行比较，指出本课题尚存的问题，对课题研究得出的探讨性意见，以及对下一步研究的展望和设想。

（六）注释及参考文件

对于毕业论文中的引文必须进行标注，否则就有抄袭和剽窃之嫌，因此毕业论文完成后，必须进行注释和参考文献的标注。

1．注释

对文章中的词语、内容或引文的出处所做的说明。从注释的位置来看，有以下三种注释方式：

- **夹注**：指在文章中需要注解的文字后面加括号，直接注明引文出处。
- **脚注**：又称页末注，即在需要加注部分的页面下方用一条横线隔开，在横线下方标记注释内容。
- **尾注**：即将全文的引文从头到尾统一编排序号，在文章结束后，在文尾附上注释。

夹注、脚注和尾注三种注释形式的作用是相同的，一篇文章中一般只采用一种注释方法，毕业论文一般采用尾注方式。

2．参考文献

参考文献也称参考书目，是作者在撰写毕业论文过程中曾经借鉴、引用过的重要文章和著作。论文写好之后，要给参考文献编辑目录，附在论文后面。具体标注方法如下：

- **著作**：作者．书名[M]．出版地：出版社，出版年，起~止页．
- **期刊论文**：作者．题（篇）名[J]．刊名，出版年，卷号（期号）：起~止页．
- **会议论文**：作者．题（篇）名[C]．文集名．会议名，会址，开会年：起~止页．
- **学位论文**：作者．题（篇）名[D]．[学位]．授学位地：授学位学校，授学位年．
- **报纸**：作者．题（篇）名[N]．报纸题名，出版年月日（版面）．
- **网上检索**：论文作者．论文名称．网址．

（七）致谢词

在参考文献的后面，对给予过自己帮助、指导的单位或个人表示感谢。

三、毕业论文的注意事项

（一）慎重选题

撰写毕业论文要在导师的指导下进行，毕业生要充分利用各种资料，确定有研究价值、符合自己专业和兴趣的选题，宜小不宜大，而且要有新意，不能跟风、人云亦云。

（二）广泛查阅参考资料

撰写毕业论文，必须掌握丰富、翔实的参考资料，要学会从图书馆中检索文献、查找报刊论文。应充分利用现有资源查阅相关图书、论文，或利用计算机在互联网中查找相关资料，掌握与所选论题相关的最新信息，这是写好毕业论文的基础。

（三）一气呵成

在动笔前做好充分的准备，一旦下笔，则要坚持不懈地一口气写下去，务必在最短时间拿出初稿。这是许多作家的写作诀窍。有的人写文章喜欢边写边琢磨词句，遇到想不起的字还要停下来查半天字典，这样很容易把思路打断。其实，初稿不妨粗糙一些，材料或文字方面存在某些缺陷，只要无关大局，可暂时不去改动它，等到初稿全部写成后，再来修改不迟。

（四）语言平实准确

毕业论文是大学生科学研究成果的重要表现形式，应重视语言的表达。只有运用恰当的语言，才能准确反映论文的研究对象、研究方法、成果和学术价值。毕业论文的语言应具有准确、精炼、简洁、平实易懂、思辨性强的特点，尽量避免使用模棱两可、晦涩难懂的词语。

四、案例简析

案例 8-4 盗版与反盗版的经济学分析

盗版与反盗版的经济学分析

作者：李仁君

【摘要】盗版是一种特殊的侵权行为，这种行为的基础在于，我国居民收入水平较低，知识产权意识淡漠。因此在打击盗版方面要根据我国国情，按照经济效率原则进行。“补偿税”方案主张盗版行为合法化，然后通过征税补偿知识产权的所有者。这是一种旨在使生产者、消费者和盗版者三方都能获得福利改善的方案。

【关键词】盗版 反盗版 帕累托改善

盗版这一特殊的侵权行为是困扰人类精神产品正常生产的一大社会问题。众所周知，在诸如电脑软件、影视产品和出版物等生产领域内存在着非常严重的盗版活动。从正版产品到盗版产品的时间差越来越短，盗版活动中使用的各种设备越来越精良，盗版产品的质量也达到了以假乱真的地步，消费者想通过产品的质量来辨别正版与盗版非常困难。

盗版产品为什么能长盛不衰？我想应该从两个方面来看。一方面，由于我国专利及知识产权制度的确立相对较晚，居民的收入水平相对较低，因此，不论是对正版产品的消费意愿还是对正版产品的支付能力都是偏低的。这就决定了我国消费者在精神产品的消费方面存在着较普遍的“盗版意识”。另一方面，由于正版产品在生产中要投入巨大的前期制作成本，决定了其价格不可能像盗版产品那样随意降低，而盗版产品由于没有这一巨大的前期制作成本，它和正版产品相比就拥有相当大的价格优势，从而更能满足市场需求。

关于盗版与反盗版的问题，我们应该多从经济学的角度作些分析。一切经济活动都是为了提高人类的福利水平。20 世纪初意大利著名的经济学家帕累托更明确地指出：在正常情况下，如果一项经济活动能在不损害某些社会成员的福利的条件下，至少能提高另外一些社

会成员的福利水平，这就存在着使人们的福利改善的可能。这种改善后来在经济学上就叫“帕累托改善”[1]。根据这一经济学的哲理，让我们来谈谈盗版及反盗版的问题。

不可否认，在盗版的过程中确实有一部分社会成员的福利得到了改善，这就是盗版者和消费者。但是，这种改善并不是“帕累托改善”，因为它损害了正版产品生产者的福利。盗版产品的这种“非帕累托改善”的性质决定了这样的恶性结果：如果盗版现象不能被有效地制止的话，正版产品的生产积极性就得不到保证，人们创新和创作的原动力就会消失，这样，

社会的精神产品的供给就会严重不足。因此，为了保护正版产品生产者的权利，促进创新和创作的原动力，就有了专利和知识产权制度。据说，在人类近代发展史上，西方世界的兴起就是因为较早地确立了专利和知识产权制度；而东方世界的落后则是因为缺乏这么一个专利和知识产权制度。这种说法有一定的道理。

专利和知识产权制度的确立，为反盗版提供了基础和依据。近年来，我国不断加大对盗版的打击力度。通过各种手段销毁了大量盗版产品，端掉了几百家非法光盘生产线，在打击盗版方面确实取得了很大进展。我们必须承认这种打击是非常必要的，因为它是保护正版产品知识产权的重要手段。但是，我们也应该认识到这种打击方式毕竟也付出了代价。比如，被销毁的盗版产品也是一种资源，本来也是可以用于消费的，却被人为地销毁了，这是一种资源的浪费；消费者本来可以消费的产品没有消费到，也是一种福利的损失。当然，我们再一次重申，为了保护知识产权这种代价是应该付出的。但是我们更关心的问题是，到底有没有更好的打击办法呢？也就是说在保护知识产权的同时，能不能使消费者和其他社会成员的福利水平也得到提高，或者说使社会总的损失减至最小，从而寻求一种“帕累托改善”呢？我想，从下面几方面着手是可以改善的。

首先，从长远来看，应该完善和健全专利和知识产权方面的立法与执法。就我国目前的情况来看，立法方面并不存在太大的问题，这方面的法规和条例已出台了不少，关键是要强化执法，从而改变目前执法方面的不力状况。同时还要大力发展经济，通过提高人民收入水平来逐步增强人们的“正版意识”。只有这样，反盗版的执法成本才能降下来，普遍性的盗版现象才会不复存在。

其次，就近期来看，对盗版行为最好采取“区别对待、分类打击”的办法。对那些质量不合格（假冒伪劣），内容不合法（反动淫秽）的盗版生产者要严厉查处，对这些盗版产品则坚决予以销毁；对那些制作精良（假冒但不伪劣），内容合法（不反动也不淫秽）的也要严厉查处，因为它侵犯了知识产权，但对这些盗版产品本身，则完全可以区别对待，不必一概都付之一炬，比如，可以将其转给版权所有者来处置。这样，既避免了资源的浪费，也提高了消费者的福利，版权所有者的损失也得到了一定的弥补。因此，这里形成了“帕累托改善”。

最后，提出一个大胆的设想。在我国目前几乎全民皆用盗版的大背景下，反盗版的执法成本自然是居高不下的。这样，法律手段很难包办一切，但是知识产权还是要保护的，因此在逐步改善法制环境为主的前提下，辅之以必要的补偿手段是现实可行的。这里的补偿手段是指由国家有关部门根据被侵权的权利所有者的损害程度给予一定的补偿金的做法。这种补偿金的来源可以以“补偿税”的形式从民间征收，也可以从现有的税收中拿出一部分来。之所以这样，从某种意义上说，是因为盗版的存在使全民为之“受益”，那么依照“用之于民，取之于民”的道理，全民也理应为之承担一定的责任。

“补偿税”方案是基于这样一种思路：

第一，在承认正版产品原创者享有知识产权的前提下，在法律上不再禁止他人的复制行为，从而使以前非法的盗版行为合法化、公开化。这样，原来的盗版行为就转变为复制行为：原来的盗版产品就转变为复制产品。所不同的是，复制产品比正版产品便宜，消费者能得到更大的好处。

第二，虽然复制是合法的，但是复制者必须申报登记并依法纳税。这种税就是我们提到的“补偿税”，它由税务部门成立专门机构负责征收。在征收的税款中，有很大的一部分是按一定比例补贴给正版产品的原创者，以保护其知识产权。如果某种产品被复制的越多，这种产品得到的补贴税款就越多，原创者的知识产权就越得到体现，而消费者和复制者也分别得到了福利的改善。

第三，当盗版转变为复制行为合法以后，许多原来处于地下的盗版行为就会公开到地上来，成为合法经营的复制者。当然，也会有另一些盗版者为了逃税，仍处于地下，在这种情况下，原来那种打击盗版的行动就转变为打击偷漏税的行动。也许有人会说，打击偷漏税本身并不是一件很有成效的事情，由此而否定“补偿税”的可行性。但是我们应该看到，打击偷漏税是我们维持正常经济秩序的最基本的防线，打击偷漏税的对象不仅包括侵权的生产者，而且也包括合法的生产者。

正如前面分析所表明的，由“禁而不止”到“补偿税”转变，它最大的好处是给人们带来了福利上的“帕累托改善”。

【参考文献】

[1] 黄亚钧，郁义鸿。微观经济学[M]. 北京：高等教育出版社，2000.

简析

案例 8-4 是一篇关于盗版问题的毕业论文，选题具有重大的社会意义。内容上对现今社会的盗版行为进行了分析，并提出了自己对解决盗版问题的见解。全文共分为四个部分：第一段引出问题；第二至第五段对盗版现象进行了透彻的分析；第六至第八段提出了自己对解决盗版现象的几个意见；第九至第十三段重点提出利用“补偿税”方案调和盗版行为和知识产权所有者之间的利益关系，最终为人们带来福利上的“帕累托改善”。文章层次清晰，体现了从提问到分析再到解决问题的事物发展过程。

第三节 求职信和简历

一、求职信

（一）求职信的作用

求职信是求职者向用人单位介绍自己的情况，展示个人能力和素质，以谋求某一职务或岗位的专用书信，亦称自荐信。求职信是求职者在求职道路上迈出的第一步，也是关键的一步。既是求职人求职不可缺少的书面文字材料，也是用人单位对其进行考核并决定是否录用的重要依据。

案例 8-5 求职信例文

求职信

尊敬的领导：

您好！

我是土建专业的一名××级应届本科毕业生，通过四年的学习尤其是两年的专业课学习，我认为自己已基本掌握了道路桥梁施工和设计的基本知识，通过在工作岗位上一段时间的实践后，必能胜任贵单位安排给我的工作。

通过三年多的学习，我的总成绩排在土建专业全年级第三名的位置。各门功课尤其是专业课成绩都很优秀，我想这是三年来自己勤奋、好学并刻苦努力的结果。这种敬业精神我认为在今后的工作中对于尽好本职，仍能起到良好的作用。

我顺利通过大学英语四级和六级考试，并且六级还取得了××分的好成绩，是我院唯一的六级成绩在80分以上者。本人具有扎实的计算机基础知识并能够熟练使用Fortran77、C语言等高级计算机程序设计语言编制程序和上机调试。200×年，通过了全国高等学校计算机考试（CCT），并获得“优秀”证书，同年还顺利通过国家二级考试。本人曾翻译过英文歌曲一首，获上海译文出版社奖《名车志》一本，这说明本人已有相当的翻译能力。此外，我还学过一年的德语，具有初步会话的能力，为进一步发展提供了可能。

在实践方面，我参加了为期一个月的军事训练，使我在组织性和纪律性方面上升到了一个新的层次。对于本专业安排的测量实习、道路勘测设计实习以及桥梁工程等各种实习，我都以认真严肃的态度对待，并取得了很好的成绩，为今后的实际工作奠定了实践性基础。此外，在假期期间我还担任家教工作，把所学知识做到融会贯通，教学合一。

请给我一个机会运用我的所学为贵单位服务，将16年积累的知识回报于社会。本着“从今做起，以我做起”的原则，让我们携手共创美好未来。

此致

敬礼！

刘××谨上

××××年××月××日

联系地址：××大学土建专业××级××班

邮政编码：××××××××

联系电话：×××××××××××

（二）求职信的特点

1．针对性

在写作求职信时，应对已选定的求职单位有所了解，并与自身的条件进行比较。要根据实际情况，针对求职单位对人才的需要情况和条件写，针对读信人的心理写。只有这样，送出的求职信才有可能引起对方的重视，起到预期的作用。

2．自荐性

求职信的作者与读信者往往并不认识，求职者希望得到读信者的信赖，引起读信者的重视，进而达到被录用的目的，唯一的途径就是毛遂自荐。在写信时应全面而恰如其分地表现自己，重点介绍自己的特长和优势，在语言上应自信而不妄自尊大，自谦而不妄自菲薄，这样才能使读信者怦然心动。

3．竞争性

求职是一个竞争的过程，在求职信的内容上应尽可能地展现自己与众不同的竞争条件，在形式上应注意体现个人风格，从而在同类信件中脱颖而出。

（三）求职信的写作模式

求职信一般由标题、称谓、正文、结语、落款和附录几部分组成。

1．标题

求职信的标题一般由文种单独构成，如“求职信”、“求职书”等。

2．称谓

称谓在标题下一行顶格书写。收信方是单位或部门的，可直接写单位或部门的名称，如“××公司”、“××局人事部”等；收信方是单位联系人或单位、部门负责人的，则应写上对方姓名、尊称或职务名称，如“××先生”、“××经理”等。有时还可以在称谓前面加上表示尊敬的词语，如“尊敬的××先生”。

3．正文

正文是求职信的重点，在正文中应恰如其分地介绍自己的求职条件。一般包括以下几方面内容：

- **求职的缘由**：可开门见山地说明求职的缘由，即为什么向该用人单位求职，以及通过何种途径知道该用人单位招聘信息的。还应根据用人单位所需和自己所长提出要应聘的具体岗位名称和职位，切忌同时要求多种不相关的职务。
- **自荐人的基本条件**：主要包括姓名、性别、年龄、籍贯、政治面貌、文化程度、职业等要素，要如实写清。应特别着重介绍自己的知识结构、业务能力、实践经历、兴趣爱好等。自荐人的基本条件是决定求职成败的关键，因此这部分要写得既充分又具体，真正做到恰如其分。
- **被聘后的打算**：这部分要用简明扼要的语言写明被录用后打算如何去做好工作。求职者应对自己所求职位有一定了解，并假设已被聘用，对应聘岗位提出自己的设想、目标及实现的具体措施。目标要明确，措施要有可行性。
- **请求语**：以诚恳的态度提出求职者的愿望和要求，例如希望对方给予回复的愿望，或给自己一个面试的机会等。

4．结语

一般的求职信会以表示敬意或祝愿的话语作为结束。另起一行空两格写“此致”，再另起一行顶格写“敬礼”。

5．落款

在正文结尾右下方写上姓名，可以使用“敬上”或“谨上”等词，以示礼貌和谦逊。在姓名下方还应注明日期。

6．附件

附件是求职信后附上的有关资料，如：简历表、学历证书、资格证书、技术等级证书、获奖证书以及其他能证明自己优势的相关材料。附件要有较强的说服力和凭证性。此外，还要求注明求职人的通信地址、邮政编码和电话号码等信息，以便对方联系。

（四）求职信的注意事项

1．实事求是

求职信的内容必须真实可靠，对自己的学识和能力要如实表述，不能夸大，更不能作假。

2．语气诚恳

求职者想要得到一个满意的职位，在求职的过程中就要心怀诚恳，用词要礼貌、得体，态度要谦逊自然。

二、简历

（一）简历的作用

简历是说明个人情况、求学经历、工作经历的一种常用文体。多用于求职信的附件或在一定的场合、一定的会议上介绍某人时使用。

案例 8-6 简历例文

个人简历

基本资料

姓　　名：×××　　性　　别：女

出生年月：19××年×月×日　　健康状况：良好

年　　龄：××岁　　婚姻状况：未婚

毕业院校：华东师范大学　　学　　历：本科

工作年限：×年　　专　　业：财务会计

联系方式

联系电话：13×××××××××

家庭地址：北京市朝阳区劲松东路 12 号　　邮编：100021

电子邮箱：×××××@sohu.com

教育背景

时　　期	学习院校	证明人
1997.9-2000.7	北京市财政学校	方　黎
2000.9-2003.7	中央广播电视大学	王　茜
2003.9-2005.7	华东师范大学	田艳萍

业务特长

* 拥有会计资格证书，熟悉国家财经制度和相关政策法规，能熟练使用财务软件
* 头脑灵活，善于分析，具有现代财务管理理念
* 具备秘书二级证书，能熟练书写行政公文，具有档案文书管理经验
* 能熟练使用计算机操作系统（Windows XP）和 Word、Excel 等 Office 软件，打字速度 80 字/分钟左右
* 性格开朗、责任心强，有强烈的敬业精神

工作经历

时　　期	工作单位	任　职
2002.4-2003.3	上海国际展览中心	前台/现场管理

* 为展商提供各种商务服务、负责展会现场管理协调工作

时　　期	工作单位	任　职
2003.3 至今	上海市政府驻北京办事处宾馆	会　计

* 编制凭证、登记账薄、编写各种财务报表
* 向税务机关申报纳税、填送统计报表
* 负责宾馆原材料、固定资产、往来账项、人员工资等各项费用的成本核算及各类销售

指标统计、核算工作
　　*编制年度预算和年终财务分析，为领导决策、决议提供参考资料
　　希望我能成为贵单位一份子，贡献自己所长

（二）简历的特点

1. 简

简历的“简”是指用最简短的文字阐明自己人生中最重要的经历，以及不同阶段所做的有价值的事。文字虽简洁，但内容要精彩。

2. 实

简历的“实”是指写简历要实事求是，简历是自己亲身经历的缩影，每一笔均是个人留在人身阅历中不可更改的文字记录。

3. 活

简历的“活”是指简历可以自己撰写，也可以由他人撰写，撰写的格式也是灵活多样的。

（三）简历的类型

简历按用途和写法，可分为多种类型。

1. 按用途分

简历按用途可分为一般性简历和求职简历两大类。

- **一般性简历**：主要用于加入社团组织，参加晋级、评选，或填写一些人事档案。
- **求职简历**：用来介绍自己的主要情况，寻求合适的工作岗位（本节重点介绍求职简历）。

2. 按写法分

简历有按功能分类和按时间顺序排列两种写法。

- **按功能分类**：突出自己的技能，强调自己的工作能力，求职简历用这种写法比较合适。
- **按时间顺序排列**：用于强调自身的工作经验，一般性简历适合使用这种写法。

（四）简历的写作模式

简历没有固定格式，可以是表格形式，也可以是其他形式。其内容一般包括个人基本资料、学历、工作经历、特长、能力、兴趣爱好等几方面。

1. 个人资料

一般包括姓名、性别、籍贯、年龄、联系电话等。

2. 学习经历

主要写本人的最后学历，高学历者（硕士、博士）可从大学写起，也可从高中或中专写起。

3. 工作经历

根据个人工作情况不同，突出重点地说明工作的具体内容与经历，一般是按照时间顺序依次写出。在每一项工作经历中应写明工作期限，以及工作单位和职务，最好还要有证明人。

因为是求职，所以应重点突出与所求职位相关的工作经历，如果是刚刚毕业的学生，可以写勤工助学、义务工作、实习经历和实习单位的评价等。这部分内容应写得详细些，应写明你在社团、生活中做过哪些工作，取得过什么样的成绩。

4. 特长、能力、兴趣、爱好

这部分内容不能泛泛而谈，应结合个人实际情况，恰如其分、有重点地进行介绍。

（五）简历的注意事项

1．实事求是

在写个人经历时应本着诚实的态度，不能凭空捏造你的经历和能力，但也没有必要将所有经历都写出，对自己求职不利的经历，可以忽略不写。

2．突出重点

简历不是个人自传，与申请工作无关的事情尽量不写，应写得简洁精炼，切忌拖泥带水，应尽量在一页 A4 纸内完成，一般不要超过两页。

3．评价要客观

简历中通常会涉及对自己的评价，此时应力求公正客观，包括行文中所表现出的语气，应做到八个字：诚恳、谦虚、自信、礼貌。要尽量提供个人简历中提到的业绩和能力的证明材料，并作为附件附在个人简历的后面。

三、案例简析

案例 8-7　个人求职信

个人求职信

尊敬的领导：

感谢您在百忙之中翻阅我的自荐材料。我叫周××，是中国地质大学（北京）人文经管学院 200×届管理工程专业（市场营销）的本科毕业生。

在大学的前三年中，我学习了本专业及相关专业的理论知识，并以优异的成绩完成了相关的课程，为以后的实践工作打下了坚实的专业基础。同时，我注重外语的学习，具有良好的英语听、说、读、写能力，并通过了大学英语国家四级测试，学习了初级日语的基本知识。在科技迅猛发展的今天，我紧跟科技发展的步伐，不断汲取新知识，熟练掌握了计算机的基本理论和应用技术，并顺利通过了国家计算机二级（C 语言）考试。现在，我正在为了通过国家计算机三级考试而努力。

三年来，我一直担任学生干部，致力于学生的自我管理和组织学生活动，曾先后担任校学生会体育部副部长，院学生会体育部长、常委、副主席等职务。三年的学生干部工作培养了我的团队协作精神，提高了我的组织协调能力。在组织学生活动的同时，我也参加学校和社会的各项活动，努力培养自己的各种兴趣爱好，积极参加文体娱乐活动、社会实践调查等。通过组织活动和参与活动，我养成了良好的工作作风和处世态度。

在院领导及老师的支持和自身的努力下，我在学习和工作中都取得了优异的成绩，不仅完善了知识结构还锻炼了我的意志，提高了我的能力，并光荣地加入了中国共产党。

恕冒昧，如果我能成为贵公司的一员，我定当用我的热情和能力投入到我的工作中去。请相信：你们所要实现的正是我想要达到的！

此致

敬礼

自荐人：周××

200×年×月××日

简析

案例 8-7 是一位应届大学毕业生所写的求职信，是在不知公司是否要人的情况下写的。开头写得谦恭有礼；主体部分介绍了自己的学习情况，突出了自己的专业技能，强调自己担任过学生干部，积极参加社会实践，有一定的经验和组织协调能力；最后用恳切的语言表达了求职的愿望和决心。

案例 8-8 建筑专业毕业生简历

个人简历

王××|男|1987 年 12 月 9 日|汉族|未婚|其他

身高：178CM|体重：72KG

证件号码：210521×××××

通信地址：广东省中山××××××

邮编：××××××

手机：×××××××××××|电话：×××××××××|电子邮件：×××××××

求职意向职位类型：全职

工作岗位：房地产/建筑施工类-工程监理

房地产/建筑施工类-工程预决算/施工

职位名称：施工员；预算员；工程监理

行业类别：房地产开发/建筑与工程

工作地区：不限

薪金待遇：1800 元/月可面议；需要提供住房

到岗时间：两周内

发展方向：相信爱一行才能干好一行，通过四年本科阶段的学习，我相信能胜任相关方面的工作。能吃苦耐劳，可以根据工程需要驻外地工作。相信有能力的人一定能有发挥自己价值的机会。

教育背景学校名称：江西农业大学

时间：2006-9 至 2010-7

专业名称：土建类-工程管理

学历/学位：一般院校-本科

教育类型：普通

主修课程：《建筑结构》、《工程建设法规》、《建设工程合同管理》、《土木工程施工》、《建设工程项目管理》、《工程估价》、《工程经济学》

在校班级人数：45

班级排名：前 30 名

奖励：一次二等奖学金

在校期间获得过一次“优秀团员”称号

校外活动：多次参加学校和院里组织的活动。2007 年在老师协助下成立定向运动协会，并担任第一届协会副主席。

工作经历/实习：上海鲁班软件南昌服务部2009年7月–2009年8月

企业性质：股份制企业

行业类别：房地产开发/建筑与工程

担任职位：房地产/建筑施工类-工程预决算/施工

工作描述：学习鲁班算量软件的使用，帮助公司技术负责人处理软件售后客户遇到的技术问题。通过实习，使我能熟练运用鲁班算量进行工程量计算。

语言及水平：英语，一般

计算机能力：全国计算机等级考试，二级

技能专长：熟悉Office办公软件，并能熟练运用AutoCAD、神机妙算、鲁班算量等工程软件。

简析

案例8-8是一篇用于求职的简历。首先介绍了自己的基本资料；其次，介绍在校参加的实践活动和所获得的奖项；最后，根据自己的求职意向，有针对性地介绍本人掌握的专业技能，现有的计算机和外语水平。此简历主要项目齐全，结构安排得当，值得我们借鉴。

第四节　劳动合同

一、劳动合同的作用、特点和类型

（一）劳动合同的作用

劳动合同是劳动者与用人单位确立劳动关系、明确双方权利和义务的协议。

案例8-9　劳动合同例文

北京市劳动合同书

甲方：×××××	乙方：×××
	文化程度：××
	性别：×
法定代表人：×××	出生日期：××××年××月××日
委托代理人：×××	居民身份证号码：×××××××××
邮政编码：×××××××××	家庭住址：×××××××××
甲方地址：×××××××××	所属街道办事处：××××××

根据《中华人民共和国劳动法》，甲乙双方经平等协商同意，自愿签订本合同，共同遵守本合同所列条款。

一、劳动合同期限

第一条 本合同期限类型为××期限合同。

本合同生效日期××××年××月××日，其中试用期×个月。

本合同××××年××月××日终止。

二、工作内容

第二条 乙方同意根据甲方工作需要，担任××岗位（工种）工作。

第三条 乙方应按照甲方的合法要求，按时完成规定的工作数量，达到规定的质量标准。

三、劳动保护和劳动条件

第四条 甲方安排乙方执行××工作制。

执行定时工作制的，甲方安排乙方每日工作时间不超过8小时，平均每周不超过44小时。甲方保证乙方每周至少休息一日，甲方由于工作需要，经与工会和乙方协商后可以延长工作时间，一般每日不得超过1小时，因特殊原因需要延长工作时间的，在保障乙方身体健康的条件下延长工作时间每日不得超过3小时，每月不得超过36小时。

执行综合计算工时工作制的，平均日和平均周工作时间不超过法定标准工作时间。

执行不定时工作制的，在保证完成甲方工作任务的情况下，工作和休息休假由乙方自行安排。

第五条 甲方安排乙方加班的，应安排乙方同等时间补休或依法支付加班工资；加点的，甲方应支付加点工资。

第六条 甲方为乙方提供必要的劳动条件和劳动工具，建立健全生产工艺流程，制定操作规程、工作规范和劳动安全卫生制度及其标准。

甲方应按照国家或北京市有关规定组织安排乙方进行健康检查。

第七条 甲方负责对乙方进行政治思想、职业道德、业务技术、劳动安全卫生及有关规章制度的教育和培训。

四、劳动报酬

第八条 甲方的工资应遵循按劳分配原则。

第九条 执行定时工作制或综合计算工时工作制的，乙方为甲方工作，甲方每月××日以货币形式支付乙方工资，工资不低于××元，其中试用期间工资为××元。

执行不定时工作制的工资支付按××××执行。

第十条 由于甲方生产任务不足，使乙方下岗待工的，甲方保证乙方的月生活费不低于××元。

五、保险福利待遇

第十一条 甲乙双方应按国家和北京市社会保险的有关规定缴纳职工养老、失业和大病医疗统筹及其他社会保险费用。

甲方应为乙方填写《职工养老保险手册》。双方解除、终止劳动合同后，《职工养老保险手册》按有关规定转移。

第十二条 乙方患病或非因工负伤，其病假工资、疾病救济费和医疗待遇按照××××执行。

第十三条 乙方患职业病或因工负伤的工资和医疗保险待遇按国家和北京市有关规定执行。

第十四条 甲方为乙方提供以下福利待遇：

××××××××××××××××××××××××××××××××××××。

六、劳动纪律

第十五条 乙方应遵守甲方依法制定的规章制度：严格遵守劳动安全卫生、生产工艺、操作规程和工作规范；爱护甲方的财产，遵守职业道德；积极参加甲方组织的培训，提高思想觉悟和职业技能。

第十六条 乙方违反劳动纪律，甲方可依据本单位规章制度，给予纪律处分，直至解除本合同。

七、劳动合同的变更、解除、终止、续订

第十七条 订立本合同所依据的法律、行政法规、规章发生变化，本合同应变更相关内容。

第十八条 订立本合同所依据的客观情况发生重大变化，致使本合同无法履行的，经甲乙双方协商同意，可以变更本合同相关内容。

第十九条 经甲乙双方协商一致，本合同可以解除。

第二十条 乙方有下列情形之一，甲方可以解除本合同：

1. 在试用期间，被证明不符合录用条件的；
2. 严重违反劳动纪律或甲方规章制度的；
3. 严重失职、营私舞弊，对甲方利益造成重大损害的；
4. 被依法追究刑事责任的。

第二十一条 下列情形之一，甲方可以解除本合同，但应提前30日以书面形式通知乙方：

1. 乙方患病或非因工负伤，医疗期满后，不能从事原工作也不能从事由甲方另行安排的工作的；
2. 乙方不能胜任工作，经过培训或者调整工作岗位，仍不能胜任工作的；
3. 双方不能依据本合同第十八条规定就变更合同达成协议的。

第二十二条 甲方濒临破产进行法定整顿期间或者生产经营发生严重困难，经向工会或者全体职工说明情况，听取工会或者职工的意见，并向劳动行政部门报告后，可以解除本合同。

第二十三条 乙方有下列情形之一，甲方不得依据本合同第二十一条、第二十二条终止、解除本合同：

1. 患病或非因工负伤、在规定的医疗期内的；
2. 女职工在孕期、产期、哺乳期内的；
3. 义务兵复员退伍和建设征地农转工人员初次参加工作未满三年的；
4. 义务服兵役期间的。

第二十四条 乙方患职业病或因工负伤，医疗终结，经市、区、县劳动鉴定委员会确认完全或部分丧失劳动能力的，按××××××办理，不得依据本合同第二十一条、第二十二条解除劳动合同。

第二十五条 乙方解除本合同，应当提前30日以书面形式通知甲方。

第二十六条 有下列情形之一，乙方可以随时通知甲方解除本合同：

1. 在试用期内的；
2. 甲方以暴力、威胁或者非法限制人身自由的手段强迫劳动的；
3. 甲方不能按照本合同规定支付劳动报酬或者提供劳动条件的。

第二十七条 本合同期限届满，甲乙双方经协商同意，可以续订劳动合同。

第二十八条 订立无固定期限劳动合同的，乙方离休、退休、退职及死亡或本合同约定的解除条件出现，本合同终止。

八、经济补偿与赔偿

第二十九条 下列情形之一，甲方违反和解除乙方劳动合同的，应按下列标准支付乙方经济补偿金:

1. 甲方克扣或者无故拖欠乙方工资的，以及拒不支付乙方延长工作时间工资报酬的，除在规定的时间内全额支付乙方工资报酬外，还需加发相当于工资报酬百分之二十五的经济补偿金;

2. 甲方支付乙方的工资报酬低于本市最低工资标准的，要在补足低于标准部分的同时，另外支付相当于低于部分百分之二十五的经济补偿金。

第三十条 下列情形之一，甲方应根据乙方在甲方工作年限，每满一年发给相当于乙方解除本合同前12个月平均工资一个月的经济补偿金，最多不超过12个月:

1. 经与乙方协商一致，甲方解除本合同的;

2. 乙方不能胜任工作，经过培训或者调整工作岗位，仍不能胜任工作，由甲方解除本合同的。

第三十一条 下列情形之一，甲方应根据乙方在甲方工作年限，每满一年发给相当于本单位上年月平均工资一个月的经济补偿金:

1. 乙方患病或者非因工负伤，经劳动鉴定委员会确认不能从事原工作，也不能从事由甲方另行安排的工作而解除本合同的;

2. 劳动合同订立时所依据的客观情况发生重大变化，致使本合同无法履行，经当事人协商不能就变更劳动合同达成协议，由甲方解除劳动合同的;

3. 甲方濒临破产进行法定整顿期间或者生产经营状况发生严重困难，必须裁减人员的。

以上三种情况，如果乙方被解除本合同前12个月的月平均工资高于本单位上年月平均工资的，按本人月平均工资计发。

第三十二条 甲方解除本合同后，未按规定给予乙方经济补偿的，除全额发给经济补偿金外，还须按该经济补偿金数额的百分之五十支付额外经济补偿金。

第三十三条 支付乙方经济补偿时，乙方在甲方工作时间不满一年的按一年的标准发给经济补偿金。

第三十四条 乙方患病或者非因工负伤，经劳动鉴定委员会确认不能从事原工作，也不能从事由甲方另行安排的工作而解除本合同的，甲方还应发给乙方不低于企业上年月人均工资六个月的医疗补助费，患重病和绝症的还应增加医疗补助费，患重病的增加部分不低于医疗补助费的百分之五十，患绝症的增加部分不低于医疗补助费的百分之一百。

第三十五条 甲方违反本合同约定的条件解除劳动合同或由于甲方原因订立的无效劳动合同，给乙方造成损害的，应按损失程度承担赔偿责任。

第三十六条 乙方违反本合同约定的条件解除劳动合同或违反本合同约定的保守商业秘密事项，对甲方造成经济损失的，应按损失的程度依法承担赔偿责任。

第三十七条 乙方解除本合同的，凡由甲方出资培训和招接收的人员，应向甲方偿付培训费和招接收费。其标准为：×××××××××。

九、劳动争议处理

第三十八条 因履行本合同发生的劳动争议，当事人可以向本单位劳动争议调解委员会申请调解；调解不成，当事人一方要求仲裁的，应当自劳动争议发生之日起60日内向××劳动争议仲裁委员会申请仲裁。当事人一方也可以直接向劳动争议仲裁委员会申请仲裁。对裁决不服的，可以向人民法院提起诉讼。

十、其他

第三十九条 甲方以规章制度××××××××作为本合同的附件。

第四十条 本合同未尽事宜或与今后国家、北京市有关规定相悖的，按有关规定执行。

第四十一条 本合同一式两份，甲乙双方各执一份。

甲方（盖章）　　乙方（签章）

法定代表人

委托代理人（签章）

签订日期：××××年××月××日

鉴证机关（盖章）　　鉴证员（签章）

鉴证日期：××××年××月××日

（二）劳动合同的特点

劳动合同除具有一般合同的合法性、对等性和约束性等特点外，还有以下两个特点。

1．主体的特定性

劳动合同双方当事人中，一方必须是具有劳动权利和劳动能力的劳动者，另一方必须是用人单位，除此之外的任何主体都不能签订劳动合同。

2．内容的延展性

在特定条件下，劳动合同往往涉及第三人的物质利益，即劳动合同内容往往不仅限于当事人的权利和义务，有时还需涉及劳动者的直系亲属在一定条件下享受的物质帮助权，如劳动者死后遗属待遇等。

（三）劳动合同的类型

劳动合同按其目的和期限的不同可分为多种类型：

- **按目的分**：劳动合同按其目的可分为录用合同、聘用合同、借调合同、内部上岗合同、培训合同等。
- **按期限分**：劳动合同按期限可分为固定期限劳动合同、无固定期限劳动合同和以完成一定工作任务为期限的劳动合同等。

二、劳动合同的写作模式

劳动合同一般由标题、订立劳动合同的各方名称或姓名、正文和落款四部分构成。

（一）标题

劳动合同一般有三种常见的标题类型：

- 第一种是，单位性质加文种，如《事业单位劳动合同》。
- 第二种是，省市名称加单位性质加文种，如《上海市建筑企业劳动合同》。
- 第三种是，由文种单独构成，或在其后加“书”字，如《劳动合同书》。

（二）订立劳动合同的各方名称或姓名

在标题之下，写明订立劳动合同各方名称。用人单位一方需写明单位名称、注册地址、经营地址、法人代表的姓名和职务等；劳动者一方需写明当事人姓名、性别、居民身份证号码、出生年月日、家庭住址等。为行文方便，合同双方可称甲方、乙方，即可纵写，也可以横写。

（三）正文

劳动合同的正文一般由前言、主体和附则三部分组成。

1．前言

简述双方签订合同的依据或目的，以及双方协商的过程。通常采用“甲乙双方根据《中华人民共和国劳动法》及有关劳动保障法规，本着平等自愿，协商一致的原则，签订本合同，以资共同恪守”。

2．主体

根据当前《劳动合同法》规定，劳动合同除用人单位的名称、住所和法定代表人或主要负责人、劳动者的姓名、住址和居民身份证号码外，还应具备以下条款：

- 劳动合同期限，即合同的生效和终止日期。另外，根据实际情况，用人单位和劳动者之间可以约定相应的试用期限。
- 工作内容和工作地点。
- 工作时间和休息休假。
- 劳动报酬。
- 社会保险。
- 劳动保护，劳动条件和职业危害防护。
- 法律、法规规定应当纳入劳动合同的其他事项。

此外，根据实际情况，还可以写明劳动合同的解除、终止条件和经济补偿、劳动争议的处理等相关内容。

3．附则

注明合同的份数和保存方式。一般写作“本劳动合同一式×份，×方、×方各持×份”。

（四）落款

1．署名

在正文之下并列写明用人单位名称、法定代表人姓名、劳动者姓名，并签名盖章。如需上级主管单位证明或有签证机关，还应写明其机关名称、意见、经办人等，并加盖公章。

2．日期

在署名之下注明劳动合同签订日期，这关系到合同的效力，必须写清楚具体的年、月、日，还应写明签证日期。

三、劳动合同的注意事项

（一）合法

2008年1月1日，我国施行了《中华人民共和国劳动合同法》，其内容关系到劳动合同制定中各方面的问题，是一部切实可行的行政法规，故用人单位和劳动者在签订劳动合同时，必须遵守其相关规定。另外，劳动合同也必须与国家其他法律法规保持一致，并遵守各地的政策条文。

（二）规范

劳动合同的格式要求书写规范，各省一般都有相应的劳动合同范本，所以在制定劳动合同时，要尽量用范本书写，主要条款要齐全，保证对当事人权利和义务规定明确。文面要清洁、清晰，不允许任意涂改。

四、案例简析

案例 8-10　聘用合同

聘用合同

甲方：××公司

乙方：林××

甲乙双方根据国家和本市有关法规、规定，按照自愿、平等、协商一致的原则，签订本合同。

第一条 合同期限

1. 合同有效期：自××××年××月××日至××××年××月××日止（其中××××年××月××日至××××年××月××日为见习期，试用期），合同期满聘用关系自行终止。

2. 聘用合同期满前一个月，经双方协商同意，可以续订聘用合同。

3. 签订聘用合同的期限，不得超过国家规定的退离休时间，国家和本市另有规定可以延长（推迟）退休年龄（时间）的，可在乙方达到法定离退休年龄时，再根据规定条件，续订聘用合同。

4. 本合同期满后，任何一方不想再续订聘用合同的，应在合同期满前一个月以书面形式通知对方。

第二条 工作岗位

1. 甲方根据工作任务需要及乙方的岗位意向与乙方签订岗位聘用合同，明确乙方的具体工作岗位及职责。

2. 甲方根据工作需要及乙方的业务、工作能力和表现，可以调整乙方的工作岗位，重新签订岗位聘任合同。

第三条 工作条件和劳动保护

1. 甲方实行每周工作 40 小时，每天工作 8 小时的工作制度。

2. 甲方为乙方提供符合国家规定的安全卫生的工作环境，保证乙方的人身安全及人体不受危害的工作环境条件。

3. 甲方根据乙方工作岗位的实际情况，按国家有关规定向乙方提供必要的劳动保护用品。

4. 甲方可根据工作需要组织乙方参加必要的业务知识培训。

第四条 工作报酬

1. 根据国家、市府和单位的有关规定，乙方的工作岗位，甲方按月支付乙方工资为××元人民币。

2. 甲方根据国家、市府和单位的有关规定，调整乙方的工资。

3. 乙方享受规定的福利待遇。

4. 乙方享受国家规定的法定节假日、寒暑假、探亲假、婚假、计划生育等假期。

5. 甲方按期为乙方缴付养老保险金、待业保险金和其他社会保险金。

第五条 工作纪律、奖励和惩处

1. 乙方应遵守国家的法律、法规。

2. 乙方应遵守甲方规定的各项规章制度和劳动纪律，自觉服从甲方的管理、教育。

3. 甲方按市府和单位有关规定，依照乙方的工作实绩、贡献大小给予奖励。

4. 乙方如违反甲方的规章制度、劳动纪律，甲方按市府和单位的有关规定给予处罚。

第六条 聘用合同的变更、终止和解除

1. 聘用合同依法签订后，合同双方必须全面履行合同规定的义务，任何一方不得擅自变更合同。确需变更时，双方应协商一致，并按原签订程序变更合同。双方未达成一致意见的，原合同继续有效。

2. 聘用合同期满或者双方约定的合同终止条件出现时，聘用合同即自行终止。在聘用合同期满一个月前，经双方协商同意，可以续订聘用合同。

3. 甲方单位被撤消，聘用合同自行终止。

4. 聘用合同经双方当事人协商一致，可以解除。

5. 乙方有下列情形之一的，甲方可以解除聘用合同。

（1）在试用期内被证明不符合聘用条件的；

（2）严重违反工作纪律或聘用单位规章制度的；

（3）故意不完成工作任务，给公司造成严重损失的；

（4）严重失职，营私舞弊，对甲方单位利益造成重大损害的；

（5）被依法追究刑事责任的。

6. 有下列情形之一的，甲方可以解除聘用合同，但应提前30天以书面形式通知受聘人。

（1）乙方患病或非因工负伤医疗期满后，不能从事原工作，也不愿从事甲方另行安排适当工作的。

（2）乙方不能胜任工作，经过培训或者调整工作岗位，仍不能胜任工作的；

（3）聘用合同订立时所依据的客观情况发生重大变化，致使已签订的聘用合同无法履行，经当事人协商不能就变更聘用合同达成协议的；

（4）乙方不履行聘用合同的。

7. 有下列情形之一的，甲方不能终止或解除聘用合同

（1）乙方患病或负伤在规定的医疗期内的（符合《实施意见》第三条第5款规定者除外）；

（2）女职工在孕期、产期、哺乳期内的（符合《实施意见》第三条第5款规定者除外）；

（3）法律、法规规定的其他情形。

8. 有下列情形之一的，乙方可以通知聘用单位解除聘用合同。

（1）在试用期内的；

（2）甲方未按照聘用合同约定支付工作报酬或者提供工作条件的。

9. 乙方要求解除聘用合同，应当提前30天以书面形式通知甲方。

第七条 违反和解除聘用合同的经济补偿

1. 经聘用合同当事人协商一致，由甲方解除聘用合同的（不包括在见习期），甲方应根据乙方在本单位工作年限，每满一年发给相当于一个月工资的经济补偿，最多不超过12个月。

2. 乙方不能胜任工作，经过培训或者调整工作岗位仍不能胜任工作，由甲方解除聘用合同的，甲方应按其在本单位工作年限，工作时间每满一年，发给相当于一个月工资的经济补偿金，最多不超过12个月。

3. 聘用合同订立时所依据的客观情况发生重大变化，致使已签订的合同无法履行，经当事人协商不能就变更合同达成协议，由甲方解除聘用合同的，甲方按受聘人员在本单位工作年限，工作时间每满一年发给相当于一个月工资的经济补偿金。

4. 甲方单位被撤销的，甲方应在被撤销前按乙方在本单位工作年限支付经济补偿金。工作时间每满一年，发给相当于一个月工资的经济补偿金。（经济补偿金的工资计算数为乙方被解除聘用合同的上一年月平均工资）。

5. 聘用合同履行期间，乙方要求解除聘用合同的，应按不满聘用合同规定的期限，支付当月基本工资作为违约金给甲方。

6. 乙方因“用人单位未按照聘用合同的约定支付工作报酬”而通知甲方解除聘用合同的，甲方应按合同约定结算并解除聘用合同的同时支付欠发的工作报酬。

第八条 其他事项

1. 甲乙双方因实施聘用合同发生人事争议，按法律规定，先申请仲裁，对仲裁裁决不服，可向人民法院提起诉讼。

2. 本合同一式叁份，甲方二份，乙方一份，经甲、乙双方签字后生效。

3. 本合同条款如与国家法律、法规相抵触时，以国家法律、法规为准。

甲方：××公司（盖章）　　乙方：林××

法定代表人：赵××

签约时间：××××年××月××日　　签约时间：××××年××月××日

简析

案例8-10是一份聘用合同，其内容严格按照《中华人民共和国劳动合同法》的规定，要素齐备、考虑周全。明确了用人单位和劳动者的合法权益和应尽义务，还规定了违反合同的处理办法及补偿方式。

思考与练习

一、判断题

1. 在写作实习报告时，应将实习的整个过程记录下来，无论多么微小的事情都不能放过。（　）

2．毕业论文的主要特点是专业性。（　　）
3．写作求职信时切忌同时要求多个不相关的职务。（　　）
4．除用人单位和劳动者之外的任何主体都不能签订劳动合同。（　　）

二、问答题

1．实习报告的正文应包括哪些内容？
2．毕业论文有哪些特点？其主要特点是什么？
3．求职信和简历的作用有何不同？它们各自的特点是什么？
4．在起草劳动合同时有哪些注意事项？

三、练习题

请以自身实际情况，写一份求职信或个人简历（求职单位可自行决定）。

第九章　申　论

【本章导读】

参加公务员录用考试，已成为当代许多大学毕业生的首选就业方向。从2000年起申论便出现在中央国家机关公务员录用考试之中，经过几年的实践，以及专家学者们的改进与完善，申论现已成为国家公务员录用考试的一门基本科目，日益受到人们的重视。本章为方便在校大学生了解和准备公务员考试，将就申论考试的特点、技巧和注意事项等进行简要的介绍。

【学习目标】

- 掌握申论的概念、特点和考试内容
- 掌握应试者应具备的素质和能力
- 掌握申论考试答题技巧
- 掌握申论考试注意事项

第一节　概　述

一、申论的概念

“申论”一词出自孔子所说的“申而论之”，是指针对特定话题提出自己的观点并展开论述。申论含有引申、申述、申辩、议论、论证之意。增加申论部分，是对公务员考试所做的一种尝试。它要求应试者针对给定的材料，概括主要问题，提出解决方案，对所提观点展开论证。这种考试是根据目前机关工作的需要，对应试者理解认识能力、文字表达水平，特别是分析和解决实际问题能力的一种综合考察办法。

在中国古代科举考试中，有一种称之为“策论”的考试形式，要求就给定题目论证某项政策或对策。申论与策论和传统的作文有类似的地方，但又有很大不同，策论是古代科举考试中的一种特殊文体，给出一些重大社会问题，要求应试者展开论述；申论借鉴了策论的一些经验与做法，但内容上更具有现实针对性，形式上更加灵活多样。

申论与一般的作文考试不同，它比作文的难度要大得多。申论要求应试者在认真阅读试卷上所给材料的基础上，进行深入分析，然后概括出主要问题和观点，提出解决方案和对策，并据此展开阐述和论证。与传统的作文考试相比，申论要求应试者摒弃那些套话和废话，分析、解决问题要更加透彻、全面、精辟、实用，更能让应试者发挥自己的潜能。

一般作文考试侧重于考核应试者的文字功底，应试者可以根据自己的主观好恶立论选材，可以张扬个性，挥洒性情，但很难体现应试者解决实际问题的能力；而申论则侧重考察学生发现问题、解决问题的实际能力，具有较强的综合性和现实针对性。

申论考试的内容、方法及其产生的测评功能，涵盖了作文和策论两种考试的基本方面，它是适应当今公务员考试实际需要的特殊产物。

案例 9-1 申论例文

浅论政府公信力的树立

政府公信作为一个体系，涉及到许多方面，并通过政府行为表现出来。其判断标准可以从四个方面来看：

1. 政府应是负责任的政府

无论是否出现公共危机，政府都应当履行职责，言而有信，政策要相对稳定。对于公共危机，政府更应当果断、及时地回应公民的要求。

2. 政府应是以公民为本的服务型政府

政府必须以公共利益最大化为追求目标，努力提高政府部门服务质量和效率，自觉高效地为公民提供公共物品和公共服务。

3. 政府应是依法行政的政府

在任何行为中，政府都应当根据宪法、法律、法规以及法律精神来为人民服务，避免文件和领导讲话大于法的现象，使人们形成对法律和制度的信仰，通过法律和制度来体现政府的诚信。

4. 政府应是透明的政府

人们的利益需求创造了政府，政府的存在价值就在于满足社会成员的需求。而政府满足社会成员需要的措施、过程、方式等都应当为成员们所了解。政府的行政法规、行政规章与规范性文件、政府机构职能、人员配置、行政程序、执法依据、会议活动及文件资料等信息都应当公开和便于公众查询，政府的决策过程也应当使公民知晓和参与。

具备了这些条件的政府具有以下功能：

1. 简化社会复杂性，维持稳定的秩序

简化复杂性是一切生物生存进化的策略，是应付充满非完备信息的复杂环境的机制。作为一种社会资本，政府公信在政府与公民之间架起一座桥梁，在复杂的风险社会中维持政府-公众关系的持续性，构成整个社会稳定的中枢，以某种确定性来对付不确定性，并在这种相对的确定性中培养公民对制度的信心。

其中，确定性实际上还意味着一定的强制力量，这种强制力量与人们经由信任的简化程序在人们心中逐渐形成的自愿性结合在一起，就能够维持社会和政治的稳定。

从这个意义上说，政府公信作为一种主观自愿机制，与公共权力的强制机制一起维持社会的稳定和秩序。

2. 为公共权力提供连续的合法性基础

政府公信与公共权力、政治权威是平行共生的机制，它们互相促进，为政府的存在和运行提供合法性。政府行使公共权力的合法性来自公民的认可和支持，所以，政府的合法性基础实际上就是某种信任。

公信政府的合法性基础是连续的、强大的，在于公民对政府提供公共物品和公共服务的能力的信任，并在这种信任关系的基础上在政府的公共权力与责任和公民的权利与义务之间营造出某种良性的动态平衡关系。

政府在这两种关系中占据行动上的主动，也就是说，政府必须以其主动的行为（政绩）和对过去经验的宣传（意识形态）来不断赢得公民的信任，从而获得源源不断的稳定的支持。

3. 为构建新型治理结构提供联结点

在充满危机和风险的开放社会，新型治理结构的一个核心要素就是个人、组织和政府打破界限的合作。公民对政府的信任和政府对公民的信任，这种相互的信任使人们打破政治与经济、公域和私域的界限，进行跨领域、跨部门、跨地区的合作。

政府承担着配置社会资源的权威功能，市场则是分配社会资源的最有效的机制，各种民间志愿组织又充分展示出机动灵活的信息传送功能，而贯穿政府、市场、民间组织的主线则是以政府诚信为核心的社会诚信系统。

只有在权利与责任对应的基础上，以政府公信为主导，连接社会各领域的新型治理结构才可能建立起来。

4. 促进政府职能转变

政府公信表现在政府忠实履行职责上，但履行职责首先涉及的就是政府职能的定位，在不越位、不缺位的情况下依法谋求公共利益的最大化。

政府公信的最终判断权掌握在公民手中，全体公民的切身需要和根本利益决定着政府职能在不同时期的变化，只有敏锐而正确地抓住人民对政府公信的判断，政府的公信体系才能维持，表现在当下的转型时期，就是要进一步转变政府职能。

政府职能长期以来都是增长效率优先，相对忽视了公共健康、社会保障、环境保护等问题，而政府对公共事务的管理是包括上述所有方面在内的一个综合系统，任何一个方面的偏颇都可能造成政府的公信受到打击。因此，政府公信的维持要求政府职能因社会环境的变化而转变。

二、申论的特点

根据中央国家机关公务员考试申论试题和人事部及权威人士对此考试的分析总结，申论考试主要有以下六个基本特点。

（一）考试的国际标准性

选拔公务员的申论考试，一开始就借鉴了一些发达国家的先进经验，不仅注重对应试者能力和素质的考察，而且也注重对应试者将要从事行政机关和岗位职责所需要的能力素质的考察。在科目设置、考试形式上按国际标准设计，在内容上体现出中国特色。

西方一些实行公务员制度时间较长的国家进行公务员考试，是分类分等、定时定期进行的，人员的选拔录用与职位紧密结合，采用不同的试卷，以满足不同岗位、不同职位对人员的不同需求。我国也将逐步在公共科目试卷中，体现出中央国家机关和垂直管理系统在用人上的不同要求，逐步做到分类、分等、定期考试。

（二）考试形式的灵活多样性

与传统写作考试相比，申论的考试形式显得非常灵活。它由概括部分、方案部分和议论部分组成。

就文体和表达方法而言，概括部分既可以运用记叙文、说明文、议论文的形式，也可以综合多种文体形式，还可以使用公文写作中的应用文写作形式；方案部分，则纯粹是应用文写作形式；议论部分则是标准的议论文形式。因此，从这个意义上来说，申论既考查了普通文体的写作能力，也考查了公文写作能力，考试形式灵活、方便、实用，利于考查应试者的实际能力。

（三）考试内容的广泛性和非专业性

目前，我国十分重视提高公务员队伍的综合素质。因此，作为选拔国家公务员主要途径的录用考试，就更加注重国家公务员的综合能力。

为体现这一现实要求，申论所给定资料的范围极其广泛，内容涵盖了政治、经济、法律、教育等社会问题的诸多方面。给定资料主要立足于考查应试者的分析和判断能力，一般已有定论，但也可能尚无定论或存在争议，让应试者以自己的理解来进行判断和分析，并做出结论，这恰恰最能考查出应试者的分析和判断能力。

另外，由于国家公务员录用考试现在仍是不分类别的综合统考，申论考试试题一般是非专业性的，基本不会发生应试者无话可说的情况。

（四）考查目标和考试题目的针对性

申论考试由于形式的灵活性和内容的广泛性，从而使之具有相对的不确定性，但申论考查的目标是明确的，针对性很强，体现在试题中主要是对资料的分析、概括和论述，即主要考查应试者阅读理解、分析概括、文字表达能力，发现问题、分析问题的思辨能力和解决问题的实际能力。

（五）解决问题的可操作性

申论背景资料涉及面广、内容复杂，但又具有较强的针对性，往往是实际中经常遇到、需要解决但又无法轻易解决的问题。应试者务必认真仔细地阅读给定资料，先理清资料的逻辑联系，抓准主要问题，然后把握住给定资料所反映事件的环境和条件，据此提出对策和解决问题的方案。对策和解决问题的方案一定要具有可行性、可操作性，立足于从国家公务员角度有效地解决实际问题。所以，一味空泛的议论是公务员考试应摒弃的。

（六）考试方案的不确定性

从背景资料来看，申论考试都是有关当前政治、经济、教育、法律等方面的社会实际问题，有的尚无定论，要求应试者自己来解决。因此，不管是提出解决问题的方案，还是对方案进行论证，都不会有一个固定、确切、唯一的标准方案。正因为申论考试没有确定的方案，所以给了应试者发挥空间，可以较充分地展示自己的能力和水平，有利于人才的选拔。

三、申论考试的基本内容和试卷结构

（一）申论考试的基本内容

中央国家行政机关公务员录用考试《考试大纲》指出：申论考试“主要通过应考者对给定材料的分析、概括、提炼、加工，测查应考者解决实际问题的能力，以及阅读理解能力、综合分析能力、提出问题能力和文字表达能力”。在试卷上给定一篇1500字左右的资料，要求应试者在认真阅读给定资料的基础上，理解给定资料所反映的事件（或案例或社会现象）的性质和本质，然后按要求答题。

（二）申论考试的试卷结构

申论考试的试卷结构分为三部分。

1．注意事项部分

在进行申论考试时，应注意以下三点：

- 申论考试与传统作文考试不同，是对分析驾驭材料能力与表达能力并重的考试。
- 考试时间总长 150 分钟，其中阅读材料 40 分钟，作答 110 分钟。
- 仔细阅读给定的材料，按照后面提出的申论要求依次作答。

2．资料部分

给出约 1500 字的材料，内容可能涉及政治、经济、教育等社会现象的诸多方面。从近年来考试的经验看，资料多少的伸缩性较大。

3．申论要求部分

一般要求应试者根据资料完成三道题（但也有例外），分别是：

- 请用 150 字的篇幅，概括出给定资料所反映的主要问题；
- 请用不超过 300 字的篇幅，提出解决给定材料所反映问题的方案，要有条理地说明，要体现出针对性和可操作性；
- 就给定资料反映的问题，用 1200 字左右的篇幅，自拟标题进行论述，要求中心明确，论述深刻，有说服力。

第二节　应试者应具备的素质和能力

一、了解国家的大政方针

申论所给材料涉及当今社会的现实问题，分析这些问题、解决这些问题，都需要依据党的方针政策和国家的法律，应试者不了解时事政治，不了解党和国家的方针政策，便不可能对试题中所提问题给出合理的解决方案，也就很难达到一个合格公务员的标准。

二、掌握机关常用公文的写作

公文是机关处理公务的一种重要工具，国家政策、社会民情常常要通过公文来传达、传递。既然应试者有志成为一名政府公务人员，就必须能够撰写和处理公文。

三、文字阅读理解能力

随着公务员考试竞争日渐激烈，申论考试的难度也逐年增大。增强试题难度的一个重要手段就是增加所给信息材料的数量，应试者若没有一定的阅读能力和阅读速度，就很难在规定时间内完成考试。

四、材料整合能力

在申论考试的过程中，经常会出现根据材料写一篇意见或调查报告等公文的考试要求，这样的试题设计，主要目的是考查应试者驾驭材料的基本能力，应试者只有按照不同文种、不同发文目的，将所给材料进行合理的取舍和组织才能满足考试要求。

五、分析、解决问题的能力

申论考试中提供给应试者的材料通常是反映现实的政治、经济、文化、教育、卫生等某一方面存在的尚未解决的问题，这些问题隐藏于文字、数字或一些其他形式的信息中，需要应试者从杂乱无章的信息中将这些问题出现的原因、发生的形态分析出来，并站在一定角度为政府出谋划策。

考查应试者分析、解决问题的能力是申论考试的主要目标之一，无论以什么题型出现，这方面的考察都不会缺失。

六、文字组织能力

在日常的公务活动中，信息传递既有口头形式的也有书面文字形式的，而笔试形式“申论”，是使用书面文字表达思想观点的。文字组织能力也是申论考试考察的主要能力之一。

七、说理论证能力

在对所给材料中发生的现象、事件分析其产生的原因，并提供相应的解决方案后，申论考试往往还要求应试者提供足够的论据，来充分论证自己观点的正确性、合理性和可行性。说服别人接受自己的观点，认同自己的做法，需要一定的事理论证能力。

第三节 申论考试答题技巧

无论题型如何变化，根据公务员考试大纲要求，申论考试的全过程可以归纳为阅读资料、归纳材料、提出对策和论证四个主要的环节。下面围绕以上四个环节，简单介绍一下答题的技巧与方法。

一、阅读材料

审读材料是申论应试的首要环节，只有认真仔细地阅读材料，才能切实把握材料所反映的问题，保证作答的质量，取得理想的成绩。在阅读材料时要注意以下三个方面：

- 第一，阅读材料要保证充足的时间。必须在全面把握了材料之后，才可下笔作答，不能对材料囫囵吞枣，仓促作答。
- 第二，阅读材料要全面细致。对所给材料中的每个子材料都要仔细分析，不能遗漏。
- 第三，要透过现象看本质。能够找出所给材料的隐含信息，准确理解命题者的初衷，把握关键问题。

申论应试者不要把申论要求的几部分割开来，而应当统筹考虑，前后衔接。归纳的过程既是熟悉资料的过程，也是分析判断的过程，提出对策的过程既是解决问题的过程，也是进行思辨的过程。几部分应协调一致、相互配合、彼此印证，这些都需要在阅读材料时考虑进去。

二、归纳概括材料

对材料进行归纳概括是一个承上启下的重要环节，它既是对前面阅读资料环节的小结，又是下一步提出解决问题的可行方案和展开论证的依据和基础。这一环节可以设计多种题型，例如，给限定材料拟定标题、回答问题或限定文种写一篇公文等。其中，以“问题”形式出现的题型，应试者在作答时最易出错。

“问题”形式的题型在试卷上有两种常见问法：

- 一是要求“概括出给定资料所反映的主要问题”。
- 二是要求“概述给定资料的主要内容”。

这两种提问形式表面看没有太大区别，但给定资料形式不同，对问题归纳的深浅程度也有区别。

若给定资料是具有案例性质的具体事件，那么要求“概括出给定资料所反映的主要问题”，既是要求应试者剖开事物的表象，看其实质。应试者作答时，一定要因事析理，将给定资料中的个别、具体事例或现象，通过分析归纳，上升到对同类事物或现象的理性的、规律性的认识。此外，在作答时还应防止以下两种情况：

- 一是只概括事实本身，没有深入地挖掘实质。
- 二是越过资料所给的具体事物，直接表述出其所谓的实质。

若给定资料属于围绕着某一社会热点问题的摘录，或很多零散材料组成的“大杂烩”，那么要求应试者“概述给定资料的主要内容”时，应试者只需将材料里所涉及的“问题点”归纳出来就可以了，概述的深度取决于字数的要求。

三、提出对策

提出解决问题的对策是申论考试的关键环节，重点考察应试者是否具备管理能力、创新意识、应变能力、解决问题的能力和思维的开阔、敏锐程度。应试者可根据各自的阅历，围绕材料，各抒己见，特别要注意对策的可行性。为此，应注意以下几点：

第一，所提对策不能超出材料给定的范围和条件，并符合我国的国情、民情、政策、法律等。

第二，要符合试题所给的或自拟的“角色”要求，不作超出自己权力和能力范围之外的对策。

第三，所提对策既要有开创性，又要实事求是。

第四，宏观与微观相结合。既有政策性的意见，又有具体的操作方案、步骤、措施、时机、条件等，以便于实施。

第五，将对策分条列项地写出来，思路、层次要清晰。

此外，申论考试时，命题者经常会给应试者设定一个虚拟身份，例如：假如你是××事故调查组成员、假如你是××负责人、假如你是省政府调研室工作人员等。在这种情况下，应试者必须找准自己的位置，以与身份相符的口吻提出解决方案，切忌随意以政府的名义向所属职能部门下达指令，或兴师问罪。

四、进行论证

论证是申论考试的最后一个环节。它是狭义的申论，集中体现对应试者综合能力的考核，也是考试的重心，因此应试者要认真对待。在拟制标题、立意谋篇、论证分析、语言表达等方面，要做到逻辑严密、论证充分。在论证时应注意以下几个问题：

第一，立意要有创新性，但不能不着边际。如从党内腐败现象可以联系到党的形象、执政党的地位、国家的前途命运等，都是好的立意。

第二，必须围绕所给材料及前面所提方案来写。写作中可以引用其他材料，但不能离开所给材料。不能脱离所提方案，也不能对所提方案面面俱到，可突出其中一个方面来写。

第三，标题要醒目、有新意，最好使用揭示论点式。

第四，起笔开宗明义，直奔主题，以便集中精力进行论述，也避免时间和字数超出规定。

第五，最好不要将所提出的几项对策放在同等重要的位置，应根据情况抓住自己最为熟悉的某项对策进行重点论证，因为想用 1000 多字将所有对策都论述透彻是不可能的，只会使人感觉论述不够深刻。

第四节　申论考试注意事项

一、注重平时的积累和提高

申论考试是对应试者素质和能力进行的测试。素质和能力不是一两天就可以提高的，应在平时注重时政理论学习与写作习惯的培养，还应勤于针对时事热点问题进行思考。作为考前训练，熟悉、掌握各类题型的答题角度与答题技巧，了解考试试题的总体设计、考试时间的安排，把握做题的速度是必要的，但注重平时的积累和提高才是最关键的。

二、掌握申论考试可能涉及的文种

申论考试有可能涉及到的公文文种有：意见、报告、调查报告、指示性通知、情况通报、会议纪要、提案、讲话稿和工作研究等。可能涉及到的新闻文种有：消息和评论等。这些文种都应在平时注意掌握。

三、文章标题的排布

申论考试中所有文章的标题都要采用居中排布的方式，若标题过长无法在一行排下时，回行也要居中。标题与正文之间空一行为宜，注意标题排布时不宜采用靠左空两格的书写方式。

四、注意语体表达

申论考试中不同题型的语言表达方式也不同，有的以叙述为主，有的以说明为主，还有的叙述、说明及议论兼而有之。无论采用哪种表达方式，其语言都要确切、直白、朴实，不用刻意讲究文采和感情的抒发。

五、注意字数限制

在进行申论考试时，超过或不足的字数最好控制在规定字数的 10%以内，否则可能会被扣分。字数要求不是不合理的机械性要求，而是对应试者阅读能力、归纳能力、概括能力、文字水平等综合能力进行评测的需要。

六、注意卷面要素

在进行申论考试时，要求卷面整洁、字迹清晰，不能乱写简化字，标点符号的使用和占格都要准确规范。否则，会有被扣分的可能。

第五节　案例简析

案例 9-2　浅谈如何减少交通事故——“意识”需渐入“民心”

浅谈如何减少交通事故
——“意识”需渐入“民心”

酒文化作为一种特殊的文化形式，在传统的中国文化中有其独特的地位。在几千年的文明史中，酒几乎渗透到社会生活中的各个领域。但是在现代社会中，当“酒文化”与“驾驶”

相互“结合”时，衍生而来的“醉酒驾驶”，其所酿成的“苦果”，却值得我们深刻反思。对此可从多个角度分别剖析：

首先，从法律层面思考，醉酒驾车司机普遍“法制意识淡薄”。这里有普法宣传不足的原因，也有部分司机存在侥幸心理的因素。对此，我们应该加大普法宣传力度。以公安交通管理部门为主，其他部门积极配合，通过集中宣传、播放电视专题片、定期对司机进行安全教育等多种方式宣传醉酒驾车的危害性，增强人们的法制意识和安全意识。

其次，从社会氛围层面思考，我国“酒文化”所衍生的负面影响不可忽视。目前，喝酒成为人们聚会、交际、应酬等必不可少的活动，客观上加剧了醉酒驾车的现象发生。对此，政府主管部门应该积极倡导消费者转变出行的观念，特别是在参加亲朋好友聚会时，无法避免喝酒的情况下，在出行时尽可能使用乘坐公共交通工具、出租车、步行或接送等方式，防止酒后驾车的违法行为。崇尚全新的“酒文化”，积极推行良好饮酒的风气，不强饮、滥饮，以水、茶代酒，形成一种和谐饮酒的社会氛围。

再次，从处罚力度层面思考，我们会发现国外对于“醉酒驾车”行为的处罚是非常严厉的，情节严重的甚至终身禁驾。而国内对于醉酒驾车行为的处罚仅限于罚款和拘留，违法成本过低，不足以起到警示作用。对此，相关的立法及执法部门应该提高酒后驾车的违法成本和威慑力，简化执法程序，加大查处力度，提高执法效率。开展“醉酒驾车”专项整治活动，从重惩处酒后驾车肇事犯罪行为，加大酒后驾车违法成本。对于情节严重者，可追究其刑事责任。

以上三方面的分析，其实围绕的还是“意识”二字。从法律层面思考，需要培养“法制意识”，知晓“醉驾”的违法性。从社会氛围层面思考，需要培养“自觉意识”，自觉去避免“醉驾”给他人及自身带来的负面结果。从处罚力度层面思考，需要培养“威慑意识”，用较大的“违法成本”作为警示，使之不敢为之。

此外，这些“意识”需要用更多、更丰富、更直观的宣传手法和方式，灌输在广大民众的脑海之中。其实，法律的作用不在于处罚犯罪，而在于预防犯罪，从“意识”入手，使之渐入民心，实为关键之策，点睛之笔。

简析

案例 9-2 是一篇关于“减少交通事故”的申论。其实在给定的申论材料中，并不只局限于“醉酒驾驶”这个问题，而是给了一个很大的范围，作者选择了从“醉酒驾驶”这个局部入手，进行写作。从结构上讲，作者采用并列式结构，从三个方面对“醉酒驾驶”这个社会现象的产生原因进行了透彻的分析，并提出了相应的对策，最后还对所提对策进行了充分的论证。这篇申论观点明确、结构清晰、论据充分，值得我们认真学习。

思考与练习

一、问答题

1．何为申论？其作用是什么？

2．申论的基本特点是什么？

3．参加申论考试的应试者应具备哪些素质和能力？

4．参加申论考试应注意哪些事项？

二、练习题

认真阅读给定资料，概述“我国汽车工业的现状和发展趋势”，要求分析恰当，条理清楚，语言通畅，字数不多于 1000 字。

给定资料：

1．上汽集团总裁目前在上海对记者说，中国作为世界上最大的潜在市场，应该有一个很强的汽车工业与之匹配，应该建立一些大规模的汽车工业集团。他指出，中国缺乏具有国际竞争力企业的一个重要原因，在于过去政策的制定往往是哪家困难帮哪家，体现的是扶弱以抗强，结果没有强。百余家车厂，只能是“山中无老虎，猴子称大王”。要成为汽车强国，必须建设汽车大企业、大集团。他强调，中国汽车工业的时间不多了，我们要用“扶强联弱”的办法，用最短的时间，整合目前汽车工业差、乱的局面，他希望国家能够支持汽车大企业、大集团，以最少的投入建立具有国际竞争力的汽车企业。

2．某商报对汽车的市场前景分析如下：载货汽车需求量将增长，但市场份额将有所下降。轿车、客车，尤其是微型客车的需求量将有较大增长，市场份额将进一步提高。以城镇为中心，公款购买、公务使用的第一层次市场会逐步缩小，以企事业单位公款购置商务用车的第二消费层次市场需求会保持相对稳定或略有下降，以富裕阶层为中心，私人购买和使用的第三层次市场发展势头良好，将成为消化汽车增长量的主体。随着国家有关鼓励私人购车政策的出台，预计个人购车比例将逐年快速增长。西部地区对中重型货车、各种专用汽车、矿用车和大中型客车的需求将明显增加。农村汽车市场对轻、微型客货车需求会有较大增长。

3．上海某报记者：“上海一大怪，汽车没有行人快”——20 世纪 90 年代初之上海“怪现状”如今似有卷土重来之势。今日大上海，又见行路难，扎堆的车流如蜗牛爬行。高峰期间，市中心区高架道路上蜗行的车辆密密匝匝，远远望去就像个大停车场。一日，记者乘上 703 路公交车，走走停停，从莲花路到上海体育馆，区区不足 10 公里，竟然走了一个半小时。

4．上海某报记者：20 世纪 90 年代以来，上海的道路长度和道路面积分别增长了 108%和 142%，修建了地铁、高架路、跨江大桥、越江隧道等许多道路基础设施，中心城区初步形成现代交通网络，但同期的机动车总量却增长了 470%以上。市民的感觉是路越修越多，车越来越堵。最近几年，上海将投资 500 亿元，增设高架路内环匝道，拓宽地面交通要道，新建越江隧道和中环线，从根本上缓解中心城区的道路拥堵状况，与此同时将大力发展智能交通系统。但人们担心，明天会不会还在继续拥堵。10 多年前的“出行难”是上海进入三个“三年大变样”的前期发生的，是城市大发展前的一段“阵痛期”。而今，上海又再次进入一个“阵痛期”。

5．广西某报记者：随着南宁私家车的增多，汽车投诉也不断上升。在“3·15 消费者权益保护日”当天，记者就接到几位汽车消费者的投诉电话。有的反映，一些新的热销车型有加价销售的现象；有的反映，买了保险，一旦出了问题，真正索赔时手续非常复杂；有的反映，遇着节假日办理上牌入户不方便。一出租车司机向记者反映，南宁汽车维修市场比较混乱，不同维修厂的配件和维修价格相差比较大。私家车主白先生对入户、年检时强制性收取的过路过桥费等诸多项目和强制小轿车 12 年报废表示不理解。私家车主李先生认为，汽车商家应在售前、售中、售后为消费者提供一个良好的消费环境，让消费者买得放心，用得开心。

6．原国家经贸委发布的汽车工业“十五”（2000 年至 2005 年）规划：到 2005 年，汽车工业增加值将达 1300 亿元。其中，轿车的发展速度将大大高于汽车工业的平均增长率。为此，中国政府将致力于汽车工业的战略重组，优化资源配置，培育出两到三家主业突出、核心能力强、拥有自主知识产权、具有较强国际竞争力的大型企业集团。同时，中国政府将积极发展售价 8 万元左右的经济型轿车。这种车型排气量在 1.3 L 以下，百公里油耗量达到国内先进水平，能满足中国家庭的需要。此外，中国将大力推进发展汽车工业的相关环境。据权威人士预计，到 2005 年，中国公路里程将增加至 160 万公里，其中高速公路 2.5 万公里。各地还将加大发展城市基础设施的建设，增加停车场地等交通配套设施。

7．某报刊载某司机意见：市政建设就像等待大手术的病人，谁知道明天哪条路又要开膛破肚？听说全市目前有 14 项在建重大工程，道路施工工地遍布中心城区和周围主要地区，对车辆通行影响很大。有时车开到交叉路口，主干道的交通全被施工工地阻断，一堵就能堵上好几个钟头。

8．一位接受采访的民警说：如果说道路工程建设是以一时堵车换来长期便捷交通的“短痛”，那么种种与交通文明不相协调的陋习则是更让人难以忍受的“长痛”。顺畅的交通环境是人车和谐，各行其道。大城市交通网络本来就密集狭窄，私车投放量增大以后，道路发展又跟不上车辆增长，再加上市民乱穿马路、骑车抢道等不文明行为比比皆是，严重阻碍了排堵保畅的效率。

9．当发达国家的人们开始过上“轮子上的生活”时，也曾面临或正在面临堵车的烦恼。对此，国外不同城市各自使出种种招数：

纽约——私车一律停郊外。纽约曼哈顿的上班族，是从家里开车到市郊地铁站或火车站，换乘地铁或火车进入市区，然后在市内乘公共汽车、地铁或出租车去上班、办事。曼哈顿的许多街道，只有挂特殊牌照的车辆才能停车上下货和上下客，其他车辆不得停放。

华盛顿——不仅工商人士不能驾私车进入，联邦政府官员也不得驾车出入华盛顿。官员们大多不住在华盛顿市内，而是住在与华盛顿特区相邻的一个州的小镇上。如果他们每天开几十公里车到华盛顿上班，通向华盛顿的几十条公路都会堵车。为此，联邦政府拟定用公交工具代替个人开车的计划。为了使官员们接受这种做法，政府答应在非上下班时间，谁要是有急事回家可由公交系统提供免费出租车乘坐。

巴黎——由于私家车急剧发展，到20世纪70年代初，巴黎的城市交通几近瘫痪。于是，法国政府开始下大力气重点优先发展公共交通。如今，巴黎设置了480多条全天或部分时间禁止其他车辆使用的公共汽车专用道。对于小汽车，巴黎市政府规定，每逢无风日，采用分单双号车牌的形式来限制轿车进城。

东京——东京人的家用汽车平日伏在车库里，上下班的人们还要乘地铁。一则是因为乘地铁才能准时上下班；二则是公司里只有总经理和董事长才有车位。

伦敦——政府发出交通白皮书公告市民，为了限制轿车数量，减少堵车和空气污染，从2000年起提高停车费用，同时城市内原有的各大公司、公共场所的免费停车场一律改为收费停车场。

10．相关参考数据：在五种日常交通方式中，单就运行效率而言，小汽车最低，甚至不如步行效率。譬如在3.7米宽的车道上，小汽车每小时最多能运载3600人通行。公共汽车在半饱和状态下，每小时可运载6万人，是小汽车的17倍。而半饱和的火车每小时可运载4.2万人，是小汽车的12倍。一条公路车道可以轻松地容纳两条自行车道，每小时可通行1.06万辆自行车，是小汽车的3倍；即便是步行，一条快车道宽的道路上，每小时也可通过6300个步行者，是小汽车的1.7倍，不仅如此，小汽车运送每位乘客所需的交通面积是自行车的4倍，是有轨电车的20倍，是地铁的6倍至12倍，是步行的40倍。

11．某汽车发展研究室主任说，中国的汽车消费过于保守，持币待购现象严重，这种巨大的消费潜能将在不久的将来转化为消费功能而突然释放出来。这样，汽车消费就会进入一个“爆发期”，大量的汽车进入家庭。这种情况在日本和韩国都曾出现过。他说，世界上平均1000人拥有6辆汽车，而中国平均每1000人拥有0.6辆汽车，只有世界平均水平的10%，而中国各类商品总的消费能力约占世界水平的80%。与此相比，目前汽车消费能力与中国实际国力明显不符。他还认为，国内汽车业的许多问题并没有得到解决，加入WTO之后，进口车将对国产车形成很大冲击，但出现大批量汽车进口也不太可能，因为那样会导致进出口贸易失衡。

12．原国家机械工业局某同志接受记者采访时说，从中长期看，“入世”以后，我国的轿车产业面临巨大挑战；缺乏完整的轿车开发能力和自主的品牌，零部件制造体系薄弱，汽车产业服务体系十分落后。他认为，我国的轿车价格与国际初步接轨，需要6年左右，而完全接轨需要10年时间。目前我们的一些主导汽车产品在现行市场环境中还是具有优势的。因此，我们要利用“入世”后对幼稚工业的“保护期”，进一步加大力度，开放市场。汽车产业还需加强管理、降低成本，特别是汽车零部件的成本。从政府引导消费来看，要清理、减少不合理的税费，鼓励百姓的汽车消费。

13．据中国汽车工业协会统计，去年1～7月，汽车全行业完成工业总产值3723.82亿元，同比增长29.44%；产品销售收入3598.88亿元，同比增长31.05%；利润总额211.90亿元，同比增长51.14%。主要经济指标增长幅度都比较大，实现了增产增收。1～7月，16家重点汽车企业（集团）完成工业总产值2036.4亿元，同比增长33.66%；产品销售收入1843.1亿元，同比增长29.36%；利润总额113.71亿元，同比增长46.38%，利润总额的增长超过产值和销售收入的增长，取得了良好的经济效益。汽车产业作为国民经济支柱产业的地位越来越突出。据悉，去年8月份交通运输设备制造行业对工业增长的贡献率首次跃升至40个工业行业之首。以汽车制作为主的交通运输设备制造业取代电子信息通信业，已成为名副其实的领头羊。

14．有的专家认为，就功能定位而言，城市道路应分六个层次，即城际高速路、沟通城郊与城市主干道的快速路、城市主干道、次干道、支路以及生活区道路，可行车速从每小时120公里到10公里不等。但上海、北京、广州等大城市，道路的功能定位都不甚明了。道路功能不清导致行车错位的病根不除，增加再多的交警去排堵也无济于事。有的专家认为，导致城市出行难还有技术方面的原因。动静态交通相互争夺空间，道路资源利用率低下。目前，国内几乎所有的大城市都有停车难的问题，因市区停车不便产生的临时停车占道现象十分普遍，致使行车遇阻或减速。在上海，由于主干道的交叉口开得太多，车辆运行时速经常会由40公里锐减至20公里左右。加之行人、自行车违章穿道、绿化景观挤兑道路等因素，最终使得这个大型城市的道路使用效率只相当于世界平均水平的1/3到1/2。